EL JESÚS QUE NUNCA CONOCÍ

PHILIP YANCEY

EDITORIAL

Vida

DEDICADOS A LA EXCELENCIA

*L*a misión de Editorial Vida es proporcionar los recursos necesarios a fin de alcanzar a las personas para Jesucristo y ayudarlas a crecer en su fe.

ISBN 0-8297-0371-3
Categoría: *Estudios bíblicos*

Este libro fue publicado en inglés con el título:
The Jesus I Never Knew
por *The Zondervan Corporation*

© 1955 por Philip Yancey

Traducido por: *José M. Blanch*

Edición en idioma español
© 1996 Editorial Vida
Miami, Florida

Reservados todos los derechos

Impreso en Estados Unidos de América
Printed in the United States of America

06 07 08 ❖ 12 11 10

Índice

Con gratitud . . .
A la clase a la que enseñé, y que me enseñó, en la
Iglesia de la calle LaSalle en Chicago.
A Tim Stafford, Bud Ogle y Walter Wangering Jr.,
cuyos comentarios perspicaces me llevaron a escribir
de nuevo este libro varias veces más de lo que lo
hubiera hecho por iniciativa propia.
A Verlyn Verbrugge, por su minuciosa revisión técnica
en asuntos de precisión bíblica.
A mi editor, John Sloan, quien con paciencia ayudó a
mejorar todas estas versiones del libro.

Primera parte

Quien fue Él

1

El Jesús que creía conocer

Supongamos que muchas personas hablan de un desconocido. Supongamos que nos sorprende oír que algunos dijeron que fue demasiado alto y otros demasiado bajo; que algunos criticaron su gordura, y otros lamentaron su delgadez; que algunos pensaron que era demasiado moreno, y otros demasiado blanco. Una explicación sería que quizá su figura era extraña. Pero hay otra explicación. Quizá su figura era proporcionada . . . Quizá (para decirlo en pocas palabras) esa cosa extraordinaria es en realidad la cosa ordinaria; por lo menos, la cosa normal, la médula.

G. K. Chesterton

1

El Jesús que creía conocer

Comencé a familiarizarme con Jesús desde niño cantando "Cristo me ama" en la Escuela Dominical, comenzando la oración al acostarme con "Amado Señor Jesús", observando a los maestros del Club Bíblico utilizar figuras recortadas en un franelógrafo. Relacionaba a Jesús con refrescos, galletas y premios por buena asistencia.

Recuerdo sobre todo una imagen de la Escuela Dominical, un óleo que colgaba de la pared. Jesús tenía el cabello largo y suelto, diferente del que tenían los hombres que conocía. Su rostro era delgado y hermoso, de piel blanca y pálida. Llevaba una túnica roja, y el artista se había esmerado en hacer resaltar el juego de la luz en los pliegues. En sus brazos, Jesús sostenía a un corderito dormido. Me imaginaba ser ese cordero, feliz hasta más no poder.

No hace mucho leí un libro que escribió Carlos Dickens, ya anciano, para resumirles a sus hijos la vida de Cristo. El cuadro que presenta es el de una dulce niñera de la época victoriana que acaricia las cabezas de niños y niñas y les da algunos consejos como: "Ya saben, deben ser amables con su mami y su papi." Con sobresalto recuerdo la imagen de Escuela Dominical de Jesús con la que fui creciendo: alguien afectuoso y tranquilizador, sin ninguna arista. De niño una persona así me resultaba reconfortante.

Luego, en los años que pasé en una universidad cristiana, me encontré con una imagen diferente. Un cuadro que era muy popular en esa época representaba a Jesús con los brazos extendidos, flotando, en una pose al estilo de Dalí, sobre el edificio de las Naciones Unidas en la ciudad de Nueva York. Este era el Cristo cósmico, aquel de quien todo forma parte, el eje en torno al cual gira el mundo. Esta figura mundial representaba un avance importante sobre el pastor de mi infancia, que acunaba en sus brazos al corderito.

Lo interesante era que los estudiantes hablaban del Cristo cósmico con una intimidad chocante. El profesorado nos estimulaba a desarrollar "una relación personal con Jesús", y en los cultos le cantábamos nuestro amor con palabras confianzudas. Un canto hablaba de caminar junto a Él en un jardín en medio de rosas húmedas de rocío. Los estudiantes que daban testimonio de su fe, sin pensarlo usaban frases como "el Señor me dijo . . ." En esos años mi fe estuvo en una especie de limbo escéptico. Me sentía preocupado, confuso y dubitativo.

Al contemplar retrospectivamente los años que pasé en la universidad cristiana, veo que a pesar de todas los devocionales privados, Jesús se fue alejando de mí. Se convirtió en un objeto de escrutinio. Me aprendí de memoria la lista de treinta y cuatro milagros específicos que se encuentran en los evangelios, pero no llegué a comprender el efecto de ni uno solo de ellos. Me aprendí las Bienaventuranzas pero nunca me enfrenté con el hecho de que ninguno de nosotros — sobre todo yo — le encontraba sentido a esas misteriosas afirmaciones, y mucho menos vivía acorde con las mismas.

Algo más tarde, en la década de los años 60 (que de hecho nos alcanzó, tanto a mí como a la mayor parte de la iglesia, a comienzos de la década de los años 70) lo cuestionó todo. Los fanáticos de Cristo — el término mismo hubiera resultado una incoherencia en la apacible década de 1950 — aparecieron de repente como traídos por extraterrestres. Los seguidores de Jesús ya no eran pulcros representantes de la clase media; algunos eran radicales desgreñados y desaliñados. Los teólogos de la liberación comenzaron a enaltecer a Jesús en carteles junto a Fidel Castro y el Che Guevara.

Vine a caer en la cuenta de que prácticamente todas las representaciones de Jesús, incluso la del Buen Pastor de mi Escuela Dominical y el Cristo de las Naciones Unidas de mi universidad cristiana, lo presentaban con bigote y barba, ambos rigurosamente prohibidos en la universidad cristiana. Me comenzaron a surgir interrogantes que nunca se me habían ocurrido en mi infancia. ¿Cómo alguien que le decía a la gente que fueran amables unos con otros acabó siendo crucificado? ¿Qué gobierno mandaría ejecutar a la Madre Teresa o a Billy Graham? Tomás Paine afirmó que ninguna religión que enseñara algo que ofendiera la sensibilidad de un pequeñuelo podía ser divina en realidad. ¿Cumpliría la cruz con este requisito?

En 1971 vi por primera vez la película "El Evangelio según San Mateo", del director italiano Pier Paolo Pasolini. Cuando se estrenó, escandalizó no sólo a los grupos religiosos, que no podían reconocer en lo que se les presentaba al Jesús que creían conocer, sino también a la comunidad cinematográfica, que sabía que Pasolini era un homosexual y marxista confeso. Pasolini tuvo la ironía de dedicar la película al papa Juan XXIII, indirectamente responsable de su producción. Atrapado en una enorme congestión de tránsito durante una visita papal a Florencia, Pasolini se decidió a pasar la noche en un hotel donde, aburrido, tomó el ejemplar del Nuevo Testamento que estaba en la mesita de noche y se leyó todo Mateo. Lo que descubrió en esas páginas lo sorprendió tanto que decidió hacer una película sin guión, con sólo las palabras que se encuentran en el Evangelio según San Mateo.

La película de Pasolini refleja muy bien la reevaluación de Jesús que se dio en la década de los años 60. Se rodó en Italia meridional, con un presupuesto muy escaso; evoca en blancos cretáceos y grises difusos algo del ambiente palestino en el que Jesús vivió. Los fariseos llevan grandes tocados y los soldados de Herodes se parecen algo a los *squadristi* del fascismo. Los discípulos actúan como torpes reclutas, en tanto que Cristo, con mirada firme y una intensidad penetrante, parece intrépido. Caminando de un lugar a otro, va ofreciendo con frases cortantes, por encima del hombro, las parábolas y otros dichos.

El efecto de la película de Pasolini sólo lo puede entender alguien que vivió la adolescencia en esa tumultuosa época. En ese entonces tuvo el poder de reducir al silencio a multitudes burlonas en los cines especializados. Los estudiantes radicales cayeron en la cuenta de que no habían sido los primeros en proclamar un mensaje que era estridentemente antimaterialista, antihipócrita, en favor de la paz y del amor.

En mi caso, la película me ayudó a someter la imagen que tenía de Jesús a una reevaluación. En cuanto al aspecto físico, Jesús estaba a favor de los que hubieran sido expulsados de la universidad cristiana y excluidos de la mayor parte de las iglesias. Entre sus contemporáneos, se había ganado una cierta reputación de "bebedor de vino y glotón". Los que poseían autoridad, tanto religiosa como política, lo consideraban como un perturbador, como una amenaza para la paz. Habló y actuó como revolucionario, menospreciando la fama, la familia, los bienes materiales y otros elementos que se utilizaban tradicionalmente para medir el éxito. No puedo eludir el hecho de que todas las palabras utilizadas en la película de Pasolini se habían tomado del Evangelio según San Mateo y sin embargo, su mensaje no armonizaba para nada con el concepto que yo tenía de Jesús.

Por ese mismo tiempo, una persona que trabajaba con Vida Juvenil, Bill Milliken, que había fundado una comuna en un vecindario pobre, escribió *So Long, Sweet Jesus* [Hasta luego, dulce Jesús]. El título de ese libro expresaba el cambio que estaba produciéndose en mi corazón. En esa época trabajaba como editor de la revista *Campus Life*, publicación oficial de Juventud para Cristo. *Después de todo, ¿quién era ese Cristo?*, me preguntaba. Al escribir y revisar lo que otros escribían, un pequeño espíritu maligno de dudas me rondaba. *¿Crees de verdad todo esto? ¿O estás simplemente diciendo lo que se espera que digas, para lo que te pagan? ¿Has entrado a formar parte de los grupos conservadores y confiados; versiones modernas de los que se sintieron amenazados por Jesús?*

Evitaba en lo posible escribir acerca de Jesús.

Cuando conecté mi computadora esa mañana, en la pantalla del monitor apareció la fecha, con lo que venía a reconocer implícitamente que, sea lo que fuera lo que alguien opine, el nacimiento de Jesús fue tan importante que dividió la historia.

Todo lo que haya sucedido jamás en este planeta entra en la categoría de "antes de Cristo" o "después de Cristo".

Richard Nixon se dejó llevar por el entusiasmo en 1969 cuando los astronautas del Apolo alunizaron por primera vez. "¡Es el día más grande desde la creación!" exclamó el presidente, hasta que Billy Graham le recordó amablemente de la Navidad y de la Pascua. Según las pautas de la historia, Graham tuvo razón. Este galileo, que durante su vida habló a menos gente de la que llenaría uno de los muchos estadios que Graham ha colmado, cambió al mundo más que cualquier otro. Introdujo en la historia un nuevo campo magnético, y en la actualidad una tercera parte de la humanidad le rinde pleitesía.

La gente incluso emplea el nombre de Jesús para maldecir. Qué raro se oiría que alguien que fallara un gol gritara: "¡Simón Bolívar!", o a un plomero furioso que exclamara: "¡Mahatma Ghandi!" al magullarse un dedo con una llave inglesa. Es como si no pudiéramos librarnos de este hombre Jesús.

"Más de mil novecientos años después", escribió H. G. Wells, "un historiador como yo, que ni siquiera se llama cristiano, descubre que el cuadro se centra alrededor de la vida y personalidad de este hombre sumamente significativo . . . La piedra de toque que utiliza el historiador para medir la grandeza de una persona es '¿Qué dejó tras de sí en germen, para que se fuera desarrollando?' ¿Hizo posible que las personas comenzaran a pensar en una forma nueva con una fuerza que perduró? Según este criterio, Jesús ocupa el primer lugar." Se puede estimar el tamaño de un barco que ya se perdió en el horizonte por la enorme estela que deja.

Y con todo, no voy a escribir un libro acerca de Jesús sólo porque es un gran hombre que cambió la historia. No me siento inclinado a escribir acerca de Julio César ni del emperador chino que mandó a construir la Gran Muralla. Me siento atraído hacia Jesús en forma irresistible, porque se situó como el punto divisorio de la vida, de mi vida. "Os digo que todo aquel que me confesare delante de los hombres, también el Hijo del Hombre le confesará delante de los ángeles de Dios" — dijo. Según Jesús, lo que pienso acerca de Él y cómo respondo ante Él, decidirán mi destino por toda la eternidad.

A veces acepto sin reservas la audaz pretensión de Jesús. A veces, lo confieso, me pregunto qué puede significar para mi vida que un hombre viviera hace dos mil años en un lugar llamado Galilea. ¿Puedo resolver esa tensión íntima entre el que duda y el que ama?

Suelo escribir como un medio de enfrentarme con mis propias dudas. Los títulos de mis libros — *Where is God When It Hurts* [Dónde está Dios cuando sufro], *Disappointment with God* [Desilusión con Dios] — me descubren. Una y otra vez vuelvo a las mismas interrogantes, como si quisiera seguir ocupándome de una vieja herida que nunca sana por completo. ¿Se preocupa Dios de la miseria que hay en el mundo? ¿Le importamos de verdad a Dios?

En cierta ocasión, me quedé bloqueado por la nieve durante dos semanas, en una cabina en las montañas de Colorado. Las ventiscas habían cerrado todas las carreteras y al igual que Pasolini, lo único que tenía para leer era la Biblia. La fui recorriendo lentamente, página por página. En el Antiguo Testamento me encontré identificándome con los que se enfrentaron valientemente con Dios: Moisés, Job, Jeremías, Habacuc, los salmistas. A medida que iba progresando en la lectura, me pareció que estaba viendo la representación de una obra con personajes humanos que vivían en el escenario de pequeños triunfos y grandes tragedias, y que de cuando en cuando le decían al invisible Director Escénico: "¡No sabes cómo son las cosas aquí!" Job era el más descarado. Le lanzaba a Dios esta acusación: "¿Tienes tú acaso ojos de carne? ¿Ves tú como ve el hombre?"

De cuando en cuando escuchaba el eco de una voz que resonaba desde fuera del escenario, detrás del telón: "¡Sí, tampoco tú sabes cómo son las cosas por aquí!", le contestó a Moisés, a los profetas, y más todavía a Job. Cuando llegué a los evangelios, sin embargo, las voces acusadoras se callaron. Dios, si se me permite utilizar semejante lenguaje, "descubrió" cómo era la vida dentro de los confines del planeta tierra. Jesús vino a conocer en persona el dolor durante una vida corta y problemática, no lejos de las polvorientas planicies en las que Job había sufrido. De entre las muchas razones para encarnarse, sin duda que una fue responder a las acusaciones de Job: "¿Tienes tú acaso ojos de carne?" Dios los tuvo por un tiempo.

¡Si pudiera por lo menos oír la voz en medio del torbellino y como Job, conversar con Dios mismo! — pienso a veces. Y quizá por esto decido ahora escribir acerca de Jesús. Dios no es mudo: la Palabra habló, no desde en medio de un torbellino, sino desde los labios de un judío en Palestina. En Jesús, Dios se acostó en la mesa de disección, por así decirlo, con los brazos extendidos en forma de cruz, para que todos los escépticos que han existido pudieran someterlo a escrutinio. Incluyéndome a mí.

> *La visión de Jesús que tienes*
> *es el mayor enemigo de mi visión:*
> *La tuya tiene una gran nariz aguileña como la tuya,*
> *La mía tiene un nariz chata como la mía . . .*
> *Ambos leemos la Biblia día y noche,*
> *Pero tú lees negro donde yo leo blanco.*
>
> *William Blake*

Al pensar en Jesús, me viene a la mente una analogía que utilizó Karl Barth. Un hombre está asomado a una ventana mirando a la calle. Fuera, la gente se está protegiendo los ojos con las manos para poder mirar al cielo. Debido a un saliente en el edificio, sin embargo, el hombre no puede ver lo que la gente está mirando. Quienes vivimos dos mil años después de Jesús tenemos un punto de vista que no difiere del hombre que está junto a la ventana. Oímos los gritos de sorpresa. Estudiamos los gestos y palabras en los evangelios y en los muchos libros que han engendrado. Pero por mucho que estiremos el cuello no podremos ni siquiera vislumbrar al Jesús encarnado.

Por esta razón, como tan bien expresa el poema de William Blake, a veces quienes buscamos a Jesús no vemos más allá de nuestras narices. La tribu Lakota, por ejemplo, se refiere a Jesús como "el ternero búfalo de Dios". El gobierno cubano distribuye una imagen de Cristo con una carabina al hombro. Durante las guerras de religión con Francia, los ingleses solían gritar: "¡El Papa es francés, pero Jesús es inglés!"

Los estudiosos modernos todavía confunden más el cuadro. Si uno hojea los libros que se venden en las librerías de los seminarios, encuentra a un Jesús que fue revolucionario político, o mago que se casó con María Magdalena, o carismático galileo, o rabino, o cínico judío campesino, o fariseo, o esenio antifariseo, o profeta escatológico, o líder alucinado de un culto a hongos sagrados. Quienes escriben estas obras son estudiosos serios, y no parecen avergonzarse de ello.[1]

Hay deportistas que presentan retratos creativos de Jesús que recuerdan a la erudición moderna. Norm Evans, que ocupó la posición de atacante del equipo de los Delfines de Miami, escribió en su libro *On God's Squad* [En el equipo de Dios]: "Les aseguro que Cristo hubiera sido el tipo más duro que jamás hubiera jugado en este deporte . . . Si todavía viviera, me lo imaginaría como un defensa de dos metros de altura y de ciento cincuenta kilos de peso que siempre haría jugadas decisivas y a quien, atacantes como yo, no sabríamos cómo mantener fuera de retaguardia." Fritz Peterson, ex jugador de los Yankis de Nueva York, tiene menos dificultad en imaginarse a Jesús en uniforme de béisbol: "Creo firmemente que si Jesús se deslizara a segunda base, derribaría al segunda base hacia el jardín izquierdo para impedir el doble ponche. Cristo quizá no lanzaría bolas mojadas con saliva, pero hubiera jugado bien dentro de lo que establecen las reglas."

En medio de semejante confusión, ¿cómo respondemos a la simple pregunta: "¿Quién es Jesús?" La historia secular nos da pocas pistas. No deja de resultar una ironía deliciosa que la figura que ha cambiado la historia más que ninguna otra se las arreglara para eludir la atención de la mayor parte de los estudiosos e historiadores de su época. Incluso las cuatro personas que escribieron los evangelios omitieron casi todo lo que hubiera resultado interesante para los lectores modernos, pasando por alto nueve décimas partes de su vida. Como ninguno de ellos dedica una sola palabra a describirlo físicamente, no sabemos nada acerca de su cuerpo o estatura o color de ojos. Los detalles acerca de su familia son tan escasos que los estudiosos todavía debaten si tuvo o no hermanos y hermanas. Los hechos biográficos que los lectores modernos consideran esenciales no preocuparon para nada a los autores de los evangelios.

---

1 El público de Estados Unidos suele no prestar atención a estos retratos de moda. Una reciente encuesta Gallup reveló que el ochenta y cuatro por ciento de los estadounidenses creen que Jesús fue Dios o el Hijo de Dios. En forma totalmente mayoritaria, los estadounidenses creen que no cometió pecado, fue valiente y emocionalmente estable. Por márgenes menores lo consideran como fácil de entender, físicamente fuerte y atractivo, práctico, afectuoso y acogedor.

Antes de comenzar este libro pasé varios meses en tres biblio-
tecas de seminarios — uno católico, uno protestante liberal y uno
evangélico conservador — para leer acerca de Jesús. Fue intimi-
dante entrar el primer día y ver no sólo estantes, sino paredes
completas reservadas a libros acerca de Jesús. Un estudioso de la
Universidad de Chicago calcula que en los últimos veinte años se
ha escrito más acerca de Jesús que en los diecinueve siglos anteriores. Sentí como si se hubiera hecho realidad el comentario
hiperbólico al final del Evangelio según San Juan: "Y hay también
otras muchas cosas que hizo Jesús, las cuales si se escribieran una
por una, pienso que ni aun en el mundo cabrían los libros que se
habrían de escribir."

El cúmulo de erudición comenzó a producirme un efecto
paralizante. Leí muchísimos análisis de la etimología del nombre
de Jesús, disertaciones acerca de en qué lenguas habló, debates
acerca de cuánto tiempo vivió en Nazaret, Capernaúm o Belén.
Cualquier posibilidad de llegar a una imagen realista fue derivando
en una borrosa e indistinguible. Tuve la sensación de que Jesús
mismo se hubiera sentido asombrado ante muchos de los datos que
leía.

Al mismo tiempo, con gran regularidad descubría que, cuantas
veces regresaba a los evangelios mismos, la neblina parecía disi-
parse. J. B. Phillips escribió, después de traducir y parafrasear los
evangelios: "He leído, en griego y latín, muchísimos mitos, pero
aquí no he encontrado ni el más mínimo asomo de mito . . . Nadie
hubiera podido dejar relatos tan toscos y vulnerables a no ser que
algún Acontecimiento verdadero estuviera tras ellos."

A algunos libros religiosos los rodea el agrio aroma de la
propaganda, pero no es el caso de los evangelios. Marcos relata en
una sola frase lo que quizá sea el acontecimiento más importante
de la historia, un suceso que los teólogos tratan de interpretar con
palabras como "propiciación, expiación, sacrificio": "Mas Jesús,
dando una gran voz, expiró." Se incluyen situaciones raras, imposibles de predecir, tales como la familia y los vecinos de Jesús
tratando de recluirlo bajo sospecha de locura. ¿Por qué incorporar
tales escenas si uno escribe una hagiografía? Los más devotos
seguidores de Jesús suelen acabar rascándose la cabeza intrigados

— *¿Quién es este hombre?* —más sorprendidos que pensando que se hallan frente a una conspiración.

Jesús mismo, cuando fue puesto en tela de juicio, no dio pruebas rigurosas de su identidad. Daba pistas aquí y allá, pero también dijo, después de recordarles algunas pruebas: "Bienaventurado es el que no halle tropiezo en mí." Al leer los relatos, resulta difícil no encontrar a alguien que no halle tropiezo en Él en algún momento. Los evangelios dejan, en gran parte, la determinación al lector. Funcionan más como una novela policial que como un dibujo en el que hay que conectar los puntos. Encuentro una fuerza refrescante en esta cualidad de los evangelios.

Se me ocurre que todas las teorías rebuscadas acerca de Jesús, que se han venido generando espontáneamente desde el día de su muerte, sólo confirman el terrible riesgo que Dios asumió cuando se acostó en la mesa de disección; un riesgo que pareció querer. Examíname. Pruébame. Decide.

La película italiana "La Dolce Vita" comienza con una toma de un helicóptero que transporta una estatua gigantesca de Jesús a Roma. Con los brazos extendidos, Jesús va colgado de una cuerda, y a medida que el helicóptero va recorriendo distintas zonas, la gente comienza a reconocerlo. "¡Vaya, es Jesús!" exclama un viejo campesino, quien salta del tractor para comenzar a correr a través del campo. Más cerca de Roma, unas muchachas en traje de baño que están tomando el sol alrededor de una piscina lo saludan amistosamente con la mano, y el piloto del helicóptero desciende para mirar más de cerca. Silencioso, con una expresión casi triste en el rostro, el Jesús de hormigón se cierne de forma incongruente sobre el mundo moderno.

Mi búsqueda de Jesús cambió de dirección cuando el cineasta Mel White me prestó una colección de quince películas sobre la vida de Jesús. Incluían desde Rey de Reyes, de 1927, clásico del cine mudo de Cecil B. DeMille, hasta musicales como *Godspell* y *Cotton Patch Gospel*, hasta la versión francocanadiense, sorprendentemente moderna "Jesús de Montreal". Vi estas películas con mucho cuidado, haciendo una síntesis de las mismas escena por escena. Luego, en los dos años siguientes, di un curso sobre la vida de Jesús, en el que utilicé las películas como punto de partida para nuestra consideración.

Las clases funcionaban así. Cuando llegábamos a algún acontecimiento importante de la vida de Jesús, buscaba en las películas hasta escoger siete u ocho tratamientos que me parecían interesantes. Al principio de la clase, presentaba los fragmentos, de entre dos y cuatro minutos de duración, de dichas películas, comenzando con las versiones cómicas y rígidas para pasar luego a los tratamientos más profundos y evocadores. Nos parecía que el proceso de ver el mismo suceso a través de los ojos de siete u ocho cineastas nos ayudaba a eliminar la capa de predecibilidad que se había ido formando durante años de Escuela Dominical y de lectura bíblica. Obviamente, algunas de las interpretaciones dentro de las películas tenían que estar equivocadas — se contradecían abiertamente unas a otras — pero ¿cuáles? ¿Qué había sucedido en realidad? Después de reaccionar ante los fragmentos de las películas, pasábamos a los relatos evangélicos, y el intercambio de idea tomaba vuelo.

Este curso se ofrecía en la Iglesia de la calle LaSalle, una congregación llena de vida en el centro de Chicago, e incluía a doctores de la universidad Northwestern y a hombres sin hogar que aprovechaban la hora que pasaban en una sala con calefacción para recuperar algo de sueño. Gracias sobre todo a este curso, poco a poco mi manera de ver a Jesús se fue transformando. Walter Kasper ha dicho: "Ideas extremistas . . . ver a Dios vestido de Papá Noel o entrando en la naturaleza humana como alguien que se pone pantalones vaqueros para arreglar el mundo. La doctrina bíblica y eclesial de que Jesús fue un hombre completo con inteligencia y libertad humanas, no parece ser la que prevalece en la mente del cristiano común." No comenzó a prevalecer en mi mente, debo admitirlo, hasta que enseñé el curso en la Iglesia de la calle LaSalle y comencé a encontrarme con la persona histórica de Jesús.

Básicamente, las películas me ayudaron a ver mejor la humanidad de Jesús. Los credos que se repiten en las iglesias hablan de la preexistencia eterna de Jesús y de su gloriosa vida después de la muerte, pero no dicen gran cosa de su carrera terrenal. Los evangelios mismos se escribieron años después de la muerte de Jesús, mucho después de la primera Pascua, y relatan sucesos tan distantes de los autores como lo es la Guerra de Corea para nosotros. Las películas me ayudaron a volver al pasado, a acercarme a una percepción de la vida de Jesús vista por sus contemporáneos. ¿Qué hubiera ocurrido si yo hubiera formado parte de la multitud? ¿Cómo hubiera respondido ante ese hombre? ¿Lo hubiera invitado a cenar, como Zaqueo? ¿Me hubiera alejado triste, como el joven rico? ¿Lo hubiera traicionado, como Judas y Pedro?

Descubrí que Jesús se parece muy poco a las figuras que había conocido en la Escuela Dominical, y era muy distinto de la persona que había estudiado en la universidad cristiana. Para comenzar, fue mucho menos manso. Me di cuenta de que tal como lo veía, la personalidad de Jesús se parecía a la de *Vulcan*, el personaje de la serie televisiva *Star Trek*: se mantenía tranquilo, en calma y concentrado, pasando como un robot por entre seres humanos capaces de emocionarse en la nave espacial. No fue esto lo que encontré retratado en los evangelios y en las mejores películas. Las otras personas afectaban profundamente a Jesús: la obstinación lo frustraba, la santurronería lo enfurecía, la fe sencilla lo conmovía. En realidad, parecía más emotivo y espontáneo que la persona promedio, no menos. Más apasionado, no menos.

Cuanto más estudiaba a Jesús, más difícil me resultaba encasillarlo. Él dijo muy poco acerca de la ocupación romana, tema principal de conversación entre sus coterráneos y sin embargo, tomó un látigo para arrojar del templo judío a los mercaderes. Insistió en que se obedeciera la ley mosaica mientras que se difundía la idea de que violaba las leyes. Podía sentir profunda simpatía por un extraño, y sin embargo lanzar a su mejor amigo el fuerte reproche: "¡Quítate de delante de mí Satanás!" Tenía ideas intransigentes acerca de los ricos y de las prostitutas, pero ambos grupos disfrutaban de su compañía.

Un día parecía como si los milagros fluyeran de Jesús; al día siguiente su poder quedaba paralizado ante la falta de fe de las personas. Un día hablaba en detalle de la Segunda Venida; otro, no sabía el día ni la hora. Evitó una vez que lo arrestaran para luego dirigirse inexorablemente a ser arrestado. Habló con elocuencia acerca de ser pacificadores; y luego les dijo a sus discípulos que se consiguieran espadas. Sus extravagantes pretensiones acerca de sí mismo lo hicieron motivo de controversia, pero cuando hacía algo en realidad milagroso, procuraba ocultarlo. Como ha dicho Walter Wink, si Jesús no hubiera vivido nunca, no hubiéramos sabido inventarlo.

Hay dos palabras que uno no pensaría nunca que se pueden aplicar al Jesús de los evangelios: aburrido y precedible. ¿Por qué, pues, la iglesia ha domesticado semejante personalidad? En palabras de Dorothy Sayers: "han recortado las garras del León de Judá, y lo ha presentado como un personaje favorito y adecuado para curas pálidos y piadosas ancianas."

La historiadora Barbara Tuchman, ganadora del premio Pulitzer, insiste en una regla cuando se escribe historia: nada de "escenas prospectivas". Cuando escribía acerca de la Batalla del Bulge en la Segunda Guerra Mundial, por ejemplo, se resistió a la tentación de incluir comentarios como: "Desde luego todos sabemos cómo terminó todo esto." En realidad, las tropas aliadas que participaron en dicha batalla no sabían cómo iba a acabar. Tal como se presentaba la situación, muy bien los hubieran podido hacer retroceder hasta las playas de Normandía, desde donde habían comenzado la avanzada. El historiador que quiere mantener algún sentido de tensión y drama en los sucesos a medida que se van desarrollando, nunca debe dar un punto de vista propio del futuro. Si lo hace, la tensión desaparece. Antes bien, el buen historiador crea de nuevo, para beneficio del lector, las condiciones históricas que se están describiendo, transmitiendo así una sensación de "estar ahí" presente.

Saqué la conclusión de que este es el problema de la mayor parte de lo que se escribe y piensa acerca de Jesús. Leemos los evangelios a través de los lentes prospectivos de concilios de la Iglesia como Nicea y Calcedonia, a través de los intentos que hace la Iglesia de encontrar el sentido de su vida.

Jesús fue un ser humano, un judío de Galilea con nombre y familia, una persona que en cierto sentido fue como otra cualquiera. Pero en otro sentido, fue diferente de todas las otras personas que antes habían vivido en la tierra. Le tomó a la iglesia cinco siglos de vivos debates llegar a un acuerdo en cuanto a un cierto equilibrio epistemológico entre "como otro cualquiera" y "alguien diferente". Para quienes fuimos educados en la iglesia, o incluso educados en una cultura nominalmente cristiana, la balanza se inclina inevitablemente hacia "alguien diferente". Como dijo Pascal: "La iglesia ha tenido tanta dificultad en mostrar que Jesús fue hombre, en contra de quienes lo negaban, como en mostrar que fue Dios; y las probabilidades eran igualmente grandes."

Permítanme aclarar que yo profeso los credos. Pero en este libro espero ir más allá de dichas formulaciones. Espero, en la medida de lo posible, contemplar la vida de Jesús "desde abajo", como simple espectador, como uno de los muchos que lo siguieron por todas partes. Si fuera cineasta japonés, y me dieran cincuenta millones de dólares y ningún guión excepto el texto de los evangelios, ¿qué clase de película haría? Espero, usando las palabras de Lutero, "colocar a Jesús lo más profundamente posible en la carne."

En este proceso, a veces me he sentido como un turista que, sobrecogido y abrumado, le da vueltas a un gran monumento. Doy vueltas al monumento de Jesús, escudriñando las partes que lo conforman — los relatos del nacimiento, las enseñanzas, los milagros, los enemigos y los seguidores — con el fin de reflexionar acerca del hombre que ha cambiado la historia y de comprenderlo.

Otras veces me he sentido como un restaurador de obras de arte, acostado en el andamiaje de la Capilla Sixtina, limpiando la mugre de la historia con un algodón húmedo. Si froto lo suficiente, ¿encontraré el original debajo de esas capas?

En este libro he tratado de contar la historia de Jesús, no mi propia historia. Es inevitable, sin embargo, que la búsqueda de Jesús se convierta en la búsqueda de uno mismo. Nadie que encuentre a Jesús sigue siendo el mismo. He descubierto que las dudas que me asaltaban desde muchas fuentes diferentes — la ciencia, la religión comparada, un defecto innato de escepticismo, la aversión a la iglesia — se ven en una perspectiva nueva cuando las llevo al hombre llamado Jesús. Si dijera más a estas alturas, en el primer capítulo, quebrantaría el querido principio de Barbara Tuchman.

2

El nacimiento:
El planeta visitado

El Dios de poder, cabalgando
Con sus majestuosos ropajes de gloria
Se volvió luz; y así un día
Descendió, despojándose de su túnica

George Herbert

2

El nacimiento:
El planeta visitado

Al ir pasando revista a las tarjetas que se recibieron en casa en la Navidad pasada, me doy cuenta de que se han ido abriendo paso toda clase de símbolos. En su gran mayoría, las escenas con paisajes presentan a pueblos del estado de Nueva Inglaterra cubiertos de nieve, casi siempre con el toque de un trineo tirado por caballos. En otras tarjetas, retozan animales: no sólo renos, sino también ardillas, mapaches, cardenales y graciosos ratones grises. Una tarjeta muestra a un león africano postrado, con una de las patas delanteras puesta cariñosamente alrededor de un cordero.

Los ángeles han retornado con fuerza en años recientes, y las compañías que imprimen y distribuyen esas tarjetas los usan mucho, aunque como criaturas recatadas y de aspecto mimoso, y no como seres que fueran a anunciar: "¡No temáis!" Las tarjetas claramente religiosas (una minoría) se centran en la sagrada familia, y de inmediato se da uno cuenta de que esos personajes son diferentes. Parecen tranquilos y serenos. Sobre las cabezas se ven unas aureolas doradas brillantes, como coronas de otro mundo.

En el interior de las tarjetas, se utilizan palabras gozosas como amor, buena voluntad, alegría, felicidad y afecto. Supongo que es bueno que honremos una festividad sagrada con sentimientos cordiales. Con todo, cuando voy al relato evangélico de la primera Navidad, escucho un tono muy diferente y percibo sobre todo perturbación.

Me acuerdo de un episodio de la serie televisiva *Thirtysomething* en el que Hope, cristiana, discute con su esposo judío, Michael, acerca de las festividades religiosas. "¿Por qué ni siquiera preocuparse del Hanukkah?" — pregunta ella —. "¿Crees de veras que un grupito de judíos detuvieron a un gran ejército con unas cuantas lámparas que milagrosamente no se quedaron sin aceite?"

Michael explotó: "¿Y la Navidad tiene más lógica? ¿Crees de veras que un ángel se le apareció a una adolescente que quedó embarazada sin haber tenido relaciones sexuales y se fue a Belén a lomo de un asno donde pasó la noche en un establo y dio a luz a un niño que resultó ser el Salvador del mundo?"

Francamente, la incredulidad de Michael se acerca más a lo que encuentro en los evangelios. María y José debieron enfrentarse con la vergüenza y burla de la familia y los vecinos, quienes reaccionaron en forma muy parecida a Michael ("Crees de veras que un ángel se le apareció . . .")

Incluso quienes aceptan la versión sobrenatural de los acontecimientos conceden que iban a producirse grandes trastornos: un anciano ora clamando "salvación de nuestros enemigos, y de la mano de todos los que nos aborrecieron"; Simeón, en forma siniestra, advierte a la virgen que "una espada traspasará tu misma alma"; el himno de acción de gracias de María menciona que se quitará de los tronos a poderosos y que los soberbios serán esparcidos.

En contraste con lo que las tarjetas quieren hacernos creer, la Navidad no simplificó sentimentalmente la vida en el planeta tierra. Quizá esto es lo que siento cuando se acerca la Navidad y me aparto de la alegría de las tarjetas para adentrarme en la austeridad de los evangelios.

La concepción artística de la Navidad presenta a la familia de Jesús como imágenes grabadas en papel dorado, con una María en calma que recibe las nuevas de la anunciación como una especie de bendición. Pero no es así como Lucas nos cuenta la historia. María se sintió "turbada" y con "temor" ante la aparición del ángel, y cuando el ángel pronunció las sublimes palabras acerca del Hijo del Altísimo cuyo reino no tendrá fin, María se puso a pensar en algo mucho más mundano: *"¡Pero si soy virgen!"*

Una vez, una joven abogada, soltera, llamada Cynthia pasó valientemente al frente en mi iglesia de Chicago, para hablar de un pecado que ya todos conocíamos: habíamos visto todos los domingos a su hiperactivo hijo corriendo por los pasillos del templo. Cynthia había decidido andar por la senda solitaria de tener un hijo ilegítimo y de criarlo después que el padre se fue de la ciudad. El pecado de Cynthia no era peor que muchos otros y sin embargo, como nos dijo, tenía consecuencias muy evidentes. No podía ocultar el resultado de ese acto concreto de pasión, que se fue manifestando mes tras mes en la protuberancia de su vientre, hasta que nació un niño que cambió todas las horas de todos los días de su vida. No nos sorprende que la adolescente judía María se sintiera muy turbada: se enfrentaba con las mismas perspectivas, incluso sin el acto de pasión.

En los Estados Unidos de América de hoy, donde cada año un millón de adolescentes quedan embarazadas fuera del matrimonio, la situación difícil de María sin duda ha perdido algo de su fuerza, aunque en una comunidad judía estrechamente unida del siglo primero, no pudieron ser muy bien acogidas las nuevas que el ángel trajo. La ley consideraba que la mujer comprometida en matrimonio que quedaba embarazada era adúltera, condenada a morir lapidada.

Mateo nos narra el relato de la aceptación magnánima de José de divorciarse de María en secreto en vez de acusarla, y cómo se le aparece un ángel para corregir la percepción de traición que tenía. Lucas nos habla de una María temblorosa que va apresuradamente a la única persona que posiblemente podía comprender lo que estaba pasando: su prima Elisabet, quien en forma milagrosa había quedado embarazada ya anciana, tras otro anuncio de un ángel. Elisabet le cree a María y comparte su gozo y sin embargo, la escena subraya de manera conmovedora el contraste entre las dos mujeres: toda la región está hablando del vientre restaurado de Elisabet en tanto que María debe esconder la vergüenza de su propio milagro.

A los pocos meses, nació Juan el Bautista en medio de una gran fiesta; con comadronas, parientes gozosos y el coro tradicional del pueblo que celebraba el nacimiento de un varón judío. Seis meses después, nació Jesús lejos del hogar, sin comadrona ni familiares ni coro del pueblo. El censo romano requería sólo la presencia del jefe de la familia; ¿se llevó José a su esposa embarazada a Belén para ahorrarle la ignominia de dar a luz en su propio pueblo?

C. S. Lewis ha escrito lo siguiente acerca del plan de Dios: "Todo va estrechándose cada vez más, hasta que por fin se llega a un pequeño punto, tan pequeño como la punta de una lanza: una joven judía en oración." Cuando leo ahora los relatos del nacimiento de Jesús, tiemblo al pensar que el destino del mundo dependió de las respuestas de dos adolescentes del campo. ¿Cuántas veces recordó María las palabras del ángel cuando sentía al Hijo de Dios que daba patallitas en su matriz? ¿Cuántas veces analizó José su encuentro con el ángel mientras soportaba la profunda vergüenza de vivir entre gente que podía ver muy bien cómo el cuerpo de su prometida iba cambiando de forma?

Nada se sabe de los abuelos de Jesús. ¿Cómo se deben haber sentido? ¿Reaccionaron como tantos padres de adolescentes solteras de nuestro tiempo, con un arranque de furia moral y luego un período de silencio sombrío hasta que, por fin nace el chiquito de ojos vivarachos para fundir el hielo y crear una frágil tregua familiar? ¿O acaso, como muchos padres en los barrios pobres de las grandes ciudades, se ofrecieron generosamente a acoger al niño bajo su techo?

Nueve meses de explicaciones extrañas, con el persistente aroma del escándalo. Parece que Dios buscó las circunstancias más humillantes posibles para hacer su entrada, de manera que no se le pudiera acusar de favoritismo. Me impresiona que cuando el Hijo de Dios se hace hombre, sigue las reglas del juego, las duras reglas: las pequeñas ciudades no tratan bien a los muchachos con una paternidad cuestionable.

Malcolm Muggeridge comentaba que, en nuestro tiempo, con clínicas de planificación familiar que brindan medios adecuados para corregir "errores" que pudieran dañar la reputación de una familia, "de hecho es muy improbable que, bajo las condiciones que había, se le hubiera ni siquiera permitido a Jesús nacer. El embarazo de María, en circunstancias precarias, de padre desconocido, hubiera sido un caso obvio para recurrir al aborto; y lo que ella decía de que había concebido por intervención del Espíritu Santo, hubiera sugerido la necesidad de que se sometiera a tratamiento psiquiátrico, y hubiera reforzado todavía más la necesidad de interrumpir el embarazo. Así pues, nuestra generación, que necesita a un Salvador quizá más que ninguna de las anteriores, sería demasiado compasiva como para permitir que naciera."

La virgen María, sin embargo, cuya maternidad no había sido planificada, respondió en forma diferente. Escuchó al ángel, ponderó las repercusiones, y respondió: "He aquí la sierva del Señor; hágase conmigo conforme a tu palabra." A menudo la acción de Dios tiene doble filo, gran gozo y profundo dolor; con esa respuesta práctica, María aceptó ambos. Fue la primera persona que aceptó a Jesús bajo las condiciones que Él puso, sin pensar en el costo personal.

Cuando el misionero jesuita Matteo Ricci fue a China en el siglo dieciséis, se llevó ejemplares de arte religioso para ilustrar la enseñanza cristiana ante personas que nunca antes la habían oído. Los chinos acogieron de inmediato con agrado los retratos de la Virgen María con su hijo en brazos, pero cuando les mostró cuadros de la crucifixión y trató de explicarles que, cuando el niño Dios llegó a adulto lo crucificaron, el auditorio reaccionó con repugnancia y horror. Prefirieron mucho más a la Virgen e insistieron en rendirle culto a ella y no al Dios crucificado.

Cuando vuelvo a revisar el montón de tarjetas de Navidad, me doy cuenta de que en los países cristianos hacemos lo mismo. Celebramos una festividad blanda, domesticada, exenta de cualquier indicio de escándalo. Sobre todo, eliminamos de ella cualquier recordatorio de cómo el relato que comenzó en Belén acabó en el Calvario.

En los relatos del nacimiento en Lucas y Mateo, sólo una persona parece captar la naturaleza misteriosa de lo que Dios estaba comenzando: el anciano Simeón, quien reconoció en el niño al Mesías, comprendió instintivamente que iban a producirse conflictos. "Éste está puesto para caída y para levantamiento de muchos en Israel, y para señal que será contradicha . . ." — dijo, y luego hizo la predicción de que una espada atravesaría el alma de María. De alguna manera Simeón percibió que, aunque al parecer poco había cambiado — el autócrata Herodes seguía gobernando, las tropas romanas estaban aplastando a los patriotas, Jerusalén seguía llena de mendigos —, todo había cambiado. Había llegado una nueva fuerza que socavaría los poderes del mundo.

Al principio, Jesús estuvo lejos de parecer una amenaza para esos poderes. Había nacido bajo César Augusto, cuando la esperanza soplaba por todo el Imperio Romano. Más que ningún otro gobernante, Augusto elevó las expectativas en cuanto a lo que podía lograr un líder y a lo que la sociedad podía alcanzar. Fue Augusto quien primero tomó la palabra griega "Evangelio" o "Buenas Nuevas" para referirse al nuevo orden mundial establecido bajo su reinado. El Imperio lo proclamó dios y definió ritos para rendirle culto. Muchos creyeron que su régimen ilustrado y estable iba a durar para siempre, solución definitiva al problema de gobierno.

Mientras tanto, en un oscuro rincón del Imperio de Augusto, los cronistas de la época pasaron por alto el nacimiento de un niño llamado Jesús. Sabemos de Él sobre todo por medio de cuatro libros, escritos años después de su muerte, en una época en que menos de la mitad del uno por ciento del mundo romano había oído hablar de Él. Los biógrafos de Jesús también utilizarían la palabra Evangelio para proclamar una clase totalmente diferente de orden mundial. Mencionarían a Augusto sólo una vez, a modo de referencia pasajera para establecer la fecha de un censo que daría fe de que Jesús iba a nacer en Belén.

Los sucesos más tempranos de la vida de Jesús, sin embargo, ofrecen un avance amenazador de la inesperada lucha que estaba comenzando. Herodes el Grande, rey de los Judíos, imponía la ley romana a nivel local y por ironía de la historia, sabemos de Herodes principalmente por la masacre de los inocentes. Nunca he visto una tarjeta de Navidad que presente ese acto de terror que el gobierno llevó a cabo, aunque también fue parte de la venida de Jesús. Si bien la historia secular no menciona dicha atrocidad, nadie que sepa de la vida de Herodes duda de que fuera capaz de esto. Mató a dos cuñados, a su propia esposa Mariamne, y a dos de sus propios hijos. Cinco días antes de su muerte, decretó el arresto de muchos ciudadanos y mandó que fueran ejecutados en el día de su muerte, a fin de que se creara en el país un ambiente adecuado de luto. Para un déspota como él no representaba ningún problema un procedimiento de exterminio en Belén.

Bajo el régimen de Herodes, rara vez pasaba un día sin que se ejecutara a alguien. El ambiente político en tiempo del nacimiento de Jesús se parecía al de Rusia en la década de los años 30 bajo Stalin. Los ciudadanos no podían hacer reuniones públicas. En todas partes había espías. En la mente de Herodes, la orden de exterminar a los niños de Belén fue seguramente un acto sumamente racional, una acción de retaguardia para mantener la estabilidad de su reino frente a la rumorada invasión por parte de otro reino.

En *For the Time Being* [Mientras tanto], W. H. Auden reflexiona acerca de lo que pudo haber estado pasando por la mente de Herodes mientras reflexionaba acerca de ordenar la matanza:

> Hoy ha sido uno de esos días de invierno perfectos, fríos, brillantes, totalmente en calma, cuando el ladrido del perro se oye a kilómetros de distancia, y las enormes montañas agrestes se aproximan mucho a las murallas de la ciudad, y la mente se siente intensamente despierta, y esta noche, de pie junto a la ventana más alta de la ciudadela, no hay nada en todo el espléndido panorama de llanuras y montañas que me indique que el Imperio se ve amenazado por un peligro mucho más espantoso que cualquier invasión tártara a lomo de camellos o que la conspiración de la Guardia Pretoriana . . .
>
> Ay de mí, ¿por qué ese condenado niño no pudo haber nacido en algún otro lugar?

Así es como entró Jesús el Cristo en el mundo, en medio de conflictos y terror, y pasó la infancia escondido en Egipto como refugiado. Mateo advierte que los políticos locales incluso decidieron dónde iba a crecer Jesús. Cuando Herodes el Grande murió, un ángel le informó a José que ya podía regresar a Israel sin riesgos, pero no a la región donde gobernaba el hijo de Herodes, Arquelao. José llevó a su familia a Nazaret, en el norte, donde vivieron bajo el régimen de otro de los hijos de Herodes, Antipas, al que Jesús llamaría "aquella zorra"; el mismo que hizo decapitar a Juan el Bautista.

Unos años más tarde los romanos pasaron a gobernar directamente la provincia meridional que incluía a Jerusalén, y el gobernador más conocido y cruel fue un hombre llamado Poncio Pilato. Con buenas conexiones, Pilato se había casado con la nieta de César Augusto. Según Lucas, Herodes Antipas y el gobernador romano se habían visto como enemigos hasta el día en que el destino los unió para decidir el destino de Jesús. Ese día colaboraron, con la esperanza de tener éxito donde Herodes el Grande había fracasado: eliminando al extraño pretendiente al trono y así salvaguardar el reino.

Desde el principio hasta el fin, el conflicto entre Roma y Jesús pareció totalmente unilateral. La ejecución de Jesús daría fin aparente a cualquier amenaza, o por lo menos así lo pensaron entonces. La tiranía volvería a prevalecer. A nadie se le ocurrió que sus pertinaces seguidores podrían sobrevivir al Imperio Romano.

Los hechos relacionados con la Navidad, cantados en villancicos, representados por los niños en la iglesia, ilustrados en tarjetas, se han vuelto tan conocidos que resulta fácil no descubrir el mensaje que está tras los hechos. Después de leer una vez más los relatos del nacimiento, me pregunto: *Si Jesús vino a revelarnos a Dios, ¿qué aprendo acerca de Dios en esa primera Navidad?*

Las asociaciones de palabras que me vienen a la mente cuando pondero esa pregunta me sorpenden. Humilde, accesible, perdedor, valiente, no parecen para nada palabras apropiadas para que se apliquen a la Deidad.

Humilde. Antes de Jesús, casi ningún autor pagano había utilizado "humilde" como cumplido. Sin embargo, los acontecimientos de la Navidad apuntan en forma inexorable hacia lo que parece una contradicción en términos: un Dios humilde. El Dios que vino a la tierra no vino como un torbellino violento ni como fuego devorador. De manera inimaginable, el Hacedor de todas las cosas se fue haciendo más y más pequeño, tan pequeño como un óvulo, un sólo óvulo fecundado, apenas visible a simple vista, un óvulo que se iría dividiendo y subdividiendo hasta que se formó un feto, creciendo célula a célula dentro de una nerviosa adolescente. "La inmensidad enclaustrada en tu querido vientre" — se maravillaba el poeta John Donne. "Se despojó a sí mismo . . . se humilló a sí mismo" — dijo el apóstol Pablo en forma más sencilla.

Recuerdo haber asistido en la época de Navidad, a una interpretación del *Mesías* de Haendel en un auditorio londinense, y el coro en pleno cantando acerca del día en que: "Se manifestará la gloria de Jehová." Había pasado la mañana en museos para ver algunos recuerdos de la gloria de Inglaterra — las joyas de la corona, un cetro de oro macizo, el carruaje dorado de un importante *Lord* — y se me ocurrió que precisamente imágenes parecidas de riqueza y poder tuvieron que haber estado presentes en la mente de los contemporáneos de Isaías cuando escucharon por primera vez la promesa. Cuando los judíos leían las palabras de Isaías, sin duda que recordaban con nostalgia los días gloriosos de Salomón, cuando "hizo el rey que en Jerusalén la plata llegara a ser como piedras".

El Mesías que se presentó, sin embargo, se revestía de una clase diferente de gloria, la gloria de la humildad. "La exclamación de los musulmanes: 'Dios es grande', es una verdad que no requería que ningún ser sobrenatural se la enseñara a los hombres", escribe el padre Neville Figgis. "Que Dios es *pequeño* fue la verdad que Jesús enseñó al hombre." El Dios que vociferaba, que daba órdenes a ejércitos e imperios como si fueran peones en un tablero, este Dios se presentó en Palestina como un niño que ni hablaba, ni comía alimentos sólidos ni podía controlar la vejiga, que dependía de una pareja de adolescentes para tener techo, alimento y amor.

En Londres, al mirar hacia el palco real de la sala de conciertos en el que se sentaban la reina y su familia, vislumbré algo de la forma más típica en que los gobernantes pasan por el mundo: con guardaespaldas, un toque de trompetas y una abundancia de ropajes llenos de color y de joyas resplandecientes. La Reina Isabel II acababa de visitar los Estados Unidos y los periodistas disfrutaban explicando: sus dos mil quinientos kilos de equipaje que incluían dos vestidos para cada ocasión, un vestido de luto por si alguien fallecía, veinticinco litros de plasma, y un asiento de inodoro de cuero blanco. Una breve visita de la realeza a otro país fácilmente puede salir costando veinte millones de dólares.

En humilde contraste, la visita de Dios a la tierra se dio en un establo de animales, sin ayudantes y sin disponer de un lugar donde colocar al recién nacido excepto un pesebre. En realidad, el acontecimiento que dividió la historia y nuestros calendarios en dos partes, quizá tuvo más testigos animales que humanos. Quizá hasta una mula pudo haberlo pisado. "Cuán sigilosamente, cuán sigilosamente, se da el don maravilloso."

Por un breve instante el firmamento se iluminó de ángeles, pero ¿quién vio el espectáculo? Asalariados analfabetos que cuidaban de los rebaños de otros, "don nadies" de los que ni siquiera se saben los nombres. Los pastores tenían tal reputación, que los judíos correctos los mencionaban junto a los "impíos", y los confinaban al atrio más externo del templo. En forma muy apropiada, pues, Dios los escogió a ellos para que ayudaran a celebrar el nacimiento del que sería conocido como amigo de pecadores.

En el poema de Auden los magos proclaman: "Oh, nuestro interminable viaje concluye aquí y ahora." Los pastores dicen: "Oh, nuestro interminable viaje comienza aquí y ahora." Ha concluido la búsqueda de sabiduría terrenal; está comenzando la verdadera vida.

Accesible. Quienes fuimos educados en una tradición de oración informal y privada, quizá no valoremos el cambio que introdujo Jesús en cuanto a la forma en que los humanos se acercan a la Deidad. Los hindúes ofrecen sacrificios en el templo. Los musulmanes se postran tanto que tocan el suelo con la frente. En la mayor parte de las tradiciones religiosas, el temor es la emoción primordial cuando uno se acerca a Dios.

Sin duda que los judíos relacionaban el temor con el culto. La zarza ardiente de Moisés, las brasas ardientes de Isaías, las visiones extraterrestres de Ezequiel; la persona que era "bendecida" con un encuentro directo con Dios, esperaba salir del mismo radiante o quizá medio tullido como Jacob. Estos era los afortunados: los niños judíos también aprendían relatos del monte sagrado en el desierto que resultaba fatal para quien lo tocaba. Si se acercaba el arca de la alianza, uno moría. Si alguien entraba en el Lugar Santísimo, no salía vivo.

Entre quienes habían creado un Lugar Santísimo aislado para Dios en el templo y no se atrevían a pronunciar o deletrear su nombre, Dios se presentó en forma sorprendente como un niño en un pesebre. ¿Qué puede ser menos atemorizante que un recién nacido con las extremidades fuertemente amarradas al cuerpo? En Jesús, Dios encontró una forma de relacionarse con los humanos que no conllevaba miedo.

En realidad, el temor nunca había funcionado muy bien. El Antiguo Testamento contiene muchas más violaciones que cumplimientos. Se necesitaba un nuevo enfoque, un Nuevo Pacto, para utilizar las palabras bíblicas, que no hiciera énfasis en el enorme abismo entre Dios y la humanidad, sino que más bien ayudara a salvar ese abismo.

Una amiga mía llamada Kathy estaba usando el juego "¿Adivinas?" para ayudar a que su hijo de seis años aprendiera los nombres de los diferentes animales.

— Pienso en un mamífero que es muy grande y hace actos de magia — dijo el niño.

Kathy pensó un momento.

— No sé — respondió.

— ¡Es Jesús! — dijo el niño en son de triunfo.

La respuesta le pareció irrespetuosa en ese momento, me contó Kathy, pero luego, a medida que fue pensando en esto, cayó en la cuenta de que su hijo había apuntado a una percepción perturbadora de la profundidad de la encarnación: "Jesús como mamífero."

Entendí mejor la encarnación cuando tuve en casa un acuario de agua salada. Descubrí que no es tarea fácil atender un acuario marino. Tenía que llevar un laboratorio químico portátil para medir los niveles de nitrato y el contenido de amoníaco. Le bombeaba vitaminas, antibióticos y drogas de sulfa y suficientes enzimas como para que creciera incluso una piedra. Filtraba el agua en fibra de vidrio y carbón vegetal, y la exponía a la luz ultravioleta. Pensarán, a la luz de toda la energía que le dedicaba, que mis peces por lo menos me estarían agradecidos. Pues no. Cada vez que mi sombra se cernía sobre el tanque, buscaban refugio en la concha más cercana. Sólo me mostraban una "emoción": temor. Aunque levantaba la tapa para echarles el alimento a horas fijas, tres veces al día, respondían a cada visita como si fuera una señal segura de mi intención de torturarlos. No los podía convencer de que me interesaban de verdad.

Para mis peces yo era como una deidad. Demasiado grande para ellos y mis acciones demasiado incomprensibles. Mis actos de misericordia los veían como crueldad; mis intentos de protegerlos los veían como destrucción. Comencé a comprender que, para cambiar sus percepciones, se iba a necesitar una especie de encarnación. Tendría que convertirme en pez y "hablar" con ellos en un idioma que pudieran entender.

Un ser humano que se convierta en pez no se puede para nada comparar con que Dios se hiciera niño. Y sin embargo, para los evangelios, esto es lo que sucedió en Belén. El Dios que creó la materia tomó forma dentro de ella, como un artista se pudiera convertir en un punto de un cuadro o un dramaturgo en un personaje de su propia obra. Dios escribió un relato, utilizando sólo personajes reales, en las páginas de la historia real. El Verbo se hizo carne.

Perdedor. Cuando escribo esta palabra, sobre todo con relación a Jesús, me sobresalto. Es una palabra fuerte que se suele aplicar a perdedores previsibles y a víctimas de injusticias. Pero al leer los relatos del nacimiento de Jesús, no puedo evitar sacar la conclusión de que, aunque el mundo puede inclinarse hacia el rico y poderoso, Dios se inclina hacia el perdedor. "Quitó de los tronos a los poderosos, y exaltó a los humildes. A los hambrientos colmó de bienes, y a los ricos envió vacíos" — dijo María en su cántico Magnificat.

Lazlo Tokes, el pastor rumano que al ser tan brutalmente maltratado enfureció al país e incitó a la rebelión contra el gobernante comunista Ceausescu, nos cuenta de cuando trataba de preparar un sermón de Navidad para la pequeña iglesia a la que había sido desterrado. La policía nacional estaba encarcelando a los disidentes y por todo el país había brotes de violencia. Como temía por su vida, Tokes pasó el cerrojo a las puertas de la casa, y se sentó para leer los relatos de Lucas y Mateo. A diferencia de la mayor parte de los pastores que iban a predicar esa Navidad, escogió como texto los versículos que describen la masacre de los inocentes ordenada por Herodes. Fue el pasaje que iba a resultar más elocuente para sus parroquianos. Opresión, temor, violencia, la situación trágica del perdedor, y así lo entendieron.

Al día siguiente, Navidad, las noticias informaron del arresto de Ceausescu. En todo Rumanía se lanzaron al vuelo las campanas de las iglesias y hubo un estallido de alegría. Había caído otro rey

Herodes. Tokes recuerda: "Todos los sucesos del relato de Navidad adquirieron una dimensión nueva y brillante para nosotros, una dimensión de historia fundamentada en la realidad de nuestra vida ... Para quienes vivimos esos días de la Navidad de 1989, representaron un bordado rico y evocador del relato de Navidad, un momento en la historia en que la providencia de Dios y la necedad de la maldad humana parecieron tan fáciles de comprender como el sol y la luna brillan sobre las colinas eternas de Transilvania." Por primera vez en cuatro décadas, Rumanía celebró la Navidad como una festividad pública.

Quizá la manera mejor de percibir la naturaleza "perdedora" de la encarnación es expresarla en términos que resulten afines para el lector actual. Una madre soltera, sin hogar, se vio obligada a buscar techo cuando se encontraba de viaje para ir a pagar los fuertes impuestos de un gobierno colonial. Vivía en un país que se estaba recuperando de violentas guerras civiles y que seguía sufriendo turbulencias; situación parecida a la de las modernas Bosnia, Ruanda o Somalia. Como la mitad de las madres que dan a luz en la actualidad, tuvo el hijo en el límite occidental de Asia, la parte del mundo que resultaría ser menos receptiva con ese hijo. El niño vivió como refugiado en África, el continente donde todavía se encuentran la mayor parte de los refugiados del mundo.

Me pregunto qué pensó María acerca de su cántico Magnificat durante los años espantosos en Egipto. Para un judío, Egipto evocaba recuerdos vívidos de un Dios poderoso que había derrotado al ejército del faraón y liberado a su pueblo; ahora María huyó a ese lugar, desesperada, extranjera en país extranjero, para ocultarse de su propio gobierno. ¿Podría acaso su hijo, perseguido, desamparado, fugitivo, llenar las espléndidas expectativas de su pueblo?

Incluso la lengua materna de la familia le recordaba su condición de perdedor: Jesús hablaba arameo, lengua comercial muy parecida al árabe, punzante recordatorio de la sujeción de los judíos a imperios extranjeros.

Algunos astrólogos extranjeros (probablemente de la región del actual Iraq) fueron a visitar a Jesús, pero los judíos de la época los consideraban como "impuros". Naturalmente, como todos los dignatarios, se habían reportado primero al rey que gobernaba

Jerusalén, quien no sabía nada del niño de Belén. Después de ver al niño y darse cuenta de quién era, estos visitantes cometieron un acto de desobediencia civil: engañaron a Herodes y regresaron a su patria por otro camino para proteger al niño. Se habían puesto del lado de Jesús, en contra del poderoso.

En su período de crecimiento, la sensibilidad de Jesús se vio sobre todo afectada por los pobres, los desamparados, los oprimidos; en otras palabras, los perdedores. En la actualidad los teólogos debaten si es adecuada la frase "opción preferencial de Dios por los pobres" para describir la preocupación de Dios por los perdedores. Como Dios escogió las circunstancias bajo las que iba a nacer en el planeta tierra — sin poder o riqueza, sin derechos, sin justicia — sus opciones preferenciales hablan por sí mismas.

Valiente. En 1993 leí un boletín informativo acerca de "Aparece el Mesías" en el barrio Crown Heights de Brooklyn, Nueva York. Veinte mil judíos asídicos lubavitcher viven en Crown Heights, y en ese mismo año muchos de ellos creyeron que el Mesías vivía en la persona del rabino Menachem Mendel Schneerson.

Las noticias de que el rabino se iba a presentar en público corrieron como pólvora por las calles de Crown Heights, y los lubavitchers, con sus abrigos negros y patillas rizadas, se dirigieron por las calles del barrio hacia la sinagoga donde el rabino acostumbraba a orar. Los que tenían la suerte de estar conectados con un servicio de llamadas tuvieron ventaja, ya que se les permitió salir rápidos hacia la sinagoga apenas recibieron la señal. Varios centenares abarrotaron el salón principal, codo con codo, e incluso algunos se subieron a las columnas para dar cabida a más personas. El salón estaba lleno de expectación y frenesí, como suele ocurrir en alguna final de campeonato de algún deporte, y no en un culto religioso.

El rabino tenía noventa y un años. Había sufrido un ataque cardiaco el año anterior y desde entonces no había vuelto a hablar. Cuando por fin se abrió el telón, quienes colmaban la sinagoga pudieron ver a un frágil anciano de luenga barba, que sólo podía saludar con la mano, ladear la cabeza y mover las cejas. A nadie parecía importarle. "¡Viva nuestro dueño, nuestro maestro, nuestro rabino, Rey, Mesías, para siempre!" coreaban al unísono, una y otra vez, cada vez con más intensidad, hasta que el rabino hizo un pequeño gesto ambiguo con la mano, y se cerró el telón. Fueron saliendo despacio, saboreando el momento, en un estado de éxtasis.[1]

Cuando leí por primera vez esa noticia casi me puse a reír. ¿A quién trata de engañar esa gente, un Mesías nonagenario y mudo en Brooklyn? Pero luego vine a caer en la cuenta: estaba reaccionando ante el rabino Schneerson exactamente como la gente del siglo primero reaccionaron ante Jesús. ¿Un Mesías de Galilea? ¿El hijo de un carpintero?

La burla que experimenté al leer la información acerca del rabino y de sus fanáticos seguidores me dieron una pista en cuanto a las respuestas con las que Jesús se enfrentó a lo largo de su vida. Sus vecinos preguntaban: "¡No es éste el carpintero, hijo de María, hermano de Jacobo, de José, de Judas y de Simón? ¿De dónde tiene éste esta sabiduría y estos milagros?!" Otros compatriotas se burlaban: "¿De Nazaret puede salir algo de bueno?" Su propia familia trató de recluirlo, ya que pensaban que estaba loco. Los expertos en religión trataron de matarlo. Y el pueblo común y corriente, unas veces creían que "demonio tiene y está fuera de sí", para luego querer coronarlo como rey a la fuerza.

Fue muy valiente de parte de Dios, dejar de lado el poder y la gloria para ocupar un lugar entre seres humanos que lo acogerían con la misma mezcla de altivez y escepticismo que sentí cuando escuché por primera vez hablar del rabino Schneerson de Brooklyn. Hizo falta mucho valor para bajar a un planeta conocido por su cruda violencia, a una raza conocida por rechazar a sus propios profetas. ¿Qué hubiera podido hacer Dios más temerario que esto?

La primera noche en Belén también exigió valor. ¿Cómo se sintió Dios Padre esa noche, impotente como cualquier padre terrenal, al ver que su Hijo salía manchado de sangre para enfrentarse con un mundo frío y duro? Vienen a mi mente dos versos de sendos villancicos navideños. Uno: "El pequeño Señor Jesús no llora", me parece una versión distinta de lo que ocurrió en Belén. Me imagino que Jesús lloró, como cualquier otro niño, en la noche en que entró a este mundo; un mundo que iba a darle, ya adulto,

---

1 El rabino Schneerson murió en junio de 1994. En la actualidad muchos lubavitchers esperan su resurrección corporal.

tantos motivos para llorar. El segundo, un verso de "Pequeña ciudad de Belén", me parece tan profundamente verdadero hoy como lo fue dos mil años atrás: "Las esperanzas y temores de todo el mundo descansan en ti esta noche."

"Único de entre todos los credos, el cristianismo ha agregado el valor a las virtudes del Creador", escribió G. K. Chesterton. La necesidad de tal valor comenzó con la primera noche de Jesús en la tierra y no terminó sino con su última noche.

Hay otra idea acerca de la Navidad que no he visto nunca plasmada en una tarjeta, quizá porque ningún artista, ni siquiera William Blake, hubiera podido representarla bien. Apocalipsis 12 corre el telón para darnos una vislumbre de la Navidad como tuvo que haberse visto desde algún punto remoto, más allá de Andrómeda: La Navidad desde el punto de vista de los ángeles.

El relato difiere radicalmente de las narraciones del nacimiento que ofrecen los evangelios. Apocalipsis no menciona a los pastores y a un rey infanticida; más bien, presenta a un dragón que dirige una feroz lucha en el cielo. Una mujer, vestida del sol y que lleva una corona de doce estrellas, clama de dolor a punto de dar a luz. De repente entra en escena el enorme dragón escarlata, con una cola que arrastraba la tercera parte de las estrellas del cielo y las arrojaba sobre la tierra. Se detiene voraz frente a la mujer, ansioso de devorar a su hijo en cuanto nazca. En el último momento el hijo es arrebatado y puesto a salvo; la mujer huye al desierto, y comienza una gran batalla cósmica.

Apocalipsis es un libro extraño, mírese como se mire, y los lectores deben entender su estilo si quieren encontrarle sentido a este extraordinario espectáculo. En la vida cotidiana dos sucesos paralelos pueden darse al mismo tiempo, uno en la tierra y otro en el cielo. Apocalipsis, sin embargo, los ve juntos, lo que permite ver rápidamente tras bambalinas. En la tierra nace un niño, un rey se entera, comienza la persecución. En el cielo había comenzado la Gran Invasión, una valiente incursión de parte del líder de las fuerzas del bien en la sede del mal que es el universo.

Juan Milton expresó de manera majestuosa este punto de vista en *El paraíso perdido* y en *El paraíso recobrado*, poemas que hacen del cielo y del infierno el eje central, y de la tierra un simple campo de batalla para sus enfrentamientos. El autor contemporáneo J. B. Phillips también adoptó este punto de vista a una escala mucho menos épica y la Navidad pasada acudí a la fantasía de Phillips para tratar de huir de mi punto de vista terrenal.

En la versión de Phillips, un ángel veterano muestra a otro muy joven los esplendores del universo. Ven galaxias en rotación vertiginosa y soles incandescentes, y luego atraviesan las distancias infinitas del espacio hasta que penetran en una galaxia de quinientos millones de estrellas.

> Al acercarse los dos a la estrella que llamamos nuestro sol y a los planetas que lo circundan, el ángel veterano señala con el dedo una esfera pequeña y bastante insignificante que da vueltas lentas alrededor de su eje. Le pareció al ángel joven tan opaca como una bola sucia de tenis, llena como estaba su imaginación con el tamaño y esplendor de lo que había visto.
>
> — Quiero que mires sobre todo a esa — dijo el ángel veterano señalando con el dedo.
>
> — Bueno, me parece muy pequeña y más bien sucia — dijo el ángel joven —. ¿Qué tiene de especial?

A medida que iba leyendo la fantasía de Phillips, me venían a la mente las imágenes que transmitieron a la tierra los astronautas del Apolo, quienes describieron a nuestro planeta como "entero, redondo, hermoso y pequeño", un globo azul, verde y marrón flotando en el espacio. Jim Lovell, al pensar más tarde en ese espectáculo, dijo: "Era sólo otro cuerpo, de verdad, unas cuatro veces mayor que la luna. Pero contenía toda la esperanza y toda la vida y todas las cosas que la tripulación del Apolo 8 conocía y amaba. Era lo más hermoso que podía verse en todo el cielo." Ese fue el punto de vista de un ser humano.

Al ángel joven, sin embargo, la tierra no le pareció tan impresionante. Estuvo escuchando con incredulidad estupefacta lo que el ángel veterano le fue contando que este planeta, pequeño e insignificante y no demasiado limpio, era el famoso planeta visitado.

> — ¿Quieres decir que nuestro gran y glorioso Príncipe descendió en persona a esa bolita de quinta categoría? ¿Por qué haría algo semejante? — preguntó el ángel joven. Su rostro se contrajo disgustado.
>
> "¿Quieres decirme — continuó —, que se rebajó tanto hasta

convertirse en una de esas criaturas que hormiguean y se
arrastran en esa bola flotante?"
— Así es, y no creo que a Él le gustaría que las llames
'criaturas que hormiguean y se arrastran' en ese tono de voz.
Porque, por raro que nos parezca, las ama. Bajó a visitarlas
para elevarlas y para que fueran como Él.
El rostro del ángel joven mostraba perplejidad. Esa clase de
pensamiento le resultaba incomprensible.

También me resulta incomprensible a mí y sin embargo, acepto
que esta idea es la clave para entender la Navidad y es, en realidad,
la piedra de toque de mi fe. Como cristiano, creo que vivimos en
mundos paralelos. Un mundo consiste de colinas, lagos, granjas,
políticos y pastores que vigilan a los rebaños en la noche. El otro
consiste de ángeles y fuerzas siniestras, y en algún lugar por ahí,
lugares llamados cielo e infierno. Una noche, en medio del frío y
de la oscuridad, entre las colinas onduladas de Belén, esos dos
mundos se juntaron en un punto de intersección. Dios, quien no
tiene ni antes ni después, entró en el tiempo y el espacio. Dios,
quien no conoce límites, asumió los confines sorprendentes de la
piel de un niño, las limitaciones ominosas de la mortalidad.

"Él es la imagen del Dios invisible, el primogénito de toda
creación", escribiría luego un apóstol; "Él es antes de todas las
cosas, y todas las cosas en él subsisten." Pero los pocos testigos
oculares de la noche de Navidad no vieron nada de eso. Vieron a
un bebé que se esforzaba en usar unos pulmones flamantes.

¿Sería verdad este relato de Belén de un Creador que desciende
para nacer en un pequeño planeta? De serlo, es una historia sin
igual. Nunca más debemos preguntarnos si lo que sucede en esta
sucia pequeña bola de tenis de nuestro planeta importa al resto del
universo. No sorprende para nada que un coro de ángeles cantara
espontáneamente un cántico, perturbando no sólo a unos pocos
pastores sino a todo el universo.

3

El trasfondo:
Raíces y tierra judías

Esta también es una gran contradicción: aunque era
judío, sus seguidores no lo fueron.

Voltaire

3

El trasfondo:
Raíces y tierra judías

De niño crecí en Atlanta, Georgia, en una comunidad blanca de ascendencia anglosajona y protestante. En esa época no conocí ni a un solo judío. Me los imaginaba como forasteros con acentos muy marcados y sombreros raros, que vivían en Brooklyn o en algún otro lugar remoto donde todos estudiaban para ser psiquiatras y músicos. Sabía que los judíos habían tenido algo que ver con la Segunda Guerra Mundial, pero poco sabía del Holocausto. Desde luego que esas personas no tenían ninguna relación con mi Jesús.

No fue sino hasta que tuve unos veinte años que me hice amigo de un fotógrafo judío que me aclaró muchas de las confusiones que yo tenía acerca de su raza. Una noche en la que nos quedamos conversando hasta muy tarde, me explicó qué significó perder veintisiete miembros de su familia en el Holocausto. Después conocí a Elie Wiesel, Chaim Potok, Martin Buber y a otros escritores judíos, y luego de estos encuentros comencé a leer el Nuevo Testamento con nuevos ojos. ¡Cómo no me había dado cuenta de esto! La condición judía de Jesús salta a la vista en la primerísima frase de Mateo que lo presenta como "hijo de David, hijo de Abraham".

En la iglesia declarábamos que Jesús era "el unigénito Hijo de Dios, engendrado de su Padre antes de todos los tiempos . . . Dios verdadero de Dios verdadero". Estas afirmaciones de los credos, sin embargo, están a años luz de los relatos de los evangelios que nos cuentan que Jesús creció en una familia judía en la aldea agrícola de Nazaret. Más adelante vine a saber que al Concilio de Calcedonia, que redactó el credo, ni siquiera invitaron a judíos conversos, quienes hubieran podido dejar más sólidamente establecida la relación de Jesús con la tierra judía. Nosotros los gentiles corremos el riesgo constante de dejar que se diluya la condición judía de Jesús, e incluso su humanidad.

El hecho histórico es que somos nosotros quienes nos hemos apropiado de su Jesús. A medida que fui conociendo a Jesús, fui cayendo en la cuenta de que quizá no pasó la vida en medio de judíos en el primer siglo sólo para salvar a los norteamericanos en el siglo veinte. Fue el único de entre todos los personajes de la historia que tuvo el privilegio de escoger dónde y cuándo nacer, y escogió una piadosa familia judía que vivía en una atrasada colonia de un imperio pagano. No puedo en realidad entender a Jesús al margen de su condición judía al igual que no puedo entender a Ghandi al margen de su condición hindú. Debo regresar al pasado, muy al pasado, para imaginarme a Jesús como judío del siglo primero con una filacteria en la muñeca y con polvo palestino en las sandalias.

Matin Buber dijo: "Nosotros los judíos conocemos a [Jesús] de una forma — en los impulsos y emociones de su condición fundamental como judío — que resulta inaccesible para los gentiles que lo siguen." Tiene razón, claro está. Para conocer bien a Jesús debo, como cuando quiero conocer la vida de cualquier otra persona, saber algo de su cultura, su familia y su trasfondo.

Como Mateo sigue este principio, comienza su evangelio no como yo hubiera querido hacerlo como periodista, con un gancho acerca de "Cómo este libro cambiará su vida", sino con una árida lista de nombres, la genealogía de Jesús. Mateo escogió una muestra representativa de las cuarenta y dos generaciones de judíos para dejar bien sentado el linaje real de Jesús. Al igual que los pobres descendientes de la depuesta realeza europea, el linaje de las familias campesinas de José y María se remontaba hasta algunos antepasados impresionantes, inclusive al mayor de los reyes, David, y a su fundador original, Abraham.[1]

Jesús creció en una época de un creciente "orgullo judío". Como reacción contra la presión de abrazar la cultura griega, las familias habían comenzado a adoptar nombres que se remontaban a la época de los patriarcas y del Éxodo de Egipto (parecido a lo que hacen los norteamericanos que descienden de minorías que escogen nombres africanos o hispanos para sus hijos). El nombre de María viene de Miriam, la hermana de Moisés, y a José se le dio el nombre de uno de los doce hijos de Jacob, como fue también el caso de los cuatro hermanos de Jesús.

El mismo nombre de Jesús viene del nombre *Joshua* — "él salvará" — muy común en esos días. (Como se puede ver en las listas de jugadores de béisbol de las grandes ligas, el nombre Jesús sigue siendo popular entre los latinoamericanos.) El hecho mismo de que fuera tan frecuente, como "Juan" o "José" en la actualidad, tuvo que haber irritado los oídos de los judíos del siglo primero cuando escuchaban las palabras de Jesús. Los judíos nunca pronunciaban el nombre sublime de DIOS, a excepción del sumo sacerdote una vez al año, e incluso hoy los judíos ortodoxos deletrean cuidadosamente D_S. Para personas nacidas en esa tradición, tuvo que parecer totalmente escandalosa la idea de que una persona común, con un nombre como Jesús, pudiera ser el Hijo de Dios y el Salvador del mundo. Por favor, Jesús era un hombre, el muchacho de María.

En los evangelios aparecen indicios de la condición judía de Jesús. De niño fue circuncidado. Es significativo que la única escena de toda la infancia de Jesús que se menciona, muestra a su familia en una festividad obligatoria en Jerusalén, a varios días de distancia del lugar donde vivían. Ya adulto, Jesús asistió a la sinagoga y al templo, siguió las costumbres judías y habló con

---

1 La lista de nombres que utiliza Mateo también descubre algunos aspectos inesperados. Pensemos en las mujeres que se mencionan (muy raro en las genealogías judías). Por lo menos tres de las cuatro fueron extranjeras, lo cual quizá, en la mente de Mateo, fue su forma de insinuar que el poder de Jesús era universal. ¡El Mesías judío tenía sangre gentil!

Tamar, viuda sin hijos, tuvo que vestirse como prostituta para seducir a su suegro para poder contribuir al linaje de Jesús. Rahab no sólo fingió ser prostituta sino que vivió de la prostitución. Y la "mujer de Urías", Betsabé, fue deseada por David, lo cual produjo el escándalo real más sonado del Antiguo Testamento. Estos turbios antepasados muestran que Jesús entró en la historia humana tal como ésta es, descendiente incondicional de su vergüenza. Por el contrario, Herodes el Grande, que reinaba cuando Jesús nació, hizo destruir sus registros genealógicos por vanidad, porque no quiso que nadie comparara sus antecedentes con el de otros.

palabras que sus contemporáneos judíos podían entender. Incluso las controversias que sostuvo con otros judíos, como los fariseos, pusieron de relieve el hecho de que esperaban que tuviera sus valores y se comportara como ellos.

Como ha señalado el teólogo alemán Jürgen Moltmann, si Jesús hubiera vivido durante el Tercer Reich, lo más probable es que lo habrían marcado como a los demás judíos y lo habrían enviado a las cámaras de gas. Un pogromo de su época, la masacre de niños que decretó Herodes, tuvo como objetivo concreto a Jesús.

Un rabino amigo mío me comentó que los cristianos ven el clamor de Jesús en la cruz; "Dios mío, Dios mío, ¿por qué me has desamparado", como un instante profundo de lucha entre Padre e Hijo; los judíos, sin embargo, oyen estas palabras como el grito de muerte de una víctima judía más. Jesús no fue el primero, y desde luego no será el último judío que prorrumpe en palabras de los Salmos en momentos de tortura.

Se produjo, sin embargo, un cambio extraño en unas pocas generaciones después de la vida de Jesús. Con raras excepciones, los judíos dejaron de seguirlo y la iglesia se volvió totalmente gentil. ¿Qué sucedió? Me parece evidente que Jesús no pudo llenar las expectativas del Mesías que los judíos esperaban.

Sería imposible exagerar la importancia de la palabra Mesías entre los judíos fieles. Los rollos del Mar Muerto, que se descubrieron en 1947, confirman que la comunidad Qumram esperaba la llegada inminente de una figura mesiánica, ya que todos los días dejaban un asiento vacío en la comida ritual. Por audaz que pareciera que una pequeña provincia, estrujada entre grandes potencias, fuera a dar un gobernante de talla mundial, precisamente esto era los que los judíos creían. Todo su futuro dependía de un rey que devolvería la gloria a su nación.

Durante la vida de Jesús se respiraba un aire de rebelión. Surgían cada cierto tiempo seudomesías que encabezaban revueltas, y que terminaban siempre en represalias implacables. Para citar sólo un ejemplo, un profeta conocido como "el egipcio" atrajo a multitudes al desierto, donde les anunciaba que los muros de Jerusalén se derrumbarían ante su palabra; el gobernador romano envió a un destacamento de soldados que los persiguieron causando la muerte de cuatro mil rebeldes.

Cuando circuló otro informe de que había aparecido en el desierto el profeta por tanto tiempo esperado, acudieron las multitudes para ver al hombre vestido de piel de camello. "No soy el Cristo", fue la reacción de Juan el Bautista, quien luego procedió a aumentar todavía más las esperanzas, al hablarles en términos exaltados de alguien que pronto iba a aparecer. La pregunta que Juan le hace a Jesús: "¿Eres tú aquel que había de venir, o esperaremos a otro?" fue, en su verdadero sentido, la pregunta de la época que todos se hacían.

Todos los profetas hebreos habían enseñado que algún día Dios instalaría su reino en la tierra, y por esto los rumores acerca del "Hijo de David" avivaron tanto las esperanzas judías. Dios demostraría en persona que no los había olvidado. Como Isaías había clamado: "¡Oh, si rompieses los cielos, y descendieras, y a tu presencia se escurriesen los montes . . . y las naciones temblasen a tu presencia!"

No obstante, seamos claros. Cuando Aquel a quien Juan había señalado con el dedo llegó a escena, ni los montes ni las naciones temblaron. Jesús no llegó a satisfacer las extraordinarias esperanzas de los judíos. Sucedió lo contrario: en el plazo de una generación los soldados romanos arrasaron completamente a Jerusalén. La joven Iglesia cristiana vio en la destrucción del templo la señal de que había concluido le época del pacto entre Dios e Israel, y después del primer siglo se convirtieron muy pocos judíos al cristianismo. Los cristianos se adueñaron de las Escrituras judías, dándoles el nombre de "Antiguo Testamento", y dieron por acabadas la mayor parte de las costumbres judías.

Rechazados por la Iglesia, y acusados de la muerte de Jesús, algunos judíos comenzaron una contraofensiva contra los cristianos. Difundieron el rumor de que Jesús fue hijo ilegítimo de una relación de María con un soldado romano, y escribieron una cruel parodia de los evangelios. Un relato decía que colgaron a Jesús en la víspera de Pascua porque "había practicado la brujería y había engañado y descarriado a Israel". El hombre cuyo nacimiento habían celebrado los ángeles con una proclamación de paz en la tierra se convirtió en el gran muro de separación de la historia humana.

Hace uno años me reuní con diez cristianos, diez judíos y diez musulmanes en Nueva Orleáns. El autor y psiquiatra M. Scott Peck nos invitó para ver si podíamos superar lo bastante nuestras diferencias como para iniciar una especie de comunidad. Cada grupo celebró su propio culto — los judíos el viernes, los musulmanes el sábado y los cristianos el domingo — al que se invitó a los otros grupos como observadores. Los cultos tuvieron grandes semejanzas y nos recordaron cuánto tienen en común las tres religiones. Quizá la intensidad de sentimiento que hay en las tres tradiciones proviene de una herencia común: las disputas familiares son siempre las más difíciles, y las guerras civiles las más sangrientas.

Aprendí en Nueva Orleáns una palabra nueva: *supersuplantación.* A los judíos les ofendía la idea de que la fe cristiana había sustituido al judaísmo. "Me siento como una rareza histórica, como si mi religión debiera ponerse en un asilo de ancianos. — dijo uno de los participantes — Me irrita oír el término 'Dios del Antiguo Testamento' o incluso 'Antiguo' Testamento." Los cristianos se habían apoderado también del término Mesías, o por lo menos de su equivalente griego, "Cristo". Un rabino nos habló de cómo había crecido en la única familia judía en una pequeña ciudad de Virginia. Cada año los cristianos le pedían a su padre, miembro respetable de la comunidad (y como judío, imparcial en sus juicios) que evaluara los adornos de luces de Navidad para decidir qué casas merecían premios. De muchacho, este rabino recorría en automóvil con su padre todas las casas de la ciudad, observando con esmero e incomprensión los despliegues de luces navideñas.

No me había dado cuenta de que los musulmanes miran a las otras dos religiones con una actitud supersuplantadora. Según ellos, así como el cristianismo surgió del judaísmo e incorporó parte del mismo, el islamismo surgió de ambas religiones e incorporó parte de las mismas. Abraham fue un profeta. Jesús fue otro profeta. Pero Mahoma fue El Profeta. Tanto el Antiguo Testamento como el Nuevo tienen su lugar, pero el Corán es la "revelación final". El oír hablar de mi propia fe en términos tan paternalistas, me hizo comprender cómo se deben haber sentido los judíos por dos milenios.

Después de escuchar a las tres religiones exponer sus diferencias, también me di cuenta de cuán profunda es la división que

Jesús introdujo. El culto islámico consistió fundamentalmente en oraciones de reverencia al Todopoderoso. El culto judío incluyó lecturas de los Salmos y de la Torá y algunos emotivos cánticos. Estos elementos también se encuentran en el culto cristiano. Lo que nos separa de los demás es la celebración de la Santa Cena. "Esto es mi cuerpo que por vosotros es partido", leyó nuestro líder, antes de distribuir el pan; el cuerpo de Cristo, el punto de divergencia.

Cuando los musulmanes conquistaron Asia Menor convirtieron muchas iglesias cristianas en mezquitas, y esculpieron esta grave inscripción como advertencia para los cristianos que quedaban: "Dios no engendró ni es engendrado." Se pudiera pintar la misma frase en las paredes de las sinagogas. La gran división de la historia se remonta a Belén y Jerusalén. ¿Fue Jesús en realidad el Mesías, el Hijo de Dios? Como explicaba el judío en Nueva Orleáns, un Mesías que muere a los treinta y tres años, una nación que se derrumba después de la muerte de su Salvador, un mundo que se desintegra más, no menos; estos hechos no parecen tener lógica para los miembros de la raza misma de Jesús.

Sin embargo, a pesar de los dos mil años de la gran división, a pesar de todo lo que ha ocurrido en este siglo de violento antisemitismo, está resurgiendo entre los judíos el interés por Jesús. En 1925, cuando el estudioso hebreo Joseph Klausner decidió escribir un libro acerca de Jesús, sólo pudo encontrar tres relatos minuciosos de su vida escritos por estudiosos judíos contemporáneos. Ahora hay centenares, incluso algunos de los estudios más instructivos. A los estudiantes israelíes hoy día se les enseña que Jesús fue un gran maestro, quizá el mayor de los maestros judíos, del que luego se "apropiaron" los gentiles.

¿Se pueden leer los evangelios sin ponerse anteojeras? Los judíos leen con desconfianza, listos para ser escandalizados. Los cristianos leen a través de los lentes refractarios de la historia de la Iglesia. Creo que ambos grupos harían bien en detenerse a pensar en las primeras palabras de Mateo: "Libro de la genealogía de Jesús, hijo de David, hijo de Abraham." Hijo de David nos habla del linaje mesiánico de Jesús, que los judíos no debieran descartar; "un título que no quiso negar ni siquiera para salvar su vida no puede haber carecido de significado para Él", comenta C. H. Dodd.

Hijo de Abraham nos habla del linaje judío de Jesús, que los cristianos tampoco debiéramos descartar. Jaroslav Pelikan escribe:

> ¿Hubiera habido tanto antisemitismo, hubiera habido tantos pogromos, hubiera habido un Auschwitz, si todas las iglesias cristianas y todos los hogares cristianos hubieran centrado su devoción y sus imágenes de María no sólo como Madre de Dios y Reina del cielo sino como la doncella judía y la nueva Miriam, y en imágenes de Jesús no sólo como Gobernador del universo sino como *Rabbi Jeshua bar José*, rabino Jesús de Nazaret?

En mi niñez no conocí a un solo judío. Ahora sí conozco a varios. Sé algo de su cultura. De los estrechos lazos que mantienen vivas las festividades santas en familias que ya no creen en su significado. De las discusiones apasionadas que primero me intimidaban, pero que muy pronto me atrajeron como una forma de compromiso personal. Del respeto, incluso la reverencia, por el legalismo en medio de una sociedad que valora sobre todo la autonomía. De la tradición estudiosa que ha ayudado a mantener su cultura a pesar de los intentos implacables de otros por eliminarla. De la capacidad de entrelazar los brazos para danzar, cantar y reír cuando el mundo brinda escasas razones para celebrar.

Esta fue la cultura en la que creció Jesús, la cultura judía. Sí, Él la cambió, pero siempre a partir de su condición de judío. Cuando ahora me encuentro preguntándome cómo fue Jesús como adolescente, pienso en los muchachos judíos que conozco en Chicago. Y cuando ese pensamiento me estremece, recuerdo que en su tiempo Jesús creó la reacción contraria. Adolescente judío, desde luego, pero ¿el Hijo de Dios?

Jesús no sólo escogió su raza, sino también el tiempo y el lugar en los que iba a nacer. En frase de Bonhoeffer, la historia se convirtió en "la matriz del nacimiento de Dios". ¿Por qué esa historia concreta? A veces me pregunto por qué Jesús no vino en tiempos modernos, cuando hubiera podido aprovechar los sistemas de comunicación masiva. O en la época de Isaías, cuando las expectativas del Mesías eran muy elevadas e Israel era todavía una nación independiente. ¿Qué hubo en el siglo primero que hizo que fuera el momento oportuno para que Dios entrara en el mundo?

Cada época tiene un estado de ánimo que prevalece: la luminosa confianza del siglo diecinueve, el caos violento del veinte. En la época del nacimiento de Jesús, en el apogeo del Imperio Romano, prevalecían la esperanza y el optimismo. Como en la Unión Soviética antes de su desmembramiento o en el Imperio Británico en tiempo de la Reina Victoria, Roma mantenía la paz a punta de espada, pero en general incluso los pueblos conquistados colaboraban; excepto en Palestina.

En la época del nacimiento de Jesús había una expectación creciente de "un nuevo orden de las edades". El poeta romano Virgilio acuñó esta frase con resonancias de poeta del Antiguo Testamento al afirmar que "de las alturas de los cielos desciende una nueva raza humana", cambio que se produciría debido al "nacimiento de un niño con quien concluiría la edad de hierro de la humanidad y comenzaría la edad de oro". Virgilio, sin embargo, escribió estas palabras mesiánicas no acerca de Jesús, sino acerca de César Augusto, "la deidad actual", el "restaurador del mundo", que había conseguido unificar el Imperio después de la guerra civil que se desencadenó a raíz del asesinato de Julio César.

A los leales súbditos romanos, Augusto ofreció paz, seguridad y diversión: en dos palabras, pan y circo. La Pax Romana garantizaba que los ciudadanos se vieran protegidos de los enemigos externos y disfrutaran de los beneficios de la justicia y el gobierno civil de Roma. La gente en todo el Imperio se vestía como los griegos, construían en estilo griego, practicaban deportes griegos y hablaban la lengua griega; excepto en Palestina.

Palestina, la única masa que la anaconda no podía digerir, exasperaba inútilmente a Roma. En oposición a la tolerancia romana de muchos dioses, los judíos se aferraban con tenacidad a la noción de un Dios único, su Dios, que les había revelado una cultura propia como Pueblo Escogido. William Barclay describe qué sucedió cuando chocaron esas dos sociedades. "Es el simple hecho histórico que en los treinta años del 67 al 37 a.C., antes que surgiera Herodes el Grande, perecieron por lo menos ciento cincuenta mil palestinos en sublevaciones revolucionarias. No había en el mundo un país más explosivo e inflamable que Palestina."

Los judíos se resistieron a la helenización (cultura griega impuesta) con la misma furia con que habían combatido a las legiones romanas. Los rabinos mantenían viva esa animadversión recordando a los judíos los intentos de un loco seléucida, llamado Antíoco, de helenizar a los judíos poco más de un siglo antes. Antíoco había obligado a los muchachos judíos a someterse a una operación de reversión de la circuncisión de manera que pudieran presentarse desnudos en las competencias deportivas griegas. Condenó a muerte por latigazos a un anciano sacerdote que se había negado a comer carne de cerdo, y asesinó a una madre y a sus siete hijos por no postrarse ante una imagen. En un acto odioso que se llegó a conocer como la "abominación desoladora", invadió el Lugar Santísimo en el Templo, sacrificó un cerdo impuro sobre el altar para honrar al dios griego Zeus y embadurnó de sangre el santuario.

La campaña de Antíoco fue un completo fracaso, ya que condujo a los judíos a una revuelta abierta, dirigida por los macabeos. (Los judíos todavía celebran Hanukkah en memoria de esa victoria.) Durante casi un siglo, en realidad, los macabeos mantuvieron a raya a los invasores extranjeros, hasta que la fuerza irresistible de Roma invadió Palestina. A los ejércitos romanos les tomó treinta años aplastar todas las señales de rebelión; entonces colocaron a un hombre fuerte del lugar, Herodes, como "Rey de los judíos", su marioneta. Cuando Herodes vio cómo los romanos mataban a mujeres y niños en sus propias casas, en los mercados e incluso en el templo, le preguntó a un general: "¿Van acaso los romanos a privar a la ciudad de todos sus habitantes y posesiones para dejarme como rey de un yermo?" Casi. Para cuando Herodes ascendió al trono, no sólo Jerusalén sino todo el país yacía en ruinas.

Herodes el Grande seguía reinando cuando nació Jesús. Palestina permaneció relativamente en calma bajo su mano de hierro, porque las largas guerras habían socavado el espíritu y los recursos de los judíos. Un terremoto, en el año 31 a.C., mató a treinta mil personas y mucho ganado, lo cual trajo más miseria. Los judíos llamaban "dolores de parto del Mesías" a estas tragedias y le pedían a Dios un libertador.

Resulta difícil encontrar un paralelo moderno, ahora que el imperio soviético ya se ha derrumbado, de la frágil situación con la que se enfrentaban los judíos bajo el dominio romano. ¿Quizá el Tíbet bajo China? ¿Los negros de África del Sur antes que consiguieran la libertad del dominio minoritario? La sugerencia más provocativa la hacen quienes visitan a Israel en la actualidad. No pueden dejar de advertir lo parecido de la difícil situación de los judíos galileos en tiempo de Jesús con la de los palestinos en la actualidad: ambos sirviendo los intereses económicos de sus ricos vecinos; ambos viviendo en pequeñas aldeas o campos de refugiados, en medio de una cultura más moderna y ajena; ambos sujetos a toques de queda, medidas represivas y discriminación.

En la década de los años setenta, Malcolm Muggeridge observó: "El papel de los legionarios romanos había sido tomado por el ejército israelí. Ahora eran los árabes quienes se encontraban en la posición de pueblo subyugado; con derecho, como los judíos en tiempos de Jesús, a asistir a las mezquitas y a practicar su religión, pero por lo demás, tratados como ciudadanos de segunda clase."

Ambos grupos, los palestinos actuales y los judíos galileos, también son igualmente susceptibles a los cabezas calientes que los incitan a la rebelión armada. Pensemos en el Oriente Medio actual con toda su violencia, sus intrigas y sus partidos en lucha. Jesús nació en un ambiente así, incendiario.

Viajar de Judea a Galilea en primavera lo lleva a uno de marrones a verdes, de un terreno árido y rocoso a algunas de las campiñas más exuberantes de la cuenca del Mediterráneo. Crecen en abundancia verduras y frutas, los pescadores laboran en el Mar de Galilea, y un poco más allá de las colinas ondulantes, al occidente, se encuentra el azul reluciente del Mediterráneo. El pueblo donde Jesús residía, Nazaret, tan insignificante que ni siquiera está incluido en la lista de sesenta y tres ciudades galileas mencionadas en el Talmud, está ubicado en la ladera de una montaña, a cuatrocientos metros sobre el nivel del mar. Desde una cresta se divisa un amplio panorama desde el Monte Carmelo junto al mar hasta la cumbre nevada del Monte Hermón en el norte.

Con su fértil tierra, hermosos paisajes y clima templado, Galilea era atractiva, y sin duda que Jesús disfrutó su infancia en el lugar. Las flores silvestres y la maleza que crecen entre los cultivos, el laborioso método de separar al trigo de la cizaña, las higueras y las vides que salpican las laderas, los campos que blanquean listos para la cosecha, todo esto iba a hacer acto de presencia luego en sus parábolas y dichos. Es igualmente interesante que no se mencionaron algunas características obvias de Galilea. A sólo cinco kilómetros al norte, al alcance de la vista desde Nazaret, estaba la resplandeciente ciudad de Seforis, que en esa época se estaba reconstruyendo. Los vecinos de Jesús — quizá su propio padre — trabajaban en la construcción de dicho lugar.

Durante casi toda la vida de Jesús, cuadrillas de construcción trabajaron en esta hermosa metrópoli grecorromana, que tenía calles con columnatas, un foro, un palacio, unos baños termales y gimnasio, villas lujosas, todo construido con piedra caliza blanca y mármol de color. En un impresionante teatro en el que cabían cuatro mil personas, actores griegos, o *hypocrites*, entretenían a multitudes de muchas naciones. (Jesús usaría luego esa palabra para describir a quien desempeñaba un papel falso en público.) Durante la vida de Jesús, Seforis fue la capital de Galilea, segunda en importancia en toda Palestina sólo después de Jerusalén. Ni una sola vez, sin embargo, mencionan los evangelios que Jesús visitara la ciudad o ni siquiera la mencionara. Ni tampoco visitó Tiberias, lugar de temporada invernal de Herodes, ubicada cerca de la orilla del Mar de Galilea. Evitó los centros de riqueza y poder.

Si bien Herodes el Grande supo hacer de Galilea la provincia más próspera de Palestina, sólo unos pocos se beneficiaron de esto. Los campesinos sin tierra servían sobre todo a los intereses de los ricos terratenientes (otro hecho que aparecería en las parábolas de Jesús). Cualquier enfermedad o dos temporadas seguidas de mal tiempo resultaban desastrosas para la mayor parte de las familias. Sabemos que Jesús creció pobre: su familia no tuvo recursos para comprar un cordero para sacrificarlo en el templo y en su lugar, ofreció un par de palomas.

Galilea tenía la fama de ser terreno abonado para revolucionarios. En el año 4 a.C., cerca de cuando nació Jesús, un rebelde entró en el arsenal de Seforis y lo saqueó para armar a sus seguidores. Los tropas romanas reconquistaron y quemaron la ciudad — lo cual explica por qué hubo que reconstruirla — y crucificaron a dos mil judíos que habían participado en la sublevación. Diez años más tarde otro rebelde con el nombre de Judas, incitó a una revuelta, exhortando a sus compatriotas a no pagar impuestos al emperador romano pagano. Ayudó a fundar el partido de los zelotes, que hostigó a Roma por seis décadas. Dos de los hijos de Judas fueron crucificados después de la muerte de Jesús, y su último hijo pudo por fin capturar de los romanos la fortaleza de Masada, y juró defenderla hasta el último hombre. Al final, novecientos sesenta judíos — hombres, mujeres y niños — se quitaron la vida antes que caer en manos de los romanos. Los galileos amaban la libertad hasta la muerte.

A pesar de toda su prosperidad y activismo político, Galilea no era respetada por el resto del país. Era la provincia más alejada de Jerusalén y la más atrasada culturalmente. La literatura rabínica de la época describe a los galileos como palurdos, materia prima para chistes étnicos. Los galileos que aprendían hebreo lo pronunciaban tan mal que no se les pedía nunca que leyeran en voz alta la Torá en otras sinagogas. Su forma descuidada de hablar la lengua común, el arameo, era señal de que la persona era de origen galileo (como Simón Pedro descubriría un día, cuando su acento rural lo traicionó). Las palabras arameas que se utilizan en los evangelios muestran que también Jesús habló en ese dialecto nórdico, con lo que sin duda fomentó el escepticismo acerca de su persona. "¿De Galilea ha de venir el Cristo?" "¿De Nazaret puede salir algo de bueno?"

Otros judíos consideraban que Galilea era también laxa en asuntos espirituales. Un fariseo, después de dieciocho estériles años de vivir en ella, se lamentó: "¡Galilea, Galilea, odias la Torá!" A Nicodemo, quien salió a defender a Jesús, lo hicieron callar con el reproche: "¿Eres tú también galileo? Escudriña y ve que de Galilea nunca se ha levantado profeta." Los propios hermanos de Jesús lo alentaron: "Sal de aquí, y vete a Judea." Desde la perspectiva del fundamento del poder religioso en Jerusalén, Galilea parecía el lugar menos adecuado para que surgiera el Mesías.

Al leer los evangelios, trato de situarme en esos tiempos. ¿Cómo hubiera respondido a la opresión? ¿Hubiera procurado ser un ciudadano modelo y no meterme en problemas; vivir y dejar vivir? ¿Me hubiera sentido tentado por insurgentes violentos como los zelotes? ¿Hubiera combatido con medios más taimados, como no pagando impuestos? ¿O me hubiera consagrado a algún movimiento religioso, dejando de lado las controversias políticas? ¿Qué clase de judío hubiera sido en el siglo primero?

En ese entonces vivían en el Imperio Romano ocho millones de judíos, una cuarta parte de ellos en Palestina misma,[1] y a veces ponían a prueba la tolerancia de los romanos hasta límites máximos. Los romanos llamaban "ateos" a los judíos porque se negaban a honrar a los dioses griegos y romanos, y los consideraban como inadaptados sociales debido a sus peculiares costumbres: los judíos se negaban a comer los alimentos "impuros" de sus vecinos, rehuían toda clase de trabajo los viernes por la noche y los sábados, y despreciaban los cargos cívicos. Sin embargo, Roma había legalizado el judaísmo.

La situación de los líderes judíos se parecía de muchas maneras a la de las iglesias rusas bajo Stalin. Podían cooperar, lo que significaba someterse a interferencias gubernamentales; o podían dedicarse a lo suyo, lo que significaba violenta persecución. Herodes el Grande también se parece a Stalin en que mantuvo a la comunidad religiosa en un estado de sospecha y terror por medio de redes de espías. "Cambiaba a sus sumos sacerdotes como hubiera podido cambiarse de ropa", era la queja de un escritor judío.

Ante esto, los judíos se dividieron en grupos, que siguieron sendas diferentes de colaboración o separatismo. Estos eran los grupos que seguían a Jesús, que lo escuchaban, lo ponían a prueba, lo calibraban.

Los esenios fueron los más diferentes de todos. Eran pacifistas, no ofrecían resistencia activa a Herodes ni a los romanos, y se aislaban en comunidades monacales en las cuevas de un árido desierto. Convencidos de que la invasión romana se había producido como castigo por el no cumplimiento de la Ley por parte de los judíos, se consagraban a la pureza. Los esenios tomaban a diario baños rituales, observaban una rigurosa dieta, no defecaban en sábado, no usaban joyas, no hacían juramentos y tenían en común todos los bienes materiales. Esperaban que su fidelidad alentaría el advenimiento del Mesías.

Los zelotes, quienes representaban una estrategia diferente de separatismo, defendían la revuelta armada para expulsar a los impuros extranjeros. Una rama de los zelotes se especializaba en

---

1 Debido sobre todo al Holocausto, la cantidad de judíos sigue siendo aproximadamente la misma diecinueve siglos más tarde, y la misma proporción vive en Palestina.

actos de terrorismo político contra los romanos, mientras que otra actuaba como una especie de "policía moral" para mantener a raya a los compatriotas judíos. En una versión temprana de pureza étnica, los zelotes afirmaban que había que linchar a quienes se casaran con personas de otra raza. En los años del ministerio de Jesús, los observadores sin duda hubieran advertido que su grupo de discípulos incluía a Simón el zelote. Por otra parte, los contactos sociales de Jesús con gentiles y extranjeros, para no mencionar las parábolas como el Buen Samaritano, tuvieron que haber enfurecido a los patriotas zelotes.

En el otro extremo, los colaboracionistas trataban de funcionar dentro del sistema. Los romanos habían otorgado autoridad limitada al concilio judío llamado el Sanedrín. A cambio de sus privilegios, el Sanedrín cooperaba con los romanos rastreando cualquier señal de insurrección. Les interesaba mucho impedir sublevaciones y las violentas represalias que producían.

El historiador judío Josefo nos habla de un campesino desquiciado que trató de agitar a las multitudes durante unos festivales populares con el grito de "¡Ay de ti, Jerusalén!" El Sanedrín trató de castigarlo, sin éxito, por lo que lo entregaron al gobernador romano para que lo mandara azotar. Fue desollado hasta los huesos, y volvió la calma. En la misma línea de conducta, el Sanedrín envió a representantes para que examinaran a Juan el Bautista y a Jesús. ¿Representaban acaso una verdadera amenaza para la paz? Si fuera así, ¿debían entregarlos a los romanos? Caifás, el sumo sacerdote, captó perfectamente el punto de vista colaboracionista: "nos conviene que un hombre muera por el pueblo, y no que toda una nación perezca."

Los saduceos eran los colaboracionistas más estridentes. Primero se habían helenizado bajo los griegos, y luego habían cooperado por turno con los macabeos, los romanos y ahora con Herodes. Humanistas en teología, los saduceos no creían en la vida en el más allá ni en la intervención divina en esta tierra. Lo que sucede, sucede, y como no hay un sistema futuro de recompensas y castigos, las personas deben disfrutar del poco tiempo que viven en la tierra. A juzgar por las mansiones palaciegas y los utensilios de cocina en oro y plata que han descubierto los arqueólogos, parece que los saduceos disfrutaron de verdad la vida. De todos los grupos de Palestina, los pedantes saduceos eran quienes más tenían que perder en cualquier amenaza al régimen establecido.

Los fariseos, el partido popular de la clase media, se encontraban a menudo nadando entre dos aguas, entre el separatismo y la colaboración. Defendían elevados patrones de pureza; sobre todo en aspectos como la observancia sabática, la limpieza ritual y las horas exactas de los días de fiesta. A los judíos no observantes los trataban "como gentiles"; no se les admitía en los concilios locales, se boicotiaban sus negocios y no se les permitía participar de comidas y acontecimientos sociales. Con todo, los fariseos ya habían sufrido su parte de persecución: en una ocasión, en un solo día, crucificaron a ochocientos fariseos. Aunque creían apasionadamente en el Mesías, los fariseos dudaban en seguir con demasiada prontitud a cualquier impostor o milagrero que pudiera resultar desastroso para la nación.

Los fariseos escogían contra qué luchar, y sólo cuando era necesario se arriesgaban. Una vez, Poncio Pilato rechazó un acuerdo previo con los judíos en el sentido de que las tropas romanas no entrarían en Jerusalén llevando estandartes con una imagen ("icono") del emperador. Los fariseos consideraban que esto era un acto de idolatría. En protesta una multitud de judíos, en su mayoría fariseos, se congregaron fuera del palacio de Pilato por cinco días y noches en una especie de huelga pasiva, llorando y pidiéndole que cambiara la orden. Pilato les ordenó que fueran al hipódromo, donde los estaban esperando los soldados, y los amenazó con matar a todo aquel que no depusiera esa actitud. Al unísono, se postraron, pusieron al descubierto el cuello y declararon que preferían morir antes que ver conculcadas sus leyes. Pilato se retractó.

Cuando analizo cada uno de estos grupos, saco la conclusión de que lo más probable es que yo hubiera acabado por formar parte de los fariseos. Hubiera admirado su acercamiento pragmático a los gobernantes, contrarrestado con su voluntad de defender los principios. Como eran gente sistemática, los fariseos resultaban buenos ciudadanos.[1] Los radicales, como los esenios y zelotes, me hubieran puesto nervioso; a los saduceos los hubiera repudiado como oportunistas. Así pues, como simpatizante de los fariseos, me hubiera mantenido en la periferia de los que acudían a escuchar a Jesús, observando cómo se enfrentaba con los candentes problemas de la época.

¿Me hubiera ganado Jesús para sí? Por mucho que lo desee, no puedo responder fácilmente a esta pregunta. En más de una ocasión, Jesús llegó a confundir y a poner a un lado a todos los grupos importantes de Palestina. Propuso una tercera opción, ni separación ni colaboración, con lo que trasladó radicalmente el énfasis del reino de Herodes o César al reino de Dios.

Al volver la vista a ese tiempo, puede resultar difícil distinguir los matices que dividían a los grupos, y entender por qué se dieron controversias acerca de aspectos menores de la enseñanza de Jesús. A pesar de todas sus diferencias, esenios, zelotes, fariseos, e incluso saduceos, compartían una meta: mantener, por encima de todo, lo que era característicamente judío. Jesús representaba una amenaza para esta meta, y estoy seguro de que yo hubiera captado esa amenaza.

Los judíos estaban, en realidad, levantando una cerca alrededor de su cultura con la esperanza de proteger a su pequeña nación de elevados ideales, de los paganos que los rodeaban. ¿Podía Dios liberarlos de Roma como en otro tiempo los había liberado de Egipto? Una tradición prometía que si todo Israel se arrepentía durante un día completo, o si Israel observaba a la perfección dos sábados, entonces llegaría muy pronto la redención por medio del Mesías. Se estaba dando un cierto avivamiento espiritual, estimulado por un espléndido templo nuevo. Construido sobre una enorme plataforma, desde la que se dominaba toda la ciudad de Jerusalén, el templo se había convertido en el punto central del orgullo nacional y de la esperanza de un futuro mejor.

---

1 Los estudiosos han debatido por qué los evangelios relatan tantos conflictos entre Jesús y los fariseos, cuando en realidad Jesús tenía más en común con ellos que con los saduceos, esenios o zelotes. Una explicación es que los evangelios fueron escritos varias décadas después de la muerte de Jesús. Para entonces Jerusalén ya había sido destruida y los otros grupos habían prácticamente desaparecido. Es comprensible que los autores de los evangelios se centraran en la única amenaza que quedaba para los cristianos, los fariseos.

Hubiera sido contra este trasfondo que yo, como otros judíos, habría juzgado las declaraciones de Jesús acerca del legalismo, acerca de la observancia del sábado y acerca del templo. ¿Cómo hubiera reconciliado mi respeto por los valores familiares con un comentario como: "Si alguno viene a mí, y no aborrece a su padre, y madre, y mujer, e hijos, y hermanos, y hermanas . . . no puede ser mi discípulo"? ¿Qué quiso decir Jesús? Asimismo, a los oídos oficiales del Sanedrín, un comentario que se les comunicó como: "Puedo derribar el templo de Dios, y en tres días reedificarlo", no les sonó como vana jactancia sino como una especie de blasfemia e incluso de traición, precisamente en contra de lo que mantenía unidos a los judíos. El ofrecimiento de Jesús de perdonar el pecado de alguien les pareció tan extrañamente inapropiado. ¿Quién se creía que era para tratar de cambiar todo el sistema del templo?

Resultó que los temores de los judíos acerca de un posible suicidio cultural resultaron totalmente justificados. No Jesús, sino otras figuras atractivas para la multitud dirigieron revueltas que por último, en el año 70 d.C., incitaron a los romanos a destruir el templo y a arrasar a Jerusalén. Más adelante se reconstruyó la ciudad como colonia romana, con un templo al dios Júpiter en el lugar que había ocupado el destruido templo judío. A los judíos se les prohibió entrar en la ciudad bajo pena de muerte. Roma inició un exilio que no concluiría sino en nuestra época, y cambió para siempre el rostro del judaísmo.

4

La tentación: Confrontación en el desierto

El amor consciente a todos y ordena sólo a los que consienten. El amor es abdicar. Dios es abdicación.

Simone Weil

4

La tentación: Confrontación en el desierto

Los evangelios afirman que Jesús, el judío que creció en la Galilea rural, fue nada menos que el mismo Hijo de Dios, enviado desde el cielo para enfrentarse contra el mal. Si se tiene en cuenta esta misión, vienen de inmediato a la mente ciertas interrogantes en cuanto a las prioridades de Jesús. El primer lugar de la lista lo ocupan los desastres naturales: Si Jesús tenía el poder de curar enfermedades y resucitar a muertos, ¿por qué no ocuparse de los macroproblemas como terremotos y huracanes, o quizá de todo el siniestro enjambre de virus mutantes que atormentan la tierra?

Los filósofos y teólogos atribuyen muchos de los males de la tierra a las consecuencias de la libertad humana, lo que crea toda una nueva serie de preguntas. ¿Disfrutamos de hecho de demasiada libertad? Somos libres de perjudicarnos y matarnos unos a otros, de desencadenar guerras mundiales, de saquear nuestro planeta. Incluso somos libres de desafiar a Dios, de vivir sin restricciones como si no existiera el otro mundo. Por lo menos, Jesús hubiera podido idear alguna prueba irrefutable para acallar a todos los escépticos, inclinando la balanza definitivamente a favor de Dios. Tal como son las cosas, parece fácil hacer caso omiso de Dios o negarlo.

El primer acto "oficial" de Jesús como adulto, cuando se fue al desierto para encontrarse cara a cara con el acusador, le brindó la ocasión para enfrentarse con estos problemas. Satanás mismo tentó al Hijo de Dios para que cambiara las reglas del juego y consiguiera sus propósitos con un método más directo, deslumbrante. En las planicies arenosas de Palestina estuvo en juego más que el carácter de Jesús; estuvo por resolverse la historia humana.

Cuando Juan Milton escribió una parte de su poema épico *El paraíso perdido*, hizo de la tentación, no de la crucifixión, el suceso crucial del esfuerzo de Jesús por recuperar el mundo.

En el huerto, un hombre y una mujer habían caído ante la promesa de Satanás de que iban a poder llegar a un estado superior del que se les había asignado. Milenios más tarde, otro representante — el Segundo Adán, según la expresión de Pablo — se enfrentó con una prueba semejante, aunque curiosamente invertida. "¿Pueden ser como dioses?" preguntó la serpiente en el Edén. "¿Puedes ser verdaderamente humano?" preguntó el tentador en el desierto.

Cuando leo el relato de la tentación se me ocurre que, por falta de testigos oculares, todos los detalles los tuvo que proporcionar Jesús. Por alguna razón, Jesús se sintió obligado a descubrir a sus discípulos ese momento de lucha y debilidad personal. Supongo que la tentación fue un conflicto de verdad, no un papel que Jesús representó con un resultado ya preparado. El mismo tentador que había encontrado un punto fatal de vulnerabilidad en Adán y Eva, embistió a Jesús con precisión mortal.

Lucas prepara el escenario con un tono de drama reticente. "Jesús, lleno del Espíritu Santo, volvió del Jordán, y fue llevado por el Espíritu al desierto por cuarenta días, y era tentado por el diablo. Y no comió nada en aquellos días, pasados los cuales, tuvo hambre." Como guerreros solitarios listos para el combate, dos gigantes del cosmos acudieron a un escenario desolado. Uno que acababa de comenzar su misión en territorio enemigo. El otro, confiado en sí mismo y en un terreno conocido, tomó la iniciativa.

Algunos detalles de la tentación me desconciertan. Satanás le pidió a Jesús que convirtiera una piedra en pan, le ofreció todos los reinos del mundo y lo incitó a que se arrojara desde una gran altura para probar la promesa de Dios en cuanto a su seguridad física. ¿Dónde está lo malo en estas peticiones? Las tres tentaciones parecen como prerrogativas de Jesús, las cualidades mismas que se esperarían de un Mesías. ¿Acaso Jesús no iba luego a multiplicar los panes para cinco mil comensales, demostración mucho más impresionante? También iba a triunfar sobre la muerte y a resucitar para convertirse en Rey de reyes. Las tres tentaciones no parecen malas en sí mismas y sin embargo, resulta claro que algo fundamental sucedió en el desierto.

El poeta británico Gerard Manley Hopkins presenta la tentación algo así como una sesión entre Jesús y Satanás para llegar a conocerse. Como Satanás desconocía la encarnación, Satanás no sabía a ciencia cierta si Jesús era un hombre ordinario, una teofanía o quizá un ángel con poderes limitados como él mismo. Desafió a Jesús a que realizara milagros como forma de explorar los poderes de su adversario. Martín Lutero va más allá y especula que durante toda su vida Jesús "se comportó en forma tan humilde y se asoció con hombres y mujeres pecadores, y en consecuencia no lo tuvieron en gran estima", y por esta razón, "el diablo lo pasó por alto y no lo reconoció. Porque el diablo es prudente; sólo busca lo grande y elevado y se dedica a esto; no busca lo pequeño y que está por debajo de sí mismo."

En los relatos evangélicos, los guerreros listos para el combate se tratan con una especie de respeto cauteloso, como dos boxeadores girando alrededor el uno del otro en el cuadrilátero. Para Jesús, la tensión mayor fue quizá y en primer lugar, el estar dispuesto a enfrentar la tentación. ¿Por qué no destruir sencillamente al tentador y así ahorrarle a la historia humana esa terrible peste? Jesús dio largas al problema.

En cuanto a Satanás, ofreció dejar su dominio sobre el mundo por la satisfacción de prevalecer sobre el Hijo de Dios. Aunque Satanás estableció las pruebas, al final fue él quien no las superó. En dos pruebas, simplemente le pide a Jesús que demuestre quién es; en la tercera, pide adoración, algo a lo que Dios jamás hubiera accedido.

La tentación desenmascaró a Satanás, y Dios siguió siendo el mismo. "Si eres Dios", dijo Satanás, "sorpréndeme y actúa como Dios debiera actuar." Jesús contestó: "Sólo Dios decide estas cosas, por lo tanto no voy a hacer nada sólo porque me lo pidas."

En las elegantes películas de Wim Wender sobre ángeles, esos seres celestiales conversan entre sí, maravillados como niños, acerca de cómo debe ser beber café y digerir comida, experimentar calor y dolor, sentir que el esqueleto se mueve al caminar, sentir el contacto de otro ser humano, decir "¡Ah!" y "¡Oh!" porque no se sabe todo de antemano, vivir por minutos y horas, y así encontrar el ahora en vez de simplemente el para siempre. A la edad de treinta años más o menos, cuando Jesús se enfrentó por primera vez con Satanás en el desierto, ya había comprendido todas esas "ventajas" del ser humano. Vivía muy cómodo dentro de su vestimenta de piel.

Al examinar de nuevo las tentaciones, veo que Satanás propuso una atractiva mejora. Tentó a Jesús con las partes buenas de ser humano sin las malas: saborear el gusto del pan sin estar sometido a las reglas fijas del hambre y de la agricultura; enfrentarse al riesgo sin verdadero peligro; gozar de la fama y del poder sin la perspectiva de un doloroso repudio. En suma, llevar una corona pero no una cruz. (La tentación que Jesús resistió, muchos de nosotros, sus seguidores, todavía anhelamos resistirla.)

Los evangelios apócrifos, que la Iglesia ha juzgado como falsos, sugieren qué habría sucedido si Jesús hubiera sucumbido ante las tentaciones de Satanás. Estos relatos fantásticos muestran al niño Jesús haciendo gorriones de barro a los que daba vida con un soplo, o arrojando peces muertos al agua para verlos comenzar a nadar milagrosamente. Convertía a sus compañeros de clase en cabras para darles una lección, y hacía que la gente quedara ciega o sorda sólo por la emoción de poderlos sanar. El valor de los evangelios apócrifos estriba sobre todo en el contraste que ofrecen con los evangelios verdaderos, que revelan a un Mesías que no utilizó sus poderes milagrosos para beneficio propio. Ya desde el momento mismo de la tentación, Jesús se mostró renuente a forzar las reglas del universo.

Malcolm Muggeridge, cuando se encontraba haciendo un documental en Israel, escribió acerca de la tentación:

Es curioso que precisamente cuando comenzábamos a filmar, cuando las sombras se proyectaban lo suficiente y la luz no era demasiado débil, vine a caer en la cuenta de que muy cerca había toda una superficie rocosa, de piedras todas iguales, que se parecían sorpresivamente a panes bien horneados y tostados. ¡Cuán fácil hubiera sido para Jesús haber transformado estos panes de piedra en comestibles, como más adelante convirtió el agua en vino en una fiesta de bodas! Y después de todo, ¿por qué no? Las autoridades romanas distribuían pan gratis para promover el reino de César, y Jesús hubiera podido hacer lo mismo para promover el suyo . . .

A Jesús le hubiera bastado asentir para poder edificar el cristianismo, no sobre la base de cuatro débiles evangelios y de un hombre derrotado clavado a una cruz, sino sobre la base de una sólida planificación y principios sociológicos . . . Se hubiera podido hacer que acontecieran todas las utopías, que todas las esperanzas hubieran podido hacerse realidad y que todos los sueños se hubieran podido cumplir. Qué benefactor hubiera sido entonces Jesús. Aclamado por igual en la Facultad de Economía de Londres y en la Facultad de Administración de Empresas de Harvard; una estatua en la Plaza del Parlamento y otra todavía mayor en la Colina del Capitolio y en la Plaza Roja . . . En vez de esto, declinó el ofrecimiento porque sólo había que rendir culto a Dios.

Según Muggeridge, la tentación giró en torno al interrogante que ocupaba, por encima de todo, la mente de los compatriotas de Jesús: ¿Cómo sería el Mesías? ¿Un Mesías del pueblo, que convertiría las piedras en panes para alimentar a las multitudes? ¿Un Mesías de la Torá, erguido majestuosamente en el elevado pináculo del templo? ¿Un Mesías rey, que gobernaría no sólo sobre Israel sino sobre todos los reinos de la tierra? En resumen, Satanás le ofrecía a Jesús la oportunidad de ser el Mesías resonante que pensamos que deseamos. Cuando menos, reconozco en la descripción de Muggeridge al Mesías que creo que deseo.

Deseamos lo que sea, menos un Mesías sufriente, y hasta cierto punto también lo deseaba Jesús. Satanás casi dio en el blanco con su sugerencia de que Jesús se arrojara desde lo más alto para poner a prueba el cuidado de Dios. Esa tentación volvería a presentarse. Una vez Jesús reprendió fuertemente a Pedro. "¡Quítate de delante de mí, Satanás!" le dijo. "No pones la mira en las cosas de Dios, sino en las de los hombres." Pedro había sentido horror ante la predicción que Jesús había hecho de sufrimiento y muerte — "En ninguna manera esto te acontezca" — y esa reacción protectora instintiva había tocado un punto susceptible. En las palabras de Pedro, Jesús había vuelto a oír la atracción de Satanás tentándolo a que tomara un camino más fácil.

Clavado en la cruz, Jesús oiría que alguien repetía en forma burlona la última tentación. Un delincuente se mofó: "Si tú eres el Cristo, sálvate a ti mismo y a nosotros." Los espectadores repitieron el clamor: "Descienda ahora de la cruz, y creeremos en él . . . Líbrele ahora si le quiere." Pero no hubo rescate, ni milagro, ni camino fácil, ni sin dolor. Para que Jesús salvara a otros, sencillamente, no podía salvarse a sí mismo. Ese hecho debió saberlo cuando se enfrentó con Satanás en el desierto.

Mis propias tentaciones suelen surgir de vicios comunes como la lujuria y la codicia. Al pensar en las tentaciones de Jesús, sin embargo, me doy cuenta de que se centraron en su razón para venir a la tierra, su "estilo" de trabajo. Satanás, en realidad, exhibió delante de Jesús una forma rápida de que cumpliera con su misión. Podía ganarse a las multitudes ofreciendo alimentos cuando quisieran, asumir luego el control de los reinos del mundo, y al mismo tiempo protegerse de todo peligro. "¿Por qué avanzar con pasos tan lentos hacia lo mejor?" fue la provocación de Satanás en la versión de Milton.

Encontré por primera vez esta percepción en los escritos de Dostoievski, quien hizo de la escena de la tentación el núcleo principal de su gran novela *Los hermanos Karamazov*. El hermano agnóstico Iván Karamazov escribe un poema llamado "El gran inquisidor" ubicado en la Sevilla del siglo dieciséis, en el apogeo de la Inquisición. En el poema, un Jesús disfrazado visita la ciudad en una época en que a diario morían personas quemadas en la hoguera. El gran inquisidor, un cardenal, "anciano, casi nonagenario, alto y erguido, de rostro marchito y ojos hundidos", reconoce a Jesús y lo hace encarcelar. Ahí se enfrentan el uno con el otro en una escena que, intencionalmente, recuerda la tentación en el desierto.

El inquisidor tiene algo de qué acusarlo: al rechazar las tres tentaciones, Jesús perdió el derecho a los tres más grandes poderes de los que disponía: "milagros, misterio y autoridad." Hubiera debido seguir el consejo de Satanás y realizar los milagros que se le pidieran a fin de aumentar su fama entre la gente. Hubiera debido acoger el ofrecimiento de autoridad y poder. ¿No había Jesús caído en la cuenta de que lo que más quiere la gente es rendir culto a lo que ha sido establecido más allá de toda disputa? "En lugar de haberse apoderado de la libertad de los hombres, la aumentaste, y agobiaste para siempre al reino espiritual del género humano con sus sufrimientos. Deseabas el amor espontáneo de los hombres, que te siguieran libremente, seducidos y cautivados por ti."

Al resistir las tentaciones de Satanás de que pasara por encima de la libertad humana, según el inquisidor, Jesús facilitó que lo rechazaran. Renunció a su mayor ventaja: el poder de imponer la fe. Por fortuna, prosigue el astuto inquisidor, la Iglesia reconoció el error y lo enmendó, y desde entonces ha estado dependiendo del milagro, del misterio y de la autoridad. Por esta razón, el inquisidor debe ejecutar otra vez a Jesús, para que no obstaculice la tarea de la Iglesia.

La escena de *Los hermanos Karamazov* resulta más mordaz por la época en que se escribió, cuando los revolucionarios comunistas se estaban organizando en Rusia. Como advirtió Dostoievski, también ellos iban a tomar prestadas de la Iglesia algunas técnicas. Prometieron convertir las piedras en panes y garantizar la seguridad y protección de todos los ciudadanos a cambio de una sola cosa: su libertad. El comunismo se convertiría en Rusia en la nueva iglesia, fundada también en milagros, misterios y autoridad.

Más de un siglo después que Dostoievski escribiera este escalofriante diálogo acerca del poder y la libertad, tuve la ocasión de visitar su patria y ver en persona los resultados de siete décadas de régimen comunista. Fui en noviembre de 1991, cuando se estaba desintegrando el imperio soviético, Mijail Gorbachov estaba cediendo el poder a Boris Yeltsin, y toda la nación estaba tratando de volver a descubrirse a sí misma. La garra férrea del poder se había aflojado, y la gente estaba disfrutando de la libertad de decir lo que querían.

Recuerdo muy vívidamente una reunión con los editores de *Pravda*, antes portavoz oficial del partido comunista. *Pravda* había ayudado, de manera tan servil como cualquier otra institución, a la "iglesia" comunista. Para ese entonces, sin embargo, la circulación del periódico había caído de forma drástica (de once millones a setecientos mil ejemplares) como secuela del desprestigio del comunismo. Los editores de *Pravda* parecían serios, sinceros, inquietos, y atemorizados hasta la médula. Tan atemorizados, que estaban pidiendo consejo a los emisarios de una religión que su fundador había ridiculizado como "el opio del pueblo".

Los editores comentaron nostálgicamente que el cristianismo y el comunismo tenían muchos ideales: igualdad, compartir, justicia y armonía racial. Pero tuvieron que admitir que la forma marxista de llevar a cabo esa visión había producido las peores pesadillas que el mundo hubiera visto jamás. ¿Por qué?

"No sabemos cómo motivar a las personas para que se muestren compasivas", dijo el editor jefe. "Tratamos de generar fondos para los niños de Chernobil, pero el ciudadano ruso común prefiere gastar el dinero en bebida. ¿Cómo se puede reformar y motivar a las personas? ¿Cómo se logra que sean buenas?"

Setenta y cuatro años de comunismo habían demostrado, más allá de toda duda, que la bondad no se podía legislar desde el Kremlin y obligarse a punta de pistola. Resulta una ironía contundente que los intentos de obligar a la moralidad suelen producir personas desafiantes y gobernantes tiranos que pierden su sentido moral. Regresé de Rusia con un profundo sentido de que nosotros, los cristianos, haríamos bien en volver a aprender la lección fundamental de la tentación. La bondad no se puede imponer desde afuera, de arriba hacia abajo; debe desarrollarse interiormente, desde abajo hacia arriba.

La tentación en el desierto pone al descubierto una profunda diferencia entre el poder de Dios y el poder de Satanás. El diablo tiene el poder de coaccionar, de deslumbrar, de forzar a la obediencia, de destruir. Los humanos han aprendido mucho de ese poder, y los gobiernos extraen mucho de su depósito. Con un látigo, con una porra o con una AK-47, los seres humanos pueden obligar a otros seres humanos a hacer casi todo lo que quieran. El poder de Satanás es externo y coercitivo.

El poder de Dios, por el contrario, es interno y no coercitivo. "No quisiste esclavizar a nadie con milagros, y deseabas que la fe se te diera libremente, no fundada en milagros", dijo el inquisidor a Jesús en la novela de Dostoievski. Ese poder a veces puede parecer como debilidad. En su compromiso por transformar suavemente desde adentro y en su inquebrantable dependencia de la elección humana, el poder de Dios puede parecerse a una especie de abdicación. Como saben los padres y los enamorados, el amor se puede volver impotente si el amado decide desdeñarlo.

"Dios no es un nazi", afirmó Thomas Merton. De veras que no lo es. El Dueño del universo se volvería su víctima, impotente ante un pelotón de soldados. Dios se hizo débil con un propósito; permitir que los seres humanos escojan libremente por sí mismos en cuanto a Él.[1]

Soren Kierkegaard escribió acerca del suave toque de Dios: "La omnipotencia que puede hacer sentir su pesada mano sobre el mundo también puede ser un toque tan liviano que la criatura recibe independencia." A veces, lo acepto, desearía que Dios empleara un toque más fuerte. Mi fe sufre a causa de demasiada libertad, de demasiadas tentaciones de incredulidad. A veces deseo que Dios me abrume, supere mis dudas con certidumbre, brinde pruebas definitivas de su existencia y de su preocupación.

Deseo también que Dios asuma un papel más activo en los asuntos humanos. Si Dios simplemente hubiera extendido la mano para destronar a Saddam Hussein, ¿cuántas vidas se hubieran salvado en la Guerra del Golfo? Si Dios hubiera hecho lo mismo con Hitler, ¿cuántas vidas de judíos se hubieran salvado? ¿Por qué debe Dios "quedarse quieto"?

Deseo también que Dios asuma un papel más activo en mi vida personal. Deseo respuestas rápidas y espectaculares a mis oraciones, sanidad para mis enfermedades, protección y seguridad para mis seres amados. Deseo a un Dios sin ambigüedad, Alguien a quien pueda referirme para ayudar a mis amigos escépticos.

Cuando pienso en estos términos, veo en mí mismo un eco débil y resonante del desafío que Satanás le lanzó a Jesús hace dos mil años. Dios resiste esas tentaciones ahora, como Jesús las

---

1 En la obra de teatro de Dorothy Sayers *The Man Born to Be King* [El hombre nacido para ser Rey], el rey Herodes dice a los Magos: "No se puede gobernar a los hombres por amor. Cuando encuentren a su rey, díganselo. Sólo tres cosas gobiernan a la gente: el temor, la codicia y la promesa de seguridad." El Rey Herodes entendía los principios bajo los cuales opera Satanás, los mismos que Jesús rechazó en el desierto.

resistió en la tierra, y opta por una forma más lenta y discreta. En palabras de George MacDonald:

> En lugar de aplastar el poder del mal con su fuerza divina; en lugar de imponer la justicia y de destruir a los injustos; en lugar de establecer la paz mediante el gobierno de un príncipe perfecto; en lugar de juntar a los hijos de Jerusalén bajo sus alas, quisieran o no, para salvaguardarlos de los horrores que angustiaban a su alma profética, dejó que el mal hiciera su labor mientras pudiera; se contentó con los caminos lentos y desalentadores de ayudar en lo esencial; hacer buenos a los hombres; arrojar, y no simplemente controlar a Satanás . . .
> Amar la justicia y hacer que crezca, no desquitarse . . . Resistió todos los impulsos de actuar más rápidamente para conseguir un bien menor.

"¡Jerusalén, Jerusalén!" exclamó Jesús en la escena a la que alude MacDonald, "¡cuántas veces quise juntar a tus hijos, como la gallina junta a sus polluelos debajo de las alas, y no quisiste!" Los discípulos habían propuesto que Jesús mandara fuego sobre las ciudades recalcitrantes; a diferencia de ellos, Jesús clamó en desesperanza, un sorprendente "si tan sólo" que brota de los labios del Hijo de Dios. No se iba a imponer a quienes no estaban dispuestos.

Cuanto más conozco a Jesús, más me quedo impresionado con lo que Ivan Karamazov llamó "el milagro de refrenarse". Los milagros que Satanás sugirió, las señales y maravillas que los fariseos pedían, la prueba definitiva que anhelo, nada de esto resultaría un obstáculo importante para un Dios omnipotente. Más sorprendente es su *negativa* a actuar. La terrible insistencia de Dios en la libertad humana es tan absoluta que nos dio poder para vivir como si Él no existiera, para escupirle al rostro, para crucificarlo. Todo esto lo tuvo que saber por anticipado Jesús cuando se enfrentó con el tentador en el desierto, centrando su grandioso poder en la fuerza de refrenarse.

Creo que Dios insiste en refrenarse porque ningún despliegue pirotécnico de omnipotencia conseguiría la respuesta que desea. Aunque se puede obligar a la obediencia por la fuerza, sólo el amor puede producir una respuesta de amor, que es lo que Dios desea de nosotros y la razón por la que nos ha creado. "Y yo, si fuere levantado de la tierra, a todos atraeré a mí mismo", dijo Jesús. Por si no lo hubiéramos entendido bien, Juan agrega: "Y decía esto dando a entender de qué muerte iba a morir." La naturaleza de Dios es darse; su llamado se basa en el sacrificio por amor.

Recuerdo una tarde en Chicago, sentado en la terraza de un restaurante, mientras escuchaba a un hombre abatido que contaba la historia de su hijo pródigo. Jake, el hijo, no duraba en ningún trabajo. Desperdiciaba todo el dinero en drogas y alcohol. Rara vez llamaba a la casa. Les daba muy pocas alegrías les daba a sus padres y sí muchas tristezas. El padre de Jake me describía cómo se sentía de impotente, con palabras no muy diferentes a las que utilizó Jesús acerca de Jerusalén. "Si tan sólo lo pudiera hacer regresar, y darle un hogar y tratar de mostrarle cuánto lo amo", decía. Se detuvo un momento para controlarse, y agregó: "Lo extraño es que, aunque me rechaza, el amor de Jake significa más para mí que el de los otros tres hijos que tenemos, y que son responsables. Es extraño, ¿verdad? Así es el amor."

Siento en esa última frase de cuatro palabras más percepción del misterio del refrenarse de Dios que la que he encontrado en cualquier libro de teodicea. ¿Por qué Dios se contenta con el camino lento y desalentador de hacer que la justicia vaya brotando en lugar de desquitarse? Así es el amor. El amor tiene su propio poder, el único poder capaz de conquistar el corazón humano.

Aunque fue rechazado en las tres tentaciones, Satanás quizá se alejó de la confrontación con una sonrisa afectada. La negativa inquebrantable de Jesús de seguir las reglas de juego de Satanás significó que éste podía seguir jugando de acuerdo con esas reglas. Después de todo, todavía le quedaban a disposición los reinos del mundo, y para entonces ya había aprendido la lección acerca de cómo se refrenaba Dios. Que Dios se refrene abre las puertas a quienes se oponen a Dios.

Claro que habría otras escaramuzas. Jesús iba a arrojar demonios, pero el Espíritu que los reemplazaba era mucho menos posesivo y dependía siempre de la voluntad del que había sido poseído. Siguieron abundando las ocasiones para causar daño: Jesús así lo admitió en su analogía del reino de Dios que crece en medio del mal, como el trigo en medio de la cizaña.

Desde la perspectiva de Satanás, la tentación le permitió comenzar una nueva vida. Los chiquillos de *El señor de las moscas* pueden seguir recorriendo la isla todavía por más tiempo, al parecer libres de toda autoridad adulta. Además, se le pudiera imputar a Dios lo que saliera mal. Si Dios insistió en no hacer nada mientras continuaban las Cruzadas y el Holocausto, ¿por qué no echarle la culpa al Padre, y no a los hijos?

Se me ocurre que al rechazar las tentaciones en el desierto, Jesús puso en peligro la reputación misma de Dios. Dios había prometido restaurar un día la perfección de la tierra, pero ¿qué mientras tanto? La ciénaga de la historia, la brutalidad incluso de la historia de la Iglesia, el apocalipsis que se acerca; ¿vale todo esto la pena para que Dios se refrene? Para decirlo con absoluta franqueza, ¿vale la libertad humana lo que cuesta?

Nadie que haya vivido en medio de procesos de restauración y no al final de los mismos, puede responder de verdad a esa pregunta. Todo lo que puedo hacer es recordar que Jesús, el guerrero que se enfrentó una sola vez cara a cara al maligno con el poder para destruirlo, escogió un camino diferente. Para Él la preservación del libre albedrío de una especie claramente defectuosa parece que sí valió la pena. La elección no pudo ser fácil, porque implicó su propio dolor y el de sus seguidores.

Al repasar el resto de la vida de Jesús, veo que la pauta de refrenarse que inició en el desierto persistió toda su vida. Nunca siento que Jesús fuerza la mano de alguien. Antes bien, dejaba bien claras las consecuencias de las decisiones, y luego permitía que fuera el otro quien decidiera. Respondió a la pregunta de un hombre rico con palabras intransigentes y luego lo dejó que se alejara. Marcos agrega intencionalmente este comentario: "Jesús mirándole, le amó." Jesús tenía una visión realista de cómo le iba a responder el mundo: "Por causa de la maldad, el amor de muchos se enfriará."

A veces utilizamos el término "complejo de salvador" para describir un síndrome enfermizo de obsesión por resolver los problemas de otros. El verdadero Salvador, sin embargo, pareció extraordinariamente libre de semejante complejo. No se sentía obligado a convertir a todo el mundo durante su propia vida ni a sanar a personas que no estaban listas para ser sanadas. En palabras de Milton, Jesús "tuvo por más humano, más celestial/Con palabras conquistar corazones dispuestos,/ Y que la persuasión hiciera la labor del miedo."

En resumen, Jesús mostró un respeto increíble por la libertad humana. Cuando Satanás le pidió que le permitiera tentar a Pedro y pasarlo por el tamiz como el trigo, ni siquiera entonces Jesús se negó a la petición. Su respuesta: "Yo he rogado por ti, que tu fe no falte." Cuando las multitudes se apartaron y muchos discípulos lo abandonaron, Jesús dijo a los doce, casi en son de queja: "¿Queréis acaso iros también vosotros?" Cuando su vida ya se estaba acercando al desenlace en Jerusalén, desenmascaró a Judas pero no trató de impedir su mala acción; también en esto se refrenó.

"Tome su cruz, y sígame", dijo Jesús, en la invitación menos manipuladora que se haya ofrecido jamás.

Esta cualidad de Jesús de refrenarse — uno casi pudiera llamarla timidez divina — me sorprendió. Caí en la cuenta, a medida que asimilaba el relato de Jesús en los evangelios, que había esperado de Él las mismas cualidades con las que me había encontrado en la iglesia sureña fundamentalista de mi infancia. En ella a menudo me sentí víctima de presiones emocionales. La doctrina se presentaba en el estilo de: "¡Crean, no hagan preguntas!" Esgrimiendo el poder de los milagros, los misterios y la autoridad, la iglesia no dejaba lugar para la duda. También aprendí técnicas manipuladoras para "ganar almas", algunas de las cuales implicaban presentarme engañosamente ante la persona con quien hablaba. Sin embargo, ahora no puedo encontrar ninguna de estas cualidades en la vida de Jesús.

Si leo correctamente la historia de la Iglesia, muchos otros seguidores de Jesús han sucumbido ante las mismas tentaciones que Él resistió. Dostoievski ubicó de manera hábil la escena de la tentación en la cámara de tortura del gran inquisidor. ¿Cómo pudo una Iglesia fundada por el que había resistido a la tentación, llevar a cabo una inquisición de fe obligada que duró medio milenio? Entre tanto, en una versión protestante más benigna en la ciudad de Ginebra, las autoridades declaraban obligatoria la asistencia a la iglesia y un delito el negarse a tomar la Eucaristía. También ahí se quemaba a los herejes en la hoguera.

Para vergüenza suya, la historia de la Iglesia revela intentos incansables de mejorar el camino de Jesús. A veces la Iglesia se asocia con el gobierno que ofrece un atajo al poder. "El culto al éxito es por lo general la forma de culto idólatra que el diablo cultivó con más asiduidad", escribió Helmut Thielicke acerca del capricho inicial de la Iglesia Alemana con Adolfo Hitler. "En los primeros años después de 1933, pudimos observar la casi sugerente compulsión que emana de los grandes éxitos y cómo, bajo la influencia de dichos éxitos, las personas incluso cristianas, dejaban de preguntarse en nombre de quién y a qué precio . . ."

A veces la Iglesia cultiva sus propios mini Hitlers, hombres con nombres como Jim Jones y David Koresch, quienes entienden demasiado bien el poder que se manifiesta en los milagros, los misterios y la autoridad. Y a veces la Iglesia simplemente toma prestados los instrumentos de manipulación que han ido perfeccionando los políticos, los vendedores y los redactores de textos publicitarios.

Estoy muy listo a diagnosticar estos fallos. Pero cuando me olvido de la historia de la Iglesia para mirarme a mí mismo, encuentro que también yo soy susceptible a la tentación. Me falta la fuerza de voluntad para resistir a las soluciones rápidas para las necesidades humanas. Me falta la paciencia para permitir que Dios actúe en una forma lenta, "caballerosa". Deseo controlar yo mismo las situaciones, obligar a otros a que ayuden a conseguir las causas en las que creo. Estoy dispuesto a renunciar a ciertas libertades con tal de garantizar la seguridad y protección. Estoy listo a renunciar todavía a más con tal de tener la posibilidad de hacer realidad mis ambiciones.

Cuando siento que estas tentaciones surgen dentro de mí, regreso al episodio de Jesús y de Satanás en el desierto. La resistencia de Jesús frente a las tentaciones de Satanás me salvaguardó la libertad misma que ejerzo cuando me enfrento a mis propias tentaciones. Pido la misma confianza y paciencia que Jesús mostró. Y me alegro de que, como dice Hebreos: "No tenemos un sumo sacerdote que no pueda compadecerse de nuestras debilidades, sino uno que fue tentado en todo según nuestra semejanza, pero sin pecado . . . En cuanto él mismo padeció siendo tentado, es poderoso para socorrer a los que son tentados."

5

El retrato:
¿Qué hubiera visto en Él?

Todo lo de Jesús me sorprende. Su espíritu me impresiona, y su voluntad me confunde. Entre Él y cualquier otra persona en el mundo, no hay término ninguno de comparación. Es en realidad un ser único . . . Busco en vano en la historia para encontrar a alguien similar a Jesús, o algo que se acerque al evangelio. Ni la historia, ni la humanidad, ni las edades, ni la naturaleza me ofrecen nada con lo que pueda compararlo o explicarlo. Aquí todo es extraordinario.

Napoleón

5

El retrato:
¿Qué hubiera visto en Él?

El Credo de los Apóstoles pasa apresuradamente por la vida de Jesús en un solo párrafo, comenzando con su nacimiento y saltando de inmediato a su muerte, descenso al infierno y ascenso al cielo. Un momento. ¿Acaso no falta algo? ¿Qué sucedió en el intervalo entre su nacimiento de la Virgen María y su sufrimiento bajo Poncio Pilato? Por alguna razón todo lo que Jesús dijo e hizo en treinta y tres años en la tierra queda descartado en la prisa por interpretar su vida. ¿Cómo pasó la vida aquí en la tierra?

Los recuerdos de la Escuela Dominical de hecho me distraen de mis esfuerzos por imaginarme la vida diaria de Jesús, porque me la presentaron en escenas de inanimado franelógrafo. Ahí está enseñando. Éste es Jesús abrazando a un cordero. Ahora está hablando con una samaritana y miren, otra conversación con un hombre llamado Nicodemo. Lo que más se aproxima a la acción sucedía cuando los discípulos, en sus barcas miniatura, se balanceaban en el mar azul del franelógrafo. Recuerdo una escena de Jesús en el templo, con un látigo en la mano, pero no armonizaba con nada de lo que había aprendido acerca de Él. Desde luego que nunca lo vi en una reunión. En la Escuela Dominical pude haber aprendido hechos acerca de la vida de Jesús, pero como persona, siguió distante y en dos dimensiones.

Las películas acerca de Jesús me ayudaron a que para mí adquiriera vida. Algunas de ellas, como *Jesús de Nazaret* de Zefirelli, procuraron a toda costa recrear ambientes fieles a los relatos evangélicos. A diferencia de las plácidas escenas en franelógrafo, las películas mostraban a Jesús en acción, rodeado de espectadores revoltosos que se empujaban para conseguir verlo mejor e insistir en sus reclamaciones.

Al ver estas películas y volver luego a los evangelios, trato de ponerme en mi papel familiar de periodista, o por lo menos en su equivalente del siglo primero. Me mantengo al margen, escuchando y tomando notas, para captar algo de Jesús en mis reportajes, aunque al mismo tiempo consciente de que está produciendo un efecto personal en mí. ¿Qué veo? ¿Qué me impresiona? ¿Me perturba? ¿Cómo puedo transmitirlo a mis lectores?

No puedo comenzar por donde suelo hacerlo cuando escribo un reportaje acerca de una persona, por describir el aspecto del personaje. Nadie lo conoce. Los primeros retratos semireales de Jesús son sólo del siglo quinto, y fueron simple especulación; hasta entonces los griegos lo habían presentado como una figura joven, imberbe, parecida al dios Apolo.

En 1514 alguien falsificó un documento bajo el nombre de Publio Léntulo, el gobernador romano que sucedió a Poncio Pilato, con esta descripción de Jesús:

> Es un hombre alto, bien formado y de aspecto amistoso y que inspira reverencia; su cabello es de un color difícil de igualar, y le cae en delicados rizos . . . dividido en la parte alta de la cabeza, y le fluye hasta la frente según la costumbre de los nazarenos; la frente es alta, grande y majestuosa; las mejillas inmaculadas y sin arrugas, de un rojo encantador, la nariz y la boca moldeadas con exquisita simetría, la barba, de un color que armoniza con su cabello, le llega debajo de la barbilla y está dividida en el centro como una horquilla; los ojos azul claro, límpidos y serenos . . .

Reconozco a ese Jesús por los óleos que colgaban de las paredes de hormigón de la iglesia de mi infancia. El falsificador se traicionó, sin embargo, con su siguiente frase: "Nadie lo ha visto nunca reír." ¿Estaba leyendo los mismos evangelios que leo yo, documentos que no dicen ni una palabra del aspecto físico de Jesús pero que sí lo describen realizando su primer milagro en una boda, dando apodos a sus discípulos, y en cierto modo ganándose una reputación de "hombre comilón y bebedor de vino"? Cuando los piadosos criticaban a sus discípulos por ser negligentes en las disciplinas espirituales, Jesús contestó: "¿Acaso pueden los que están de bodas ayunar mientras está con ellos el esposo?" De todas las imágenes que hubiera podido escoger para su persona, Jesús se decidió por la del esposo, cuya felicidad alegra toda la fiesta de bodas.

En cierta ocasión le mostré a una clase unas diapositivas de arte que presentaban a Jesús de diversas formas — africano, coreano, chino — y luego les pedí que describieran el aspecto que Jesús tuvo según ellos. Prácticamente todos opinaron que fue alto (a diferencia de los judíos del siglo primero), la mayoría dijo que fue bien parecido, y nadie dijo que fuera grueso. Mostré una película de la BBC sobre la vida de Jesús, en la que se utilizó a un actor rechoncho en el papel principal, y algunos en la clase lo consideraron ofensivo. Preferimos a un Jesús alto, bien parecido y sobre todo, esbelto.

Una tradición que se remonta al siglo segundo sugería que Jesús fue jorobado. En la Edad Media los cristianos solían creer que Jesús había tenido lepra. Casi todos los cristianos actuales encontrarían repugnantes semejantes ideas e incluso heréticas. ¿No fue acaso un ejemplar perfecto de humanidad? Con todo, en la Biblia encuentro una sola especie de descripción física, una profecía escrita centenares de años antes del nacimiento de Jesús. Este es el retrato que presenta Isaías, en medio de un pasaje que el Nuevo Testamento aplica a la vida de Jesús:

> Como se asombraron de ti muchos, de tal manera fue desfigurado de los hombres su parecer, y su hermosura más que la de los hijos de los hombres . . . no hay parecer en él, ni hermosura; le veremos, mas sin atractivo para que le deseemos. Despreciado y desechado entre los hombres, varón de

dolores, experimentado en quebranto; y como que escondimos de él el rostro, fue menospreciado, y no lo estimamos.

Debido al silencio de los evangelios, no podemos responder
con certeza a la pregunta fundamental de cuál era la apariencia de
Jesús. Me parece que es bueno que sea así. Nuestras representaciones embellecidas de Jesús dicen más acerca de nosotros
mismos que acerca de Él. En Jesús no hubo ningún brillo sobrenatural: Juan el Bautista admitió que nunca hubiera reconocido a
Jesús sin una revelación especial. Según Isaías, no podemos explicar su atracción por su belleza, majestad o cualquier otro factor en
su aspecto exterior. La clave se encuentra en otra parte.

Dejo de lado el aspecto físico de Jesús para concentrarme en
cómo era como persona. En una prueba de perfil de personalidad,
¿qué resultado hubiera obtenido?

La personalidad que surge de los evangelios difiere radicalmente de la imagen de Jesús con la que crecí, imagen que ahora
reconozco en algunas de las películas antiguas de Hollywood sobre
Jesús. En esas películas, Jesús recita su parte con monotonía y sin
emoción. Pasa por la vida como un personaje tranquilo en medio
de un reparto de extras agitados. Nada lo altera. Distribuye sabiduría con tonalidades mesuradas, uniformes. Para resumir, es el
Jesús "antidepresivo".

Por el contrario, los evangelios presentan a un hombre que
posee tal carisma que la gente permanece sentada por tres días, sin
comer, con tal de escuchar sus cautivadoras palabras. Parece que
puede emocionarse, una persona que impulsivamente "tuvo compasión" o "tuvo misericordia". Los evangelios revelan una gama
de respuestas emotivas de Jesús: compasión instantánea por un
leproso, alegría ante los éxitos de sus discípulos, un estallido de
ira ante los legalistas insensibles, dolor por una ciudad recalcitran-
te, y luego esos terribles gritos de angustia en Getsemaní y en la
cruz. Tuvo una paciencia casi inagotable con las personas, pero
ninguna con las instituciones y con las injusticias.

En cierta ocasión asistí a un retiro de hombres que tenía como
fin ayudarlos a "establecer contacto con sus emociones" y romper
con los estereotipos restrictivos de la masculinidad. Reunido en
pequeños grupos, mientras escuchaba a otros que contaban sus
luchas por expresarse y por vivir una verdadera intimidad, caí en

la cuenta de que Jesús vivió un ideal de realización masculina que diecinueve siglos después todavía elude a la mayor parte de los hombres. Tres veces por lo menos, lloró delante de sus discípulos. No ocultó sus temores ni dudó en pedir ayuda: "Mi alma está muy triste, hasta la muerte", les dijo en Getsemaní, "quedaos aquí, y velad conmigo." ¿Cuántos líderes poderosos de nuestros tiempos se presentarían tan susceptibles?

A diferencia de la mayor parte de los hombres que conozco, a Jesús también le gustaba alabar a otras personas. Cuando hacía milagros, a menudo procuraba que el resultado se le atribuyera al receptor: "Tu fe te ha hecho salva." Llamó a Natanael "un verdadero israelita, en quien no hay engaño". De Juan el Bautista, dijo que nadie mayor que él había nacido de mujer. Al volátil Pedro lo llamó "la piedra". Cuando una mujer humillada le rindió un acto extravagante de devoción, Jesús la defendió ante quienes la criticaban y dijo que se seguiría contando hasta el fin de los tiempos su acto de generosidad.

Los evangelios nos muestran que Jesús establecía de inmediato intimidad con las personas que conocía. Ya fuera que hablara con una mujer junto a un pozo, con un líder religioso en un jardín, o con un pescador junto al lago, iba de inmediato al fondo del asunto, y después de intercambiar unas pocas frases, estas personas le revelaban a Jesús sus secretos más íntimos. La gente de la época acostumbraba mantener a respetuosa distancia a los rabinos y a los "hombres santos", pero Jesús sacaba de ellos algo más, un anhelo tan hondo que la gente se aglomeraba alrededor de Él sólo para tocar su túnica.

La novelista Mary Gordon menciona la sensibilidad de Jesús con las mujeres y los niños como una de las cualidades principales que la atrajeron: "Sin duda alguna que es el único héroe afectuoso en la literatura. ¿Quién puede imaginarse a un Odiseo o a un Eneas afectuosos?" Acerca del comentario de Jesús acerca de las hijas de Jerusalén: "¡Ay de las que estén encintas, y de las que críen en aquellos días!" Gordon comenta: "Sabía que deseaba tener hijos; sentí que esas palabras se me dirigían a mí. Pienso: ¿cuántos hombres tomarían en cuenta las dificultades del embarazo y de criar a los hijos?"

Jesús no siguió en forma mecánica una lista de "Cosas para hacer hoy", y dudo que hubiera valorado el énfasis moderno en la puntualidad y las órdenes para reuniones exactas. Participó en fiestas de bodas que duraron varios días. Se dejaba distraer de "cualquiera" que se le cruzara por el camino, ya fuera una mujer con flujo de sangre que tocaba tímidamente su túnica o un mendigo ciego que andaba clamando a voz en cuello. Dos de sus milagros más impresionantes (las resurrecciones de Lázaro y de la hija de Jairo) se produjeron porque llegó demasiado tarde para sanar a la persona enferma.

Jesús fue "un hombre para los demás", en feliz expresión de Bonhoeffer. Se mantuvo libre; libre para los demás. Aceptaba invitaciones a cenar de quien fuera, y por esta razón ningún personaje público tenía una gama tan variada de amigos, desde ricos, centuriones romanos y fariseos, hasta recaudadores de impuestos, prostitutas y leprosos. A la gente le *gustaba* estar con Jesús; donde Él estaba, había gozo.

Y sin embargo, precisamente debido a todas estas cualidades que apuntan hacia lo que los psicólogos llaman actualización de uno mismo, Jesús rompió el molde. Como lo expresa C. S. Lewis: "No fue para nada como el cuadro que proponen los psicólogos de un ciudadano integrado, equilibrado, adaptado, felizmente casado, empleado y popular. En realidad no se puede estar 'adaptado' al mundo de uno si éste te dice 'tienes al demonio' y acaba por clavarte desnudo a un pedazo de madera."

Como la mayor parte de los contemporáneos de Jesús, no me cabe duda de que me hubiera opuesto a la rara mezcla de pretensiones extravagantes que planteaba un hombre judío de aspecto común y corriente. Pretendía ser el Hijo de Dios y sin embago, comía y bebía como los demás hombres, e incluso se cansaba y se sentía solo. ¿Qué clase de criatura fue?

En cierta manera Jesús parecía sentirse "en casa" aquí, y en otra, se sentía indiscutiblemente "fuera de lugar". Pienso en la única escena que conservamos de su adolescencia, cuando desapareció en Jerusalén y su madre tuvo que reprenderlo. El conciso relato de la respuesta de su madre judía: "Hijo, ¿por qué nos has hecho así?" quizá no refleja bien lo que sucedió; después de todo, sus padres lo habían estado buscando durante tres días. Jesús contestó: "¿Por qué me buscabais? ¿No sabíais que en los negocios de mi Padre me es necesario estar?" Ya había una fisura dividiendo a Jesús y a su familia, un conflicto de lealtades.

Al vivir en un planeta de libre albedrío y de rebelión, Jesús debe haberse sentido a menudo "fuera de lugar". En tiempos así, se apartaba para orar, como si quisiera respirar aire puro de un sistema de apoyo vital que le daría la fuerza para seguir viviendo en un planeta contaminado. Pero no siempre obtuvo respuestas, a modo de recetas, a sus oraciones. Lucas relata que oró toda la noche antes de escoger a los doce discípulos, e incluso así en el grupo se infiltró un traidor. En Getsemaní oró primero para que se le quitara la copa del sufrimiento, pero desde luego que no fue así. Esa escena en el huerto presenta a un hombre desesperadamente "fuera de lugar", pero resistiendo a toda tentación de liberarse por medios sobrenaturales.

Para mí hay una escena en los evangelios que refleja la naturaleza de Jesús de sentirse "en casa" y "fuera de lugar" al mismo tiempo. Una tormenta azotó el Mar de Galilea, la que casi hizo que zozobrara la barca en la que Jesús dormía. Se incorporó e increpó al viento y al agua: "Calla, enmudece." ¿Qué clase de persona le gritaría a la tormenta como si estuviera corrigiendo a un niño desobediente?

El despliegue de poder en medio de la tormenta ayudó a que los discípulos se convencieran de que Jesús no era como los demás hombres. Pero también alude a las profundidades de la Encarnación. "Dios es susceptible", dijo el filósofo Jacques Maritain. Después de todo, Jesús se había dormido de puro cansancio. Además, el Hijo de Dios era, excepto en este momento único del milagro, una de sus víctimas: al Creador de las nubes le llovió encima, el Hacedor de estrellas sintió calor y sudó bajo el sol palestino. Jesús se sometió a las leyes naturales incluso cuando, hasta cierto punto, iban en contra de sus deseos ("Si es posible, pase de mí esta copa"). Viviría y moriría según las leyes de la tierra.

Llega, perfecto desconocido, a una aldea de la baja Galilea. Lo observan los ojos fríos y penetrantes de los campesinos que han vivido lo bastante al nivel de subsistencia como para conocer con exactitud la línea divisoria entre pobreza e indigencia. Parece un mendigo, pero sus ojos carecen del adecuado temor, su voz del adecuado lamento, su andar del adecuado arrastre. Habla de la ley de Dios, y lo escuchan más por curiosidad que por cualquier otro motivo. Lo saben todo acerca de la ley y del poder, del reino y del Imperio, pero conocen estas cosas en función de impuestos y deudas, de desnutrición y enfermedades, de opresión agraria y de posesión diabólica. Lo que realmente quieren saber es qué puede hacer este reino de Dios por el niño tullido, por el padre ciego, por el alma enloquecida que grita su atormentado aislamiento entre los sepulcros que señalan los límites del pueblo.

John Dominic Crossan

Los vecinos de Jesús descubrieron muy pronto lo que Él podía hacer en beneficio de ellos. Hizo caminar al niño tullido y ver al padre ciego, e hizo salir los demonios del alma enloquecida entre los sepulcros. Cuando Jesús inició su ministerio de sanidad y enseñanza, sus vecinos se rascaron la cabeza y se preguntaron asombrados: "¿No es éste el hijo del carpintero? ¿No se llama su madre María? ¿De dónde tiene éste esta sabiduría y estos milagros?"

Al principio, quizá por un año, Jesús tuvo mucho éxito. Acudía a Él tanta gente que a veces se veía obligado a refugiarse en una barca, alejándola de la orilla. Sin duda que lo que lo dieron a conocer fueron las sanidades físicas. Los judíos, quienes creían que el diablo causaba la enfermedad y por lo tanto, que los hombres santos podían ser conductos para la intervención de Dios, tenían una historia muy larga de hacedores de milagros. (Uno llamado Honi vivió poco antes del tiempo de Jesús y lo menciona el historiador Josefo.) Jesús, al parecer, sabía de algunos rivales, porque frenó el impulso de sus discípulos de condenarlos.

Una tercera parte de los relatos de los evangelios acerca de Jesús conlleva sanidades físicas y por instinto periodístico, quizá yo hubiera investigado esas historias, buscando los informes médicos y entrevistando a las familias de quienes hablaban de milagros. Las sanidades eran variadas y no encajaban en ninguna pauta. Por lo menos a una persona Jesús la sanó a distancia; algunas eran instantáneas y otras progresivas; muchas requerían que la persona sanada siguiera instrucciones concretas.

Hubiera advertido en Jesús una curiosa ambivalencia en cuanto a los milagros. Por un lado, Jesús sanaba en respuesta espontánea a la necesidad humana; veía ante sí a alguien que sufría, sentía compasión, y sanaba a la persona. Ni una sola vez rechazó una solicitud directa de ayuda. Condenó a la "generación mala y adúltera" que pedía señales y como lo había hecho en el desierto, resistió toda tentación de hacer un espectáculo. Marcos relata siete veces distintas en que Jesús le ordenó a la persona que había sanado: "¡No lo digan a nadie!" En las regiones donde la gente no tenía fe, ni hizo milagros.

Quizá especularía qué hubiera podido lograr un hombre con semejantes poderes en Roma, Atenas o Alejandría. Los hermanos de Jesús propusieron que, por lo menos, debía concentrar su trabajo en Jerusalén, capital de Israel. Jesús mismo, sin embargo, prefirió mantenerse lejos del centro de atención. Desconfiaba de las multitudes y de la opinión pública, por lo que pasó la mayor parte del tiempo en ciudades pequeñas y de poca importancia.

A pesar de su ambivalencia, Jesús no vaciló en utilizar los milagros como prueba de quién era: "Creedme que yo soy en el Padre, y el Padre en mí; de otra manera, creedme por las mismas obras", dijo a sus discípulos. Y cuando su primo Juan el Bautista, que languidecía en la cárcel, tuvo dudas de que Jesús fuera de veras el Mesías, Él le dio este mensaje (parafraseado por Frederick Buechner) a los discípulos de Juan:

> Vayan a decirle a Juan lo que han visto por acá. Díganle que hay personas que han vendido a sus perros guía y que se dedican ahora a contemplar los pájaros. Díganle que hay personas que han cambiado sus bastones de aluminio por botas de escalar. Díganle que los parias se han convertido en gente con esperanza y que muchos holgazanes se están dando la buena vida por primera vez.

Si hubiera buscado una sola palabra para describir a Jesús a sus contemporáneos, habría escogido la palabra rabino o maestro. En los Estados Unidos de América de hoy no conozco nada parecido a la vida de Jesús. Su estilo tiene muy poco en común con el de los modernos evangelistas, con sus tiendas de campaña y estadios, sus equipos de avanzada, carteles y campañas por correo, sus presentaciones realizadas electrónicamente. Su pequeño grupo de seguidores, sin ningún lugar permanente de operaciones, iba de un pueblo a otro sin nada que se pareciera a una estrategia discernible.

"Las zorras tienen guaridas, y las aves del cielo nidos; mas el Hijo del Hombre no tiene donde recostar su cabeza", dijo Jesús. De haber vivido en nuestro tiempo, con las medidas represivas en contra de los sin hogar, es probable que la policía hubiera hostigado a Jesús y a sus discípulos y los hubieran obligado a mudarse. En la época antigua, sin embargo, había muchos maestros como Él (de hecho hubo una escuela filosófica llamada los Peripatéticos que se basaba en este estilo común de compartir sabiduría en forma itinerante).

En la India tuve la ocasión de observar en persona algo parecido a la vida que llevó Jesús. Vi a evangelistas cristianos que seguían las huellas de los itinerantes "hombres santos" hindúes y budistas. Algunos rondaban las estaciones de ferrocarril y se presentaban a viajeros en espera y les preguntaban si deseaban saber más acerca de Dios. Otros iban de ciudad en ciudad, acompañados de sus discípulos. Otros invitaban a sus discípulos para que se reunieran con ellos en *ashrams*, donde juntos celebraban cultos y estudiaban las Escrituras.

El grupo que guiaba Jesús funcionaba sin sede ni ninguna otra propiedad y al parecer sin dirigentes, excepto un tesorero (Judas). Parece que, desde el punto de vista económico, apenas si se las arreglaban. Para poder sacar algo de dinero para pagar los impuestos, Jesús envió a Pedro a pescar. Tomó prestada una moneda para aclarar una idea acerca de César, y tuvo que pedir prestado un asno la única vez que decidió no viajar a pie. En sus recorridos por la campiña, sus discípulos arrancaban espigas de trigo para comerse los granos, aprovechando la ley mosaica que hacía ciertas concesiones a los pobres. Cuando Jesús se reunía con personas influyentes, como Nicodemo o el joven rico, parece que nunca se le ocurrió que podía llegar a serle útil una persona con dinero e influencia.

¿Cómo se mantuvo Jesús? En el Oriente Medio de entonces, los maestros vivían de las donaciones de oyentes agradecidos. Lucas señala que algunas mujeres sanadas por Jesús — incluso la esposa del ministro de finanzas de Herodes — ayudaban a mantenerlo. Resulta conmovedor que algunas de estas mujeres hicieran el largo y peligroso viaje de Galilea a Jerusalén en ocasión de la fiesta de la Pascua, para permanecer junto a Jesús en la cruz, después que sus discípulos más cercanos lo habían abandonado.

Sin duda alguna, Jesús fue un maestro genial. Los seguidores se sentían atraídos por el magnético poder de sus palabras que, como las describe el poeta John Berryman, eran "breves, precisas, terribles y refrescantes". Jesús impartió sus lecciones más perdurables en el momento, en respuesta espontánea a preguntas tales como: ¿De cuál sería esposa en la vida venidera una mujer que había tenido varios esposos? ¿Es lícito pagar impuestos a autoridades paganas? ¿Qué debo hacer para ganar la vida eterna? ¿Quién es el mayor en el reino de los cielos? ¿Cómo puede nacer de nuevo siendo ya viejo?

Jaroslav Pelikan nos cuenta de una anciano rabino a quien sus discípulos le preguntaron: "¿Por qué ustedes los rabinos tan a menudo enseñan con preguntas?" El rabino respondió: "¿Qué tiene de malo preguntar?" Con mucha frecuencia Jesús también devolvía las preguntas en estilo socrático, llevando al que buscaba a un punto crítico. Sus respuestas iban a la médula de la pregunta y tocaban el corazón de los oyentes. Dudo que yo hubiera podido concluir algún encuentro con Jesús sintiéndome satisfecho de mí mismo.

Me hubiera maravillado ante las parábolas de Jesús; forma de enseñar que se convirtió en su sello distintivo. Los comentaristas siempre han admirado su capacidad para comunicar verdades profundas por medio de episodios de la vida diaria: Una mujer insistente agota la paciencia de un juez. Un rey se lanza a una guerra sin la debida planificación. Asaltan a un hombre y los ladrones lo dejan por muerto. Una mujer que pierde una moneda actúa como si hubiera perdido todo lo que tenía. No hay en las parábolas de Jesús criaturas caprichosas ni argumentos rebuscados; simplemente describe la vida que lo rodea.

Las parábolas sirvieron perfectamente a los propósitos de Jesús. A todo el mundo le gusta una buena anécdota, y la capacidad de Jesús para contarlas retenía el interés de una sociedad casi totalmente analfabeta de campesinos y pescadores. Como las anécdotas son más fáciles de recordar que los conceptos o los esquemas, las parábolas también ayudaron a conservar su mensaje: años después, cuando la gente reflexionaba en lo que había enseñado Jesús, les venían a la mente las parábolas con todos sus detalles. Una cosa es hablar en términos abstractos acerca del amor infinito e ilimitado de Dios, y otra muy diferente es hablar de un hombre que da la vida por sus amigos o de un padre desconsolado que todos los días escudriña el horizonte para tratar de descubrir alguna señal del hijo descarriado.

Jesús vino a la tierra "lleno de gracia y de verdad", dice el Evangelio según San Juan, y esa frase es un buen resumen de su mensaje. Primero gracia: a diferencia de quienes trataban de complicar la fe y de petrificarla con legalismos, Jesús predicó un sencillo mensaje de amor de Dios. Sin razón alguna — desde luego no porque lo merezcamos — Dios ha decidido ofrecernos amor que nos llega libre de costo, sin condiciones, "pagado por la casa".

En un relato rabínico de la época, el dueño de una finca fue a la ciudad para contratar a trabajadores temporales para la cosecha. Fue avanzando el día y ya tarde, a la hora undécima, reclutó a un último grupo de trabajadores, a los que sólo les quedaba una hora para demostrar su valía. En la conocida versión del relato, los que llegaron último compensaron el tiempo perdido trabajando tan intensamente que se decidió recompensarlos con la paga de un día completo. La versión de Jesús, sin embargo, no dice nada de la diligencia de los trabajadores. Acentúa en cambio la generosidad del amo — Dios — quien derrocha su gracia sobre primeros y postreros por igual. A nadie se le defrauda y todos reciben recompensa más allá de lo que merecen.

A pesar de este énfasis en la gracia, nadie pudiera acusar a Jesús de suavizar la santidad de Dios. Es probable que yo hubiera tropezado ante la verdad que Jesús proclamó, una verdad mucho más intransigente que la que enseñaban los rabinos más estrictos de la época. Los maestros contemporáneos procuraban "no imponer una restricción dada a una comunidad a no ser que la mayoría de la misma pueda aceptarla". Jesús no tuvo semejantes reticencias. Amplió el homicido para incluir el odio, el adulterio para incluir el deseo lujurioso, el robo para incluir la codicia. "Sed, pues, vosotros perfectos, como vuestro Padre que está en los cielos es perfecto", dijo y estableció una norma ética que nadie iba a poder cumplir.

Como ha comentado Elton Trueblood, todos los principales símbolos que Jesús utilizó poseían una característica dura, casi ofensiva: el yugo de la carga, la copa del sufrimiento, la toalla de la condición de siervo, la cruz de la ejecución. "Calcula el costo", dijo Jesús, justa advertencia a quienes se atrevieran a seguirlo.

Un rabino moderno de nombre Jacob Neusner, el estudioso más destacado del judaísmo de comienzos de la era cristiana, escribió uno de sus quinientos libros (*A Rabbi Talks with Jesus* [Un rabino habla con Jesús]) sobre el tema de cómo le hubiera respondido a Jesús. Neusner tiene gran respeto por Jesús y por el cristianismo, y admite que su enseñanza, como el Sermón del Monte, lo deja "impresionado y conmovido". Hubiera despertado suficiente interés en él, dice, como para unirse a la multitud que seguía a Jesús de un lugar a otro, deleitándose en su sabiduría.

En última instancia, sin embargo, Neusner concluye que se hubiera apartado del rabino de Nazaret. "Jesús da un paso importante en la dirección equivocada", dice, "al transferir el énfasis del 'nosotros' como comunidad judía a un 'Yo'." Neusner no podía aceptar el cambio de la Torá a Jesús mismo como autoridad principal. "El desacuerdo se da en la persona de Jesús, y nunca en sus enseñanzas . . . Al final el maestro Jesús exige algo que sólo Dios exige." Con todo respeto, Neusner se aleja, incapaz de dar ese salto de fe.

Neusner tiene razón en que el contenido de la enseñanza de Jesús no encaja para nada con el modelo de otros rabinos, para no mencionar a maestros itinerantes como Confucio o Sócrates. No trataba tanto de buscar la verdad sino de señalarla, señalándose a sí mismo. En palabras de Mateo: "les enseñaba como quien tiene autoridad, y no como los escribas." Los escribas trataban de no dar opiniones personales, basando sus observaciones en las Escrituras y en comentarios aprobados. Jesús daba muchas opiniones personales y utilizaba a la Escritura como comentario. "Oísteis que fue dicho . . . pero yo os digo . . ." fue su muletilla dominante. *Él* era la fuente, y al hablar no hacía distinción entre sus propias palabras y las de Dios. Sus oyentes entendieron la implicación con toda claridad, incluso al rechazarla. "Este blasfema", decían.

Audaz, Jesús nunca retrocedió ante un conflicto. Se enfrentó con quienes lo interrumpían y con mofadores de todas clases. En cierta ocasión detuvo a una multitud que quería lapidar a una mujer adúltera. En otra, cuando los soldados fueron a detenerlo, tuvieron que regresar con las manos vacías: "¡Jamás hombre alguno ha hablado como este hombre!", dijeron impresionados ante su presencia. Jesús incluso dio órdenes directas a demonios: "Espíritu mudo y sordo, yo te mando, sal de él, y no entres más en él." (Es interesante que los demonios nunca dejaron de reconocerlo como "el Santo de Dios" o "Hijo del Altísimo"; quienes pusieron en duda su identidad fueron los seres humanos.)

Las afirmaciones de Jesús acerca de sí mismo (Yo y el Padre somos uno; tengo el poder de perdonar pecados; reconstruiré el templo en tres días) no tenían precedentes y le causaron constantes problemas. De hecho, sus enseñanzas estaban tan entrelazadas con su persona que muchas de sus palabras no pudieron sobrevivirle; las grandes reivindicaciones murieron con Él en la cruz. Los discípulos, que lo habían seguido como maestro, regresaron a sus anteriores formas de vida, comentando con tristeza: "Nosotros esperábamos que él era el que había de redimir a Israel." Fue necesaria la resurrección para convertir al proclamador de la verdad en el proclamado.

Me he ubicado en medio de la multitud del tiempo de Jesús, como alguien que busca con sinceridad, cautivado por el rabino pero renuente a comprometerse con Él. Si volviera la atención de Jesús mismo a la constelación de gente que me rodea, vería a varias agrupaciones de espectadores que formaban círculos concéntricos a su alrededor.

Los más alejados, en el círculo exterior, son los mirones, los curiosos y otros que, como yo, están tratando de descifrar a Jesús. La presencia misma de esta multitud sirve para proteger a Jesús, y sus enemigos, quejándose de que "el mundo se va tras él", no se atreven a detenerlo. Sobre todo en los primeros tiempos, los patriotas judíos también lo rondaban, deseosos de que Jesús anunciara una revuelta contra Roma. Me doy cuenta de que Jesús nunca toma en cuenta a este grupo periférico. Sí les predica y esto de por sí lo diferencia de los esenios y de otras sectas, que reservaban sus reuniones para sólo los iniciados.

Algo más cerca, distingo a un grupo de quizá un centenar de seguidores sinceros. Muchos de estos compañeros de viaje, lo sé, se le han unido después del arresto de Juan el Bautista; los discípulos de Juan se quejaron de que "todos" se habían ido con Jesús. Como rechaza la popularidad, Jesús dirige la mayor parte de sus comentarios no a las masas sino a los que lo buscan de verdad. Constantemente los empuja hacia un nivel más profundo de compromiso, con palabras vigorosas que los ponen en una encrucijada. No pueden servir a dos señores, dice. Olvídense del amor al dinero y a los placeres que el mundo ofrece. Niéguense a sí mismos. Sirvan a otros. Tomen la cruz.

Esa última frase no es una metáfora vana: junto a los caminos de Palestina, los romanos acostumbraban a crucificar a los peores delincuentes como una lección práctica para los judíos. ¿Qué clase de imagen pudieran crear en la mente de sus seguidores estas palabras de "invitación"? ¿Va acaso a encabezar una procesión de mártires? Al parecer sí. Jesús repite más que ningún otro este dicho: "El que halla su vida, la perderá; y el que pierde su vida por causa de mí, la hallará."

He escuchado al círculo más cercano de seguidores, los doce, jactarse de que están dispuestos a semejante sacrificio. "No sabéis lo que pedís", replicó Jesús. "¿Podéis beber del vaso que yo he de beber?" "Podemos", insistieron en su ingenuidad.

A veces me pregunto si hubiera deseado unirme a los doce. No importa. A diferencia de otros rabinos, Jesús escogió personalmente a su círculo íntimo de discípulos, en vez de dejar que ellos lo escogieran a Él. Era tal el magnetismo de Jesús que le bastaron unas pocas frases para persuadirlos de que abandonaran sus trabajos y familias para unírsele. Dos parejas de hermanos — Santiago y Juan, y Pedro y Andrés — trabajaban juntos en barcas de pesca cuando los invitó, y abandonaron el negocio (irónicamente, después que Jesús les proporcionó el día de pesca con más éxito de su vida). Todos, menos Judas Iscariote, provenían de la provincia natal de Jesús, Galilea; Judas era de Judea, lo que demuestra cómo se había extendido por todo el país la reputación de Jesús.

Me hubiera dejado desconcertado la extraña mezcla de los doce. Simón el zelote pertenece al grupo que se oponía violentamente a Roma, en tanto que Mateo, el recaudador de impuestos, lo había contratado hacía poco el gobernante marioneta de Roma. Ningún estudioso, como Nicodemo, ni personajes ricos como José de Arimatea, han llegado a formar parte de los doce. Hay que mirar muy a fondo para encontrar alguna marcada capacidad de liderazgo en los doce.

A mi parecer, de hecho, el rasgo más característico de los discípulos parece ser su estupidez. "¿Hasta cuándo he de estar con vosotros? ¿Hasta cuándo os he de soportar?" pregunta Jesús. Mientras está tratando de enseñarles a ser líderes al servicio de los demás, riñen acerca de quién merece el puesto de privilegio. Su limitada fe exaspera a Jesús. Después de cada milagro se preocupan mucho por el siguiente. Pudo alimentar a cinco mil, ¿podrá a cuatro mil? Casi siempre una nebulosa de incomprensión separa a los doce de Jesús.

¿Por qué invierte Jesús tanto en estos aparentes perdedores? Para responder acudo al relato escrito de Marcos que menciona los motivos de Jesús al escoger a los doce: "para que estuviesen con él, y para enviarlos a predicar."

Para que estuviesen con él. Jesús nunca trató de ocultar su soledad y su dependencia de otros. Escogió a sus discípulos no como siervos sino como amigos. Compartió momentos de gozo y de dolor con ellos, y los buscó en tiempos de necesidad. Se convirtieron en su familia, en su madre, hermanos y hermanas sustitutos. Renunciaron a todo por Él, y Él renunció a todo por ellos. Los amaba, pura y llanamente.

Para enviarlos a predicar. Desde la primera invitación a los doce, Jesús tuvo presente lo que se manifestaría un día en el Calvario. Sabía que iba a estar poco tiempo en la tierra, y que el éxito final de su misión dependía no sólo de lo que Él consiguiera en unos pocos años, sino de lo que los doce (entonces once), luego miles y después millones, hicieran cuando Él se hubiera ido.

Por extraño que parezca, lo que contemplo de la época de Jesús desde la perspectiva actual es precisamente que los discípulos fueran tan comunes y corrientes, y esto me da esperanza. Jesús no parece escoger a sus seguidores según el talento innato, lo perfecto que eran o la potencialidad para llegar a ser grandes. Cuando vivió en la tierra se rodeó de personas comunes que no lo comprendieron bien, que no llegaron a ejercer mucho poder espiritual y que, a veces, se comportaron como escolares mal educados. Jesús escogió sobre todo tres seguidores (los hermanos Santiago y Juan, y

Pedro) para sus reprimendas más fuertes y sin embargo, dos de estos llegarían a ser líderes importantes de los primeros cristianos.

No puedo evitar la idea de que Jesús prefiere trabajar con reclutas que no prometen mucho. En cierta ocasión, después de haber enviado a setenta y dos discípulos a una misión de capacitación, Jesús se alegró de los éxitos que contaron. No hay otro pasaje de los evangelios en el que se muestre más exuberante. "En aquel tiempo, respondiendo Jesús, dijo: Te alabo, Padre, Señor del cielo y de la tierra, porque escondiste estas cosas de los sabios y de los entendidos, y las revelaste a los niños. Sí, Padre, porque así te agradó." Con esa cuadrilla destartalada Jesús fundó una iglesia que no ha dejado de crecer en diecinueve siglos.

Segunda parte

Por qué vino

6

Las bienaventuranzas: Afortunados son los desafortunados

Un santo es aquel que exagera lo que el mundo descuida.

G. K. Chesterton

6

Las bienaventuranzas: Afortunados son los desafortunados

El Sermón del Monte fue una obsesión durante mi adolescencia. Leía un libro como *En sus pasos* de Charles Sheldon, prometía solemnemente comportarme "como Jesús se hubiera comportado", y buscaba la orientación en Mateo 5-7. ¡Interpretar esos consejos! ¿Debía mutilarme después de un sueño húmedo? ¿Ofrecer mi cuerpo para que lo aporrearan los matones de la escuela? ¿Arrancarme la lengua después de hablarle con violencia a mi hermano?

En cierta ocasión llegué a convencerme tanto de que era adicto a las cosas materiales que regalé a un amigo mi valiosa colección de mil cien tarjetas de béisbol, incluso una original de Jackie Robinson de 1947 y otra del novato Mickey Mantle. En lugar de la esperada recompensa divina por esta renuncia, tuve que soportar la enorme injusticia de ver que mi amigo subastaba toda mi colección con una ganancia muy grande. "Bienaventurados los que padecen persecución por causa de la justicia", traté de consolarme.

Ya adulto, la crisis del Sermón del Monte no ha desaparecido. Aunque a veces he tratado de desestimarlo como una exageración retórica, cuanto más estudio a Jesús, tanto más caigo en la cuenta de que las afirmaciones que contiene el Sermón constituyen la médula de su mensaje. Si no llego a entender esta enseñanza, no lo entiendo a Él.

Jesús pronunció el famoso sermón en un momento en que su popularidad estaba en decadencia. Las multitudes lo seguían dondequiera que fuera, obsesionadas con la pregunta: *¿Ha llegado por fin el Mesías?* En esta ocasión concreta, Jesús dejó de lado las parábolas y le ofreció a su auditorio una completa "filosofía de la vida", algo así como un candidato que revela una nueva plataforma política. ¡Qué plataforma!

Cuando me llegó el momento de enseñar las Bienaventuranzas a mi clase de la Iglesia de la calle LaSalle en Chicago, seguí mi rutina de revisar las películas acerca de Jesús. Como disponía de quince películas diferentes, la tarea de encontrar y ver los segmentos pertinentes me llevó muchas horas cada semana, algunas de ellas a la espera de que la videocasetera avanzara o retrocediera rápido hasta las escenas escogidas. Para aliviar mi aburrimiento, mientras la videocasetera zumbaba hasta llegar a los lugares que buscaba, veía en el monitor de televisión los programas de la CNN. En lo que la máquina buscaba en el indicador, digamos, el minuto octavo con veinte segundos de *Rey de reyes* de Cecil B. DeMille, me ponía al día de lo sucedido alrededor del mundo. Entonces apretaba el botón de comenzar y me transportaba a la Palestina del primer siglo.

Estaban sucediendo muchas cosas en el mundo en 1991, en la semana en que enseñaba las Bienaventuranzas. En una campaña terrestre que duró apenas cien horas, las fuerzas aliadas habían logrado una victoria aplastante sobre Iraq en la Guerra del Golfo. Como la mayor parte de los estadounidenses, apenas si podía creer que la tan temida guerra hubiera concluido con tanta rapidez, con tan pocas víctimas del lado estadounidense. En lo que mi videocasetera buscaba en las escenas con Jesús, varios comentaristas en directo ilustraban con mapas y gráficos lo que había ocurrido exactamente en Kuwait. Luego se presentó el general Norman Schwarzkopf.

La CNN anunció una interrupción de la programación regular: iban a pasar a una cobertura en vivo de la conferencia de prensa del comandante de las fuerzas aliadas la mañana después de la victoria. Por unos instantes traté de seguir con la preparación de mi clase. Vi cinco minutos de la versión de Pasolini de Jesús exponiendo las Bienaventuranzas, luego varios minutos de la versión del general Schwarzkopf acerca de la operación de las tropas aliadas en Kuwait. Muy pronto dejé totalmente de lado la videocasetera; el general resultaba demasiado cautivador. Hablaba del cerco de la selecta Guardia Republicana de Iraq, del señuelo del desembarco por mar, de la capacidad aliada de avanzar hacia Bagdad sin resistencia. Reconoció los méritos de los kuwaitíes, británicos y sauditas, y de todos los demás participantes en la fuerza multinacional. Schwarzkopf se desempeñó brillantemente, mostrando una gran confianza en su misión y un inmenso orgullo de los soldados que la habían llevado a cabo. Recuerdo que pensé: Ésta es precisamente la clase de persona que uno desea que dirija una guerra.

Concluyó la información, la CNN pasó a anuncios comerciales, y yo regresé a las cintas de video. Max von Sydow, un Jesús rubio y pálido, estaba pronunciando el Sermón del Monte en una interpretación improbable en *The Greatest Story Ever Told* [La historia más grande jamás contada]. "Bienaventurados . . . los . . . pobres . . . en espíritu", decía en forma lenta con un acento marcadamente escandinavo, "porque . . . de ellos . . . es . . . el . . . reino de . . . los cielos." Tuve que adaptarme al ritmo lánguido de la película, en contraste con la presentación del general Schwarzkopf, y me tomó unos segundos comprender que estaba frente a una ironía: ¡Acababa de ver las Bienaventuranzas el revés!

Bienaventurados son los fuertes, fue el mensaje del general. Bienaventurados son los triunfadores. Bienaventurados son los ejércitos con bastante riqueza como para disponer de bombas inteligentes y de misiles *Patriot*. Bienaventurados son los soldados libertadores, conquistadores.

La extraña yuxtaposición de los dos discursos me hizo comprender el efecto que debió producir el Sermón del Monte en el auditorio original, judíos en la Palestina del primer siglo. En vez del general Schwarzkopf, tuvieron a Jesús y a un pueblo oprimido que anhelaba la emancipación del yugo romano. Jesús ofreció consejos sorprendentes y desagradables. Si un soldado enemigo te abofetea, presenta la otra mejilla. Alégrate de la persecución. Agradece tu pobreza.

Los iraquíes, humillados en el campo de batalla, lograron una espantosa venganza incendiando pozos de petróleo kuwaitíes; Jesús mandó no vengarse de los enemigos, sino amarlos. ¿Cuánto iba a durar frente a Roma un reino fundado sobre tales principios?

"Bienaventurados los que han sido bombardeados y los que han quedado sin techo", hubiera podido muy bien decir Jesús. "Bienaventurados son los perdedores y los que lloran a compañeros caídos. Bienaventurados son los kurdos que todavía sufren bajo el yugo iraquí." Cualquier estudioso del griego le dirá que la palabra "bienaventurado" es demasiado sosegada y beatífica como para transmitir la fuerza contundente que Jesús quiso darle. La palabra griega transmite algo así como un grito de alegría: "¡Oh, afortunados ustedes!"

"¡Qué afortunados son los desafortunados!" dijo de hecho Jesús.

Pocos años después del episodio de la Guerra del Golfo, fui invitado a ir a la Casa Blanca. El Presidente Bill Clinton, inquieto ante su floja reputación entre los cristianos evangélicos, nos invitó a doce de nosotros a un desayuno privado para escuchar nuestras preocupaciones. Cada uno de nosotros disponía de cinco minutos para decirles al presidente y al vicepresidente lo que quisiéramos. Me cruzó por la mente la pregunta: "¿Qué diría Jesús ante una situación así?", y caí en la cuenta con sorpresa que la única vez en que Jesús se reunió con líderes políticos, tuvo las manos atadas y su espalda estaba llena de sangre. Desde entonces la Iglesia y el estado han tenido una relación difícil.

Acudí a las Bienaventuranzas y de nuevo me llené de sorpresa. ¿Qué si traducía su mensaje en términos contemporáneos?

> Señor Presidente, ante todo deseo aconsejarle que deje de preocuparse tanto por la economía y los puestos de trabajo. De hecho es bueno para el país tener un Producto Interno Bruto más bajo. ¿No se da cuenta de que los pobres son los afortunados? Cuantos más pobres haya en los Estados Unidos de América, más afortunados somos. De ellos es el reino de los cielos.
>
> Y no le dedique tanto tiempo a los programas de salud. Verá, Señor Presidente, los que lloran también son biena-

venturados, porque serán consolados.

Sé que la Derecha Religiosa ha mostrado su preocupación por la secularización de nuestro país. Ya no se permite orar en las escuelas y se arresta a quienes protestan contra el aborto. No se preocupe. La opresión del gobierno brinda a los cristianos la oportunidad de ser perseguidos, y por consiguiente bienaventurados. Gracias por darnos más oportunidades.

No le hice esta clase de discurso al Presidente Clinton; describí más bien las preocupaciones inmediatas de los cristianos estadounidenses, pero salí de esa experiencia todavía más confundido. ¿Qué significado tienen las Bienaventuranzas para una sociedad que honra al que se hace valer, al seguro de sí mismo, al rico? Bienaventurados son los felices y los fuertes, creemos. Bienaventurados son los que tienen hambre y sed de pasarlo bien, que tratan de ser el Número Uno.

Algunos psicólogos y psiquiatras, seguidores de Freud en esto, señalan que las Bienaventuranzas muestran el desequilibrio de Jesús. Dijo un distinguido psicólogo británico en un discurso presentado ante la Real Sociedad de Medicina:

> El espíritu de sacrificio de sí mismo que está tan hondo en el cristianismo, y que se valora tanto en la vida religiosa cristiana, es un masoquismo moderadamente consentido. En la enseñanza de Jesús en el Sermón del Monte se encuentra una expresión mucho más fuerte de esto. Declara bienaventurados a los pobres, a los mansos, a los perseguidos; nos exhorta a que no resistamos al mal sino que ofrezcamos la otra mejilla al que nos golpea; y a hacer el bien a los que nos odian y a perdonar las faltas de los demás. Todo esto emana masoquismo.

¿Qué es, masoquismo o profunda sabiduría? Si alguien responde rápidamente es que no ha tomado lo bastante en serio las Bienaventuranzas.

Para plantearlo en forma clara, ¿son verdaderas las Bienaventuranzas? De serlo, ¿por qué la Iglesia no fomenta la pobreza, el dolor, la mansedumbre y la persecución, en lugar de luchar contra esto? ¿Cuál es el verdadero significado de las Bienaventuranzas; este núcleo ético enigmático de la enseñanza de Jesús?

Si hubiera estado sentado entre la multitud cuando Jesús enunció por primera vez las Bienaventuranzas, creo que me hubiera retirado del lugar confundido o furioso, no consolado. Diecinueve siglos después, todavía lucho por encontrarles sentido. Pero, a estas alturas, sobre todo cuando recuerdo mis días adolescentes de legalismo frenético, puedo ver que mi comprensión se ha desarrollado por etapas.

No estoy dispuesto, y quizá nunca lo estaré, a afirmar: "Las Bienaventuranzas significan esto." Pero gradualmente, casi como por osmosis, he llegado a considerarlas como verdades importantes. Para mí se aplican por lo menos en tres niveles.

Promesas pendientes. En mi primera fase de comprensión, veía a las Bienaventuranzas como una compensación que Jesús ofreció a los desafortunados: "Bueno, como no son ricos, y su salud es precaria, y se les llena de lágrimas el rostro, les voy a decir unas cuantas frases agradables que los harán sentirse mejor." Luego, a medida que mi cinismo fue desapareciendo y mi fe se fue fortaleciendo, llegué a verlas como promesas genuinas fundamentales en el mensaje de Jesús.

A diferencia de los reyes medievales que arrojaban monedas a las masas (o de los políticos actuales que hacen promesas a los pobres antes de las elecciones), Jesús tuvo la capacidad de ofrecer a los que lo escuchaban recompensas duraderas, eternas. Caso único entre todos los habitantes de la tierra, Jesús había de hecho vivido "al otro lado", y el que había descendido de los cielos sabía bien que el botín del reino de los cielos contrapesa con mucho cualquier infelicidad que encontremos en esta vida. Los que lloran *serán* consolados; los mansos *heredarán la tierra*; los hambrientos *serán* saciados; los puros de corazón *verán a Dios*. Jesús podía hacer estas promesas con autoridad, porque había venido a establecer el reino de Dios que dominaría para siempre.

Un verano me reuní con un grupo de traductores Wycliffe de la Biblia en sus austeras oficinas centrales en el desierto de Arizona. Muchos vivían en casas rodantes, y las reuniones se celebraron en un edificio de hormigón con techo de metal. Me impresionó la dedicación de estos lingüistas profesionales que se estaban preparando para vivir en pobreza y penurias, en puestos de avanzada en lugares remotos. Les gustaba cantar sobre todo un himno: "Así os envío, a trabajos sin recompensa, a servir sin paga, sin que los amen, desconocidos . . ." Escuchándolos, me vino al pensamiento que el himno estaba algo equivocado: estos misioneros no estaban planeando trabajar sin recompensa. Antes bien, soportaban ciertas penurias con la perspectiva de otras recompensas. Servían a Dios, confiando a su vez en que Dios haría que hubiera valido la pena, si no aquí, en la eternidad.

En las mañanas, antes que el sol se elevara demasiado por encima de las colinas, iba a correr por caminos polvorientos que serpenteaban por entre gradientes de grupos de cactos gigantes. Temeroso de que pudieran salirme serpientes cascabel y escorpiones, casi siempre mantenía la cabeza baja con los ojos fijos en las sendas, hasta que una mañana, por un camino que nunca antes había seguido, vislumbré un lugar de recreo, espléndido, casi como un espejismo. Me acerqué algo más y pude ver dos piscinas olímpicas, salas de ejercicios aeróbicos, una pista para trotar, jardines frondosos, una cancha de béisbol, campos de fútbol y establos de caballos. Las instalaciones, averigüé luego, pertenecían a una famosa clínica para desórdenes alimenticios que ofrece sus servicios a estrellas de cine y deportistas. La clínica ofrece las técnicas del programa más reciente de doce fases, dispone de un personal con muchos médicos, y cobra a sus clientes trescientos dólares por día.

Regresé trotando al barullo de casas y edificios del centro Wycliffe, muy consciente del contraste que ofrecía con las espléndidas construcciones de la clínica de desórdenes alimenticios. Una institución procuraba salvar almas, preparar a las personas para servir a Dios aquí y en la eternidad; la otra trataba de salvar cuerpos, prepararlos para que disfrutaran de esta vida. Parecía obvio a cuál de las dos instituciones rinde honra el mundo.

En las Bienaventuranzas, Jesús honró a personas que quizá no disfruten de muchos privilegios en esta vida. A los pobres, a los que lloran, a los mansos, a los hambrientos, a los perseguidos, a los pobres en espíritu, ofreció seguridad de que su servicio no siempre iba a pasar inadvertido. Recibirían amplia recompensa. "En realidad", escribió C. S. Lewis, " si pensamos en las claras promesas de recompensa y en la naturaleza asombrosa de lo prometido en los evangelios, parecería que nuestro Señor encuentra que nuestros deseos no son demasiado fuertes sino demasiado débiles. Somos criaturas desanimadas, que nos engañamos con bebida, sexo y ambición cuando se nos ofrece un gozo infinito, como el niño ignorante que desea seguir haciendo figuras de barro en su vecindario porque no se puede imaginar qué significa el ofrecimiento de unas vacaciones junto al mar."

Sé que entre muchos cristianos ya no está de moda el énfasis en recompensas futuras. Mi antiguo pastor Bill Leslie solía comentar: "A medida que las iglesias se van haciendo más ricas y tienen más éxito, sus preferencias en cuanto a himnos cambia de 'Este mundo no es mi hogar, sólo estoy de paso' a 'Este es el mundo de mi Padre'." En los Estados Unidos de América, por lo menos, los cristianos se han vuelto tan cómodos que ya no se identifican con las condiciones humildes a las que Jesús se refirió en las Bienaventuranzas; lo que quizá explique por qué suenan tan extrañas a nuestros oídos.

Sin embargo, como nos lo recuerda C. S. Lewis, no nos atrevamos a dar poca importancia al valor de las recompensas futuras. Basta escuchar los cánticos que compusieron los esclavos norteamericanos para comprender el consuelo de esta creencia. "Cuando llegue al cielo, voy a ponerme la túnica, voy a clamar por todo el cielo de Dios." "Pronto seremos libres, pronto seremos libres, cuando el Señor nos llame al hogar." Si los dueños de esclavos hubieran escrito estos cánticos para que los cantaran los esclavos, serían una grosería; pero proceden de la boca de los mismos esclavos: personas que tenían poca esperanza en este mundo, pero una esperanza inquebrantable en un mundo venidero. Para ellos, toda la esperanza se centraba en Jesús. "Nadie conoce la pena que veo, nadie la conoce sino Jesús." "Voy a dejar todas mis penas en el hombro de Jesús."

Ya no me burlo de las recompensas eternas que se mencionan en las Bienaventuranzas como si se tratara de "ilusiones". ¿En qué beneficia esperar recompensas futuras? ¿En qué benefició a Terry White creer que no iba a pasar el resto de su vida encadenado a una puerta en un sucio departamento de Beirut, sino que lo esperaba un mundo completo de familia, amigos, compasión, amor, música, comida y buenos libros, con tal de que encontrara la fortaleza de resistir un poco más? ¿En qué benefició a los esclavos creer que Dios no estaba satisfecho con un mundo de trabajos forzados y de amos armados de látigos y sogas para linchar? Creer en recompensas futuras es creer que el largo brazo de Dios está en favor de la justicia, creer que un día el orgulloso será destronado y el humilde será ensalzado y el hambriento será llenado de cosas buenas.

La perspectiva de recompensas futuras no elimina en modo alguno la necesidad de luchar por la justicia ahora en esta vida. Pero es un simple hecho de la historia que para los condenados en los gulags soviéticos, para los esclavos en América y para los cristianos en las jaulas romanas en espera de ser arrojados a las fieras, la promesa de la recompensa fue una fuente no de vergüenza sino de esperanza. Lo mantiene a uno vivo. Después de todo, permite creer en un Dios justo. Como una campana que tañe desde otro mundo, la promesa de recompensas que hace Jesús proclama que, sin importar cómo se vean las cosas, no hay futuro en el mal, sólo en el bien.

Mi esposa, Janet, trabajó con ancianos cerca de un proyecto de vivienda en Chicago considerado como la comunidad más pobre de los Estados Unidos de América. Cerca de la mitad de sus clientes eran blancos, y la otra mitad negros. Todos habían pasado por tiempos difíciles — dos guerras mundiales, la Gran Depresión, trastornos sociales — y todos ellos, ya de setenta y ochenta años, vivían conscientes de la cercanía de la muerte. Pero Janet encontró una marcada diferencia en la forma en que los blancos y los negros se enfrentaban con la muerte. Había excepciones, desde luego, pero la tendencia era que muchos de los blancos se volvían cada vez más temerosos y angustiados. Se quejaban de sus vidas, de sus familias y de su salud cada vez más deteriorada. Los negros, por el contrario, conservaban buen humor y un espíritu de victoria a pesar de que parecía que tenían más razones de estar amargados y desesperados.

¿Cómo se explicaba esta diferencia en actitud? Janet sacó la conclusión de que la respuesta era la esperanza; una esperanza que se remontaba a la creencia sólida de los negros en el cielo. Si desean escuchar comparaciones contemporáneas del cielo, vayan a unos cuantos sepelios de negros. Con típica elocuencia, los predicadores describen cuadros verbales de una vida tan serena y tan atractiva a los sentidos que toda la congregación comienza a sentirse inquieta por ir allá. Los dolientes sienten dolor, claro está, pero en su perspectiva adecuada: como una interrupción o retroceso temporal en una batalla cuyo fin ya se ha definido.

Estoy convencido de que a estos santos olvidados, que aprendieron a gozar por anticipado de Dios a pesar de las dificultades que experimentaron en su vida en la tierra, el cielo les parecerá más un regreso al hogar largamente esperado que una visita a un lugar nuevo. En sus vidas, las Bienaventuranzas se han convertido en una realidad. Para las personas atrapadas en el dolor, en hogares destruidos, en caos económico, en odios y temores, en violencia — para todos ellos —, Jesús ofrece una promesa de una era, mucho más larga y substancial que la época pasada en la tierra, de salud, integridad, placer y paz. Un tiempo de recompensa.

El gran cambio. En el curso de los años he aprendido a respetar, e incluso anhelar, las recompensas que Jesús prometió. A pesar de esto, estas recompensas están todavía distantes, y las promesas pendientes no satisfacen las necesidades inmediatas. Durante ese tiempo. también he llegado a creer que las Bienaventuranzas describen no sólo el futuro sino también el presente. Contrastan claramente cómo tener éxito en el reino de los cielos en contraposición al reino de este mundo.

J. B. Phillips describió las Bienaventuranzas que se aplican en el reino de este mundo:

> Felices los ambiciosos: porque prosperan en el mundo.
> Felices los endurecidos: porque nunca permiten que la vida los hiera.
> Felices los que se quejan: porque acaban saliéndose con la suya.
> Felices los indiferentes: porque nunca se preocupan por sus pecados.
> Felices los que esclavizan a los demás: porque consiguen resultados.
> Felices los conocedores del mundo: porque saben por donde ir.

Felices los que causan problemas: porque hacen que los demás tomen nota de ellos.[1]

La sociedad moderna vive según las normas de la superviviencia del más fuerte. "El que muere con más juguetes gana", se lee en una calcomanía. Lo mismo ocurre con la nación con las mejores armas y con el producto interno bruto mayor. El propietario del equipo los Toros de Chicago ofreció una síntesis compacta de las normas que rigen al mundo visible cuando Michael Jordan se retiró (temporalmente). "Vive el sueño norteamericano", dijo Jerry Reinsdorf. "El sueño norteamericano es llegar a un momento de la vida en que uno no tiene que hacer nada que no quiera hacer y en que uno puede hacer lo que desea hacer."

Éste puede ser el sueño norteamericano, pero definitivamente no es el sueño que Jesús reveló en las Bienaventuranzas. Éstas expresan con claridad que Dios ve el mundo a través de un conjunto diferente de lentes. Dios parece preferir a los pobres y a los que lloran, y no a los de la lista de los quinientos más ricos y de las supermodelos que se divierten en las playas. Por extraño que parezca, Dios puede preferir a la zona centro sur de Los Ángeles que a la playa Malibú; a Ruanda que a Monte Carlo. En realidad, casi se pudiera poner el subtítulo al Sermón del Monte no como la "supervivencia del más fuerte" sino como el "triunfo de las víctimas".

Varias escenas de los evangelios ofrecen una buena descripción de la clase de personas que impresionaban a Jesús. Una viuda que depositó sus últimas dos monedas en el plato de la ofrenda. El recaudador deshonesto de impuestos, tan angustiado, que se subió a un árbol para ver mejor a Jesús. Un niño sin nombre, sin personalidad. Una mujer con cinco matrimonios infelices. Un mendigo ciego. Una adúltera. Un leproso. Fuerza, buena apariencia, conexiones y el instinto competitivo ayudan a que una persona triunfe en una sociedad como la nuestra, pero estas mismas cualidades pueden dificultar la entrada en el reino de los cielos. La

---

[1] En realidad, parece que Jesús adaptó una especie de proverbios que eran comunes en su época para poner de relieve lo opuesto. Según Walter Kasper, la literatura sapiencial griega y judía describe como bienaventurado el hombre que tiene hijos obedientes, una buena esposa, amigos fieles, que tiene éxito, y así sucesivamente. Jesús agregó un giro imprevisto y contrario a lo que esperaban quienes lo escuchaban.

dependencia, el dolor, el arrepentimiento, el deseo de cambio; éstas son las puertas al reino de Dios.

"Bienaventurados los pobres en espíritu", dijo Jesús. Un comentario lo transforma en "bienaventurados los desesperados". Como no tiene a donde acudir, el desesperado puede quizá ir a Jesús, el único que puede ofrecer la liberación anhelada. Jesús realmente creyó que alguien que es pobre en espíritu, o llora, o es perseguido, o tiene hambre y sed de justicia, tiene una "ventaja" especial sobre el resto de nosotros. Quizá la persona desesperada clamará a Dios en busca de ayuda. De ser así, esa persona es verdaderamente afortunada.

Los estudiosos católicos acuñaron la frase "la opción preferencial de Dios por los pobres" para describir un fenómeno que encontraron en todo el Antiguo y Nuevo Testamento: la parcialidad de Dios hacia los pobres y desvalidos. *¿Por qué Dios escogería a los pobres sobre cualquier otro grupo para prestarles especial atención?*. Me lo solía preguntar. ¿Qué hace que los pobres merezcan la preocupación de Dios? Me ayudó en esto una escritora llamada Monika Hellwig, quien enumera las siguientes "ventajas" de ser pobre:

1. Los pobres saben que tienen necesidad apremiante de redención.
2. Los pobres conocen no sólo su dependencia de Dios y de los poderosos, sino también su interdependencia entre sí.
3. Los pobres ponen su seguridad no en las cosas sino en las personas.
4. Los pobres no tienen un sentido exagerado de su propia importancia, ni una necesidad exagerada de aislamiento.
5. Los pobres esperan poco de la competencia y mucho de la cooperación.
6. Los pobres saben distinguir entre necesidades y lujos.
7. Los pobres saben esperar, porque han adquirido una especie de paciencia nacida de saberse dependientes.
8. Los temores de los pobres son más realistas y menos exagerados, porque ya saben que se puede sobrevivir a grandes sufrimientos y necesidades.
9. Cuando se les predica el evangelio a los pobres, les suena como buenas nuevas y no como una amenaza o reprimenda.

10. Los pobres saben responder al llamado del Evangelio con una entrega sin complicaciones, porque tienen tan poco que perder y están listos para lo que sea.

En resumen, sin haberlo escogido — quizá ansían mucho lo contrario — los pobres se encuentran en una posición que conviene a la gracia de Dios. En su estado de necesidad, de dependencia y de insatisfacción con la vida, pueden acoger el don gratuito del amor de Dios.

A modo de ejercicio, repasé la lista de Monika Hellwig, reemplazando la palabra "pobres" con "ricos", y cambiando cada frase para darle un sentido contrario. "Los ricos no saben que tienen necesidad apremiante de redención . . . Los ricos ponen su seguridad no en las personas sino en las cosas . . . " (Jesús hizo algo parecido en la versión de Lucas de las Bienaventuranzas, pero esa parte recibe mucha menos atención: "¡Ay de vosotros, ricos! porque ya tenéis vuestro consuelo . . .")

Luego, intenté algo mucho más amenazador. Sustituí la palabra con "yo". Mientras releía cada una de las diez frases, me preguntaba si mis propias actitudes se parecían más a las de los pobres o a las de los ricos. ¿Reconozco fácilmente mis necesidades? ¿Dependo realmente de Dios y de otras personas? ¿En qué descansa mi seguridad? ¿Es más probable que compita o que coopere? ¿Sé distinguir entre necesidades y lujos? ¿Soy paciente? ¿Me suenan las Bienaventuranzas como buenas nuevas o como reprimendas?

Al hacer este ejercicio comencé a caer en la cuenta de por qué muchos santos se sometieron voluntariamente a la disciplina de la pobreza. Dependencia, humildad, simplicidad, cooperación y un sentido de entrega, son cualidades que se valoran mucho en la vida espiritual, pero que son muy esquivas para quienes viven cómodamente. Quizá haya otros caminos para llegar a Dios pero son difíciles; tan difíciles como que un camello pase por el ojo de una aguja. En el gran cambio del reino de Dios son muy raros los santos prósperos.

No creo que los pobres sean más virtuosos que los demás (aunque los he encontrado más compasivos y a menudo más generosos), pero es menos probable que *pretendan* ser virtuosos. No tienen la arrogancia de la clase media, que sabe disimular muy bien sus problemas bajo una fachada de santurronería. Son más dependientes, porque no les queda otra opción; deben depender de otros simplemente para sobrevivir.

Ahora veo las Bienaventuranzas no como condescendientes lemas, sino como ideas profundas acerca del misterio de la existencia humana. El reino de Dios pone las cosas patas arriba. Los pobres, los hambrientos, los que lloran y los oprimidos son los verdaderamente afortunados. No por la condición deplorable en que se encuentran, desde luego. Jesús pasó gran parte de su vida tratando de remediar esas desgracias. Antes bien, son afortunados debido a una ventaja innata que tienen sobre quienes viven más cómodamente y sienten que se bastan a sí mismos. Los que son ricos, tienen éxito y atractivo, pueden muy bien pasar por la vida dependiendo de sus dones naturales. Quienes carecen de tales ventajas naturales, y por tanto no poseen los requisitos para tener éxito en el reino de este mundo, pudieran precisamente acudir a Dios en tiempos de necesidad.

Los seres humanos no admiten fácilmente que estén desesperados. Cuando lo hacen, el reino de los cielos se les acerca.

Realidad psicológica. Hace poco he llegado a ver un tercer nivel de verdad en las Bienaventuranzas. No sólo ofreció Jesús un ideal para que nos esforcemos por alcanzarlo, con recompensas adecuadas a la vista; no sólo volvió las cosas patas arriba en cuanto a nuestra sociedad enamorada del éxito; también propuso una fórmula sencilla de verdad psicológica, el nivel más profundo de verdad que podemos conocer en la tierra.

Las Bienaventuranzas revelan que lo que tiene éxito en el reino de los cielos también nos beneficia mucho en esta vida, aquí y ahora. Me ha tomado muchos años reconocer este hecho, y apenas si estoy comenzando a entender las Bienaventuranzas. Todavía me sacuden cada vez que las leo, pero lo hacen porque reconozco en ellas una riqueza que desenmascara mi propia pobreza.

Bienaventurados los pobres en espíritu . . . Bienaventurados los mansos . Un libro como *Intellectuals* [Intelectuales] de Paul Johnson expone con convincentes detalles lo que todos sabemos que es verdad: las personas que alabamos, que tratamos de imitar y que aparecen en las portadas de las revistas populares no son las personas completas, felices y equilibradas que pudiéramos imaginar. Aunque los personajes de Johnson (Ernest Hemingway, Bertrand Russell, Jean Paul Sartre, Edmund Wilson, Bertolt Brecht y otros) se pudieran considerar como personas que triunfaron según los criterios modernos, sería difícil reunir un grupo más lamentable, egomaniaco y abusivo.

Mi carrera como periodista me ha brindado oportunidades de entrevistar a "estrellas", incluso a grandes futbolistas de la Liga Nacional de Fútbol Norteamericano, actores de cine, músicos, autores de éxitos editoriales, políticos y personalidades de la televisión. Todos son personas que dominan los medios masivos. Los adulamos, escudriñando las minucias de su vida: la ropa que visten, lo que comen, los programas de aeróbicos que practican, las personas a las que aman, la pasta dental que usan. Con todo, debo decirles que, en mi limitada experiencia, he descubierto que el principio de Paul Johnson resulta verdadero: nuestros "ídolos" son uno de los grupos más lamentables de personas que jamás haya conocido. La mayor parte tienen problemas matrimoniales o se han separado. Casi todos dependen de la psicoterapia. Es una trágica ironía que esos héroes de dimensiones superiores a lo normal parecen vivir atormentados por dudas acerca de sí mismos.

También he pasado tiempo con personas que llamo "servidores". Médicos y enfermeras que trabajan en medio de los peores parias sociales, los leprosos en la India rural. Un diplomado de Princeton que dirige un hotel en Chicago para los desamparados. Trabajadores de salud pública que han abandonado puestos de trabajo bien remunerados para servir en una ciudad atrasada en Misisipí. Trabajadores de ayuda de emergencia en Somalia, Sudán, Etiopía, Bangladesh y otros centros de sufrimiento humano. Las personas con doctorados con las que me encontré en Arizona, que están trabajando dispersos por las junglas de América del Sur, traduciendo la Biblia a lenguas desconocidas.

Estaba dispuesto a honrar y admirar a estos servidores, a considerarlos como ejemplos inspiradores. No estaba preparado para envidiarlos. Pero cuando reflexiono ahora acerca de los dos grupos, estrellas y servidores, los servidores resultan claramente ser los favorecidos, los honrados. Sin duda alguna, me pasaría el tiempo entre los servidores antes que con las estrellas: poseen cualidades de profundidad y riqueza e incluso gozo, que no he encontrado en ningún otro lugar. Los servidores trabajan por un salario bajo, muchas horas y sin aclamaciones, "desperdiciando" sus talentos y capacidades entre los pobres y analfabetos. De algún modo, sin embargo, en el proceso de perder su vida, la encuentran. Los pobres en espíritu y los mansos son de veras afortunados. Así lo creo ahora. Suyo es el reino de los cielos y son ellos quienes heredarán la tierra.

Bienaventurados los de limpio corazón. En una época de mi vida, cuando me debatía con tentaciones sexuales, me encontré con un artículo que me refirió a un librito, *What I believe* [Lo que creo] del escritor católico francés François Mauriac. Me sorprendió que Mauriac, ya anciano, dedicara bastante espacio a analizar su propia lascivia. Decía: "La ancianidad corre el riesgo de resultar un período de mayores pruebas porque la imaginación del anciano reemplaza en una forma horrible lo que la naturaleza le niega."

Sabía que Mauriac había entendido la lascivia. *Viper's Tangle* [Nido de Víboras] y *A Kiss for the Leper* [El beso del leproso], novelas que lo habían ayudado a ganar el Premio Nobel de literatura, describen la lujuria, la represión y la angustia sexual de una forma que considero insuperable. Para Mauriac, la tentación sexual había sido un campo conocido de batalla.

Mauriac descartaba la mayor parte de los argumentos a favor de la pureza sexual que le habían enseñado durante su educación católica. "El matrimonio curará la lujuria": no fue así en el caso de Mauriac, como no lo es en el de muchos otros, porque la lujuria conlleva la atracción de criaturas desconocidas, el sabor de la aventura y de los encuentros fortuitos. "Con disciplina de sí mismo se puede dominar la lujuria": Mauriac encontraba que el deseo sexual es como una oleada con suficiente fuerza como para arrastrar las mejores intenciones. "La verdadera plenitud se encuentra sólo en la monogamia": quizá sea así, pero desde luego no le parece a quien no encuentra que los deseos sexuales disminuyan ni siquiera en la monogamia. Sopesó, pues, los puntos de vista tradicionales en favor de la pureza y los encontró insuficientes.

Mauriac concluía que la disciplina de sí mismo, la represión y los razonamientos son armas inadecuadas para luchar contra el impulso hacia la impureza. Al final, sólo acertó a encontrar una razón para ser puro, y es lo que Jesús había dicho en las Bienaventuranzas: "Bienaventurados los de limpio corazón, porque ellos verán a Dios." En palabras de Mauriac: "La impureza nos separa de Dios. La vida espiritual obedece leyes tan sujetas a verificación como las del mundo físico . . . La pureza es la condición para un amor más elevado, para una posesión superior a todas las otras posesiones: la de Dios. Sí, esto es lo que está en juego, nada más y nada menos."

La lectura de las palabras de François Mauriac no acabó con mi lucha con la lascivia. Pero debo decir que sin duda alguna he descubierto que su análisis es verdadero. El amor que Dios nos ofrece exige que nuestras facultades estén limpias y purificadas antes de poder recibir un amor más elevado, un amor que no se puede alcanzar de ninguna otra manera. Este es el motivo para permanecer puros. Si consiento en la lascivia, limito mi propia intimidad con Dios.

Los limpios de corazón son de veras afortunados, porque verán a Dios. Es así de sencillo, y de difícil, ni más ni menos.

Bienaventurados los misericordiosos. Aprendí la verdad de esta Bienaventuranza de Henri Nouwen, sacerdote que solía enseñar en la Universidad de Harvard. En la cumbre de su carrera, Nouwen dejó Harvard para ir a vivir en una comunidad llamada Daybreak, cerca de Toronto, con el fin de asumir algunas responsabilidades absorbentes a raíz de su amistad con un hombre llamado Adam. Nouwen está ahora brindando su ministerio no a intelectuales sino a un joven al que muchos consideran como inútil, alguien que no debiera haber nacido.

Nouwen describe así a su amigo:

> Adam tiene veinticinco años, no puede hablar, no se puede vestir ni desvestir solo, no puede caminar por sí mismo, no puede comer si no se le ayuda. Ni llora ni ríe. Sólo de cuando en cuando establece contacto ocular. Tiene la espalda deformada. Retuerce brazos y piernas para moverlos. Tiene epilepsia aguda y a pesar de que toma muchos medicamentos, pocos son los días en que no sufre ataques. A veces se pone rígido de repente y prorrumpe en quejidos como alaridos. Alguna que otra vez he visto una gran lágrima deslizarse por sus mejillas.
> Me toma como una hora y media despertar a Adam, darle las medicinas, llevarlo al inodoro, bañarlo, afeitarlo, lavarle los dientes, vestirlo, caminar con él hasta la cocina, darle el

desayuno, sentarlo en la silla de ruedas y llevarlo al lugar donde pasa la mayor parte del día en ejercicios terapéuticos.

En una visita que hice a Nouwen en Toronto, lo observé mientras realizaba esa rutina con Adam y debo admitir que dudé por unos instantes en si ésta era la mejor forma de utilizar su tiempo. Había oído hablar a Henri Nouwen, y había leído muchos de sus libros. Tiene mucho que ofrecer. ¿No podía otra persona tener la responsabilidad de cuidar de Adam? Cuando abordé con cautela este tema con Nouwen, me dijo que yo había mal interpretado lo que estaba sucediendo. "No estoy renunciando a nada", insistió. "Soy *yo*, no Adam, quien se beneficia más de nuestra amistad."

Entonces Nouwen comenzó a enumerarme todos los beneficios que ha conseguido. Las horas que pasaba con Adam, dijo, le han dado una paz interior tan satisfactoria que hace que esas otras tareas más nobles parezcan aburridas y superficiales por comparación. En cierto momento, sentado junto a ese desvalido hombre niño, cayó en la cuenta hasta qué punto su búsqueda de éxito en círculos académicos y en el ministerio cristiano era obsesiva, llena de rivalidad y competencia. Adam le enseñó que "lo que nos hace humanos no es nuestra mente sino nuestro corazón; no nuestra capacidad de pensar sino nuestra capacidad de amar." En la sencilla naturaleza de Adam había vislumbrado el "vacío" que hay que tener antes que Dios lo pueda llenar a uno; la clase de vacuidad que los monjes del desierto lograban sólo después de mucho esforzarse y de mucho disciplina.

En el resto de la entrevista, Henri Nouwen volvió una y otra vez a mi pregunta, como si no pudiera creer que hubiera podido preguntar semejante cosa. Siguió pensando en otras formas en que se había beneficiado de su relación con Adam. Estaba verdaderamente disfrutando de una nueva clase de paz espiritual, adquirida no en el ámbito de las majestuosas plazas de Harvard, sino junto a la cama del incontinente Adam. Dejé Draybreak convencido de mi propia pobreza espiritual; yo que organizo con tanto esmero mi vida de escritor para hacer que sea eficiente y centrada. Los misericordiosos son de veras afortunados, aprendí, porque alcanzarán misericordia.

Bienaventurados los pacificadores . . . Bienaventurados los que padecen persecución por causa de la justicia. Esta verdad vino a mí en forma indirecta. El gran novelista León Tolstoi trató de hacerla realidad, pero su temperamento irascible interfería con el ser pacificador. Sin embargo, Tolstoi escribió con elocuencia acerca del Sermón del Monte, y medio siglo después un asceta hindú llamado Mohandas Gandhi leyó *The Kingdom of God is within you* [El Reino de Dios está dentro de vosotros] y decidió vivir según los principios literales del Sermón del Monte.

La película *Gandhi* presenta una interesante escena en la que Gandhi trata de explicar su filosofía al misionero presbiteriano Charlie Andrews. Caminando juntos por una ciudad sudafricana, se encontraron de repente con que unos jóvenes maleantes obstaculizaban el paso. El reverendo Andrews mira por un momento a los amenazadores pandilleros y decide huir. Gandhi lo detiene. "Acaso no dice el Nuevo Testamento que si un enemigo te golpea la mejilla derecha, hay que presentarle la izquierda?" Andrews refunfuña, ya que pensaba que se usaba la expresión metafóricamente. "No estoy seguro", replica Gandhi. "Sospecho que quiso decir que hay que ser valientes, estar dispuestos a recibir un golpe, varios golpes, para mostrar que uno no va a devolverlos ni a huir. Y cuando uno hace esto, se despierta algo en la naturaleza humana, algo que hace que su odio disminuya y su respeto aumente. Creo que Jesús entendió esto y yo he visto que funciona."

Años después un ministro estadounidense, Martin Luther King Jr., estudió la táctica de Gandhi y decidió ponerla en práctica en los Estados Unidos de América. Muchos negros abandonaron a King a causa del tema de la no violencia y se pasaron a la retórica del "poder negro". Después que un policía lo aporrea a uno en la cabeza por doceava vez y de que un carcelero provoca otra sacudida con un aguijón eléctrico, uno comienza a preguntarse si es eficaz la no violencia. Pero King mismo nunca cedió.

Cuando se declararon conflictos en lugares como Los Ángeles, Chicago y Harlem, King fue de ciudad en ciudad tratando de calmar los ánimos, y recordando con vigor a los manifestantes que no se logran cambios morales con medios inmorales. Había aprendido este principio del Sermón del Monte y de Gandhi, y casi todos sus discursos repetían el mensaje. "El cristianismo", decía "siempre ha insistido en que la cruz que cargamos antecede a la corona que llevamos. Para ser cristiano uno debe tomar su cruz, con todas sus dificultades, sus angustias y su contenido lleno de tensión, y cargarla hasta que esa misma cruz nos deje marcados y nos redima hasta conducirnos a ese camino más excelso que sólo se alcanza por medio del sufrimiento."

Martin Luther King Jr. tuvo algunas debilidades, pero una cosa hizo bien: En contra de toda probabilidad, en contra de todos los instintos de preservación propia, se mantuvo fiel al principio de pacificación. No pagó con la misma moneda. Donde otros pedían venganza, él pedía amor. Los que se manifestaban por los derechos humanos exponían sus cuerpos frente a los policías con porras, mangueras y furiosos perros pastor alemanes. De hecho, eso fue lo que les dio el triunfo que habían anhelado por tanto tiempo. Los historiadores destacan un suceso como el momento especial en que el movimiento consiguió un gran apoyo público para su causa. Sucedió en un puente en las afueras de Selma, Alabama, cuando el jefe de policía Jim Clark dio órdenes de que sus hombres atacaran a manifestantes negros desarmados. El público estadounidense, horrorizado ante esa escena de violenta injusticia, por fin apoyó la aprobación de un ley de derechos civiles.

Crecí en Atlanta, al otro lado de la ciudad donde vivió Martin Luther King Jr., y confieso con cierta vergüenza que, en la época en que dirigía marchas en lugares como Selma, Montgomery y Memphis, yo estaba del lado de los policías blancos con las porras y los perros pastor alemanes. Estaba listo a atacar sus flaquezas morales y me costaba reconocer mi propio pecado de ceguera. Pero como se mantuvo fiel, al ofrecer su cuerpo como blanco pero nunca como arma, deshizo mis callosidades morales.

La verdadera meta, solía decir King, no era derrotar al hombre blanco, sino "despertar en el opresor un sentido de vergüenza y desafiar su falso sentido de superioridad . . . El fin es la reconciliación; el fin es la redención; el fin es la creación de la comunidad amada." Y esto es lo que Martin Luther King Jr. por último puso en marcha, incluso en racistas como yo.

King, como Gandhi antes de él, murió como un mártir. Después de su muerte, cada vez más personas comenzaron a adoptar el principio de la protesta no violenta como forma de exigir justicia.

En Filipinas, después del martirio de Benigno Aquino, la gente común y corriente derrocó un gobierno con reuniones en las calles para orar; los tanques del ejército se detuvieron delante de los filipinos arrodillados, como si una fuerza invisible los frenara. Luego, en el importante año de 1989, en Polonia, Hungría, Checoslovaquia, Alemania Oriental, Bulgaria, Yugoslavia, Rumanía, Mongolia, Albania, la Unión Soviética, Nepal y Chile, más de quinientos millones de personas se liberaron del yugo de la opresión por medios no violentos. En muchos de estos lugares, sobre todo en las naciones de Europa Oriental, la Iglesia cristiana fue a la cabeza. Los manifestantes marcharon por las calles portando velas, cantando himnos y orando. Como en tiempos de Josué, los muros comenzaron a caer.

Los pacificadores serán llamados hijos e hijas de Dios. Bienaventurados son los que padecen persecución por causa de la justicia, porque de ellos es el reino de los cielos.

Bienaventurados los que lloran. Como he escrito libros con títulos como *Where is God When It Hurts?* [¿Dónde está Dios cuando se sufre?] y *Disappointement with God* [Desilusión con Dios], he pasado tiempo entre dolientes. Al principio me intimidaban. Tenía pocas respuestas para las preguntas que hacían, y me sentía raro en presencia de su dolor. Recuerdo sobre todo un año en que, a invitación de un vecino, me uní a un grupo de terapia en un hospital cercano. Este grupo, llamado "Haz que hoy cuente", consistía de personas que se estaban muriendo, y acompañé a mi vecino a esas reuniones durante un año.

Desde luego que no puedo decir que "disfrutara" de las reuniones; sería la palabra incorrecta. Pero las asambleas se convirtieron para mí en uno de los sucesos más importantes de cada mes. A diferencia de una fiesta, en la que los asistentes tratan de impresionar a los demás con señales de nivel social y poder, en este grupo nadie trataba de impresionar a nadie. La ropa, las modas, los muebles y adornos, los puestos de trabajo, los autos nuevos, ¿qué significan estas cosas para personas que se preparan para morir? Más que ninguna otra persona que hubiera conocido, los miembros del grupo "Haz que hoy cuente" se concentraban en asuntos fundamentales. Hubiera querido que algunos de mis amigos hedonistas, superficiales, asistieran a una de estas reuniones.

Más adelante, cuando escribí acerca de lo que había aprendido del dolor y del sufrimiento de las personas, comencé a recibir cartas de desconocidos. Tengo tres archivos llenos, cada uno de ellos de varios centímetros de grosor. Se cuentan entre mis posesiones más preciadas. Una carta de veintiséis páginas la escribió una madre en papel de notas con rayas azules, sentada en una sala de espera junto al quirófano donde los cirujanos estaban operando de un tumor en el cerebro a su hija de cuatro años. Otra me la "escribió" un cuadrapléjico inyectando burbujas de aire en un tubo, que una computadora convertía en letras en una impresora.

Muchas de las personas que me han escrito no tuvieron finales felices para sus historias. Algunas todavía sienten que Dios las abandonó. Pocas han encontrado respuestas a la pregunta "¿Por qué?" Pero he visto suficiente dolor como para crecer en la fe en la promesa de Jesús de que los que lloran serán consolados.

Conozco dos pequeños ministerios, nacidos del dolor, que se realizan desde casas particulares. El primero comenzó cuando una mujer de California descubrió que su hijo, la niña de sus ojos, estaba muriendo de SIDA. Su iglesia y su comunidad le brindaron poca compasión y apoyo porque su hijo era homosexual. Se sintió tan sola y necesitada, que decidió comenzar un boletín que ahora une a una red de padres de homosexuales. Aunque ofrece poca ayuda profesional y no promete curas mágicas, centenares de padres ven a esta valiente mujer como su salvación.

Otra mujer en Wisconsin perdió a su único hijo cuando se estrelló el helicóptero de la Infantería de Marina en el que viajaba. Durante años no pudo huir de la oscura nube del dolor. Conservó intacta la habitación del hijo, tal como la había dejado. Con el tiempo, comenzó a advertir que con una cierta frecuencia las noticias informaban de accidentes de helicóptero. Se puso a pensar en las otras familias que se encontraban ante tragedias como la suya, y a preguntarse si podía ayudarlas en algo. Ahora, cuando se estrella algún helicóptero militar, envía un paquete de cartas y de materiales de ayuda a un oficial del Departamento de Defensa, quien las hace llegar a las familias afectadas. Casi la mitad de ellas comienzan a escribirse regularmente. Desde que se jubiló, esta mujer de Wisconsin dirige su propia "comunidad de sufrimiento". La actividad no ha resuelto el dolor por su hijo, claro está, pero le ha dado un sentido de propósito, y ya no se siente desamparada ante ese dolor.

No hay quien sane con más eficacia, he descubierto, que lo que Henri Nouwen llama "un curandero herido". Bienaventurados los que lloran, porque ellos recibirán consolación.

Bienaventurados los que tienen hambre y sed de justicia En cierto sentido, todos los que he mencionado en esta letanía de las Bienaventuranzas manifiestan esta promesa final de Jesús. Los "servidores" que invierten su vida entre los pobres y necesitados, François Mauriac tratando de mantenerse puro, Henri Nouwen bañando y vistiendo a Adam, Martin Luther King Jr. y los discípulos de la no violencia, las madres de homosexuales y de los pilotos de la Infantería de Marina que tratan de superar su dolor, todos están respondiendo a punzadas de hambre y sed de justicia. Todos ellos han recibido una recompensa, no sólo en la vida venidera, sino también en esta vida.

Una monja albanesa pasó dieciséis años en un convento exclusivo enseñando geografía a las niñas y jóvenes bengalíes y británicas más ricas de Calcuta. Un día durante un viaje en tren a los Himalayas, oyó una voz que la llamaba a cambiar de vida para ministrar a los más pobres de los pobres. ¿Puede alguien dudar de que la Madre Teresa ha encontrado más satisfacción personal en su última ocupación que en la anterior? He visto cómo se confirma este principio en santos y en personas comunes con tanta frecuencia, que ahora entiendo fácilmente por qué los evangelios repiten un dicho de Jesús más que ningún otro: "Todo el que quiera salvar su vida, la perderá; y todo el que pierda su vida por causa de mí, la hallará."

Jesús vino, nos dijo, no para destruir la vida sino para que la tengamos con mayor abundancia, vida en plenitud. Paradójicamente, obtenemos esta vida abundante en formas que no habíamos previsto. La conseguimos invirtiendo en otros, defendiendo valientemente la justicia, ministrando a los débiles y necesitados, buscando a Dios y no al yo. No me atrevo a sentir piedad por ninguna de las personas que he mencionado, aunque todas ellas vivieron en medio de dificultades. A pesar de todos sus "sacrificios", me parecen más plenamente vivos, no menos. Quienes tienen hambre y sed de justicia son saciados.

En las Bienaventuranzas, afirmaciones raras que a primera vista pueden parecer absurdas, Jesús ofrece la clave paradójica para la vida abundante. El reino de los cielos, dice en otro lugar, es como un tesoro de tal valor que cualquier inversor astuto vendería con gusto todo lo que tiene para comprarlo. Representa un valor mucho más verdadero y permanente que cualquier cosa que el mundo pueda ofrecer, porque este tesoro pagará dividendos aquí en la tierra y también en la vida venidera. Jesús pone énfasis no en lo que renunciamos sino en lo que recibimos. ¿Acaso no es para nuestro beneficio buscar semejante tesoro?

Cuando leí por primera vez las Bienaventuranzas, me parecieron ideales imposibles que ofrecía un místico soñador. Ahora, sin embargo, las veo como verdades que ha proclamado una persona tan realista y pragmática como el general Norman Schwarzkopf. Jesús sabía cómo funciona la vida; tanto en el reino de los cielos como en el reino de este mundo. En una vida caracterizada por la pobreza, el dolor, la mansedumbre, el hambre de justicia, la misericordia, la pureza, la pacificación y la persecución, Jesús mismo encarnó las Bienaventuranzas. Quizá incluso pensó en las Bienaventuranzas como en un sermón tanto para sí mismo como para todos nosotros, porque iba a tener muchas oportunidades para practicar estas duras verdades.

7

El mensaje:
Un sermón ofensivo

La prueba de la observancia de las enseñanzas de
Jesús es nuestra conciencia del fracaso de lograr una
perfección ideal. No se puede ver hasta qué punto nos
acercamos a esta perfección; todo lo que vemos es hasta
qué punto nos desviamos.

León Tolstoi

7

El mensaje:
Un sermón ofensivo

Las Bienaventuranzas representan no sólo el primer paso hacia la comprensión del Sermón del Monte. Mucho después de llegar a reconocer la verdad perdurable de las Bienaventuranzas, seguía cavilando acerca de la dureza intransigente del resto del Sermón. Su carácter absolutista me dejaba boquiabierto. "Sed, pues, vosotros perfectos, como vuestro Padre que está en los cielos es perfecto", dijo Jesús, casi escondida su afirmación entre los mandamientos de amar a los enemigos y de dar limosna. ¿Ser perfectos como Dios? ¿Qué quiso decir?

No puedo prescindir con facilidad de este extremismo, porque se encuentra en otras partes de los evangelios. Cuando un joven rico le preguntó a Jesús que tendría que hacer para ganar la vida eterna, Jesús le dijo que entregara todo su dinero; no el diez por ciento, o el dieciocho por ciento, o ni siquiera el cincuenta por ciento, sino todo. Cuando un discípulo le preguntó si debía perdonar a su hermano siete veces, Jesús replicó: "No te digo hasta siete, sino aun hasta setenta veces siete." Otras religiones enseñaban variantes de la "Regla de oro", pero formuladas de una manera más limitada, negativa: "No hagas a otros lo que no quisieras que otros te hicieran." Jesús amplió la Regla para darle una forma ilimitada:

"Así que, todas las cosas que queráis que los hombres hagan con vosotros, así también haced vosotros con ellos."

¿Ha tenido alguna vez alguien una vida tan perfecta como la de Dios? ¿Ha seguido alguna vez alguien la Regla de oro? ¿Cómo podemos ni siquiera responder ante semejantes ideales imposibles? Los humanos preferimos el sentido común y el equilibrio, algo más parecido al Promedio de oro de Aristóteles que a la Regla de oro de Jesús.

Una amiga mía, Virginia Stem Owens, dio como tarea el Sermón del Monte a su clase de composición en la Universidad A&M de Tejas, y les pidió que escribieran un trabajo breve. Había esperado que respetaran básicamente el texto, ya que el conocimiento bíblico abarca todo Tejas, pero las reacciones de los estudiantes la sacaron muy pronto de su error. "En mi opinión la religión es un gran engaño", escribió uno. "Hay un viejo dicho que afirma que 'uno no debe creer todo lo que lee' y se aplica en este caso", escribió otro.

Virginia recordó cómo llegó a conocer el Sermón del Monte en la Escuela Dominical, con afiches en colores pastel que mostraban a Jesús sentado en una ladera, rodeado de niños. Nunca se le ocurrió reaccionar con ira o indignación. Sus estudiantes no pensaban así:

> Lo que las iglesias predican es extremadamente riguroso y casi no deja espacio para divertirse sin pensar en si es pecado o no.
>
> No me gusta la composición "Sermón del Monte". Fue difícil leerlo y me hizo sentir como si tuviera que ser perfeto y nadie lo es.
>
> Lo que se pide en este sermón es absurdo. Mirar a una mujer es adulterio. Esta es la afirmación más exagerada, estúpida e inhumana que jamás haya leído.

"Cuando leí esto", escribió Virginia acerca de la experiencia, "comencé a sentirme animada. Hay algo de inocencia refinada al no caer en la cuenta de que no se debe llamar estúpido a Jesús . . . Esto era lo verdadero, una respuesta primitiva al evangelio, no tamizada por dos milenios de neblina cultural . . . Encuentro muy alentador que la Biblia siga ofendiendo a oídos sinceros e ignorantes como lo hizo en el siglo primero. Para mí esto valida en cieto modo su significado. En tanto que las Escrituras casi han perdido, en el último siglo, su característico sabor severo, el analfabetismo bíblico actual, tan extendido, debiera catapultarnos a una situación mucho más cercana a la de su oyentes del siglo primero."

Ofensivo, severo. Sí, son palabras adecuadas para aplicarlas al Sermón del Monte. En la revisión que hice de quince tratamientos cinematográficos de la escena, sólo uno me pareció que captaba algo parecido a la ofensa del original. Una producción de la BBC, con escaso presupuesto, llamada *Son of Man* [Hijo del Hombre] coloca el Sermón del Monte en un trasfondo de caos y violencia. Los soldados romanos acaban de invadir un pueblo galileo para vengar algunas transgresiones contra el Imperio. Han capturado a algunos judíos en edad de pelear, han arrojado al suelo a sus histéricas mujeres, incluso han atravesado con sus lanzas a algunos niños para "darles una lección a estos judíos". Jesús, con los ojos llameantes, se aparece en medio de esta escena tumultuosa de sangre y lágrimas.

> Yo os digo: Amad a vuestros enemigos y orad por los que os persiguen.
>
> Ojo por ojo y diente por diente, ¿no es cierto? Así dijeron nuestros antepasados. Amarás a tu prójimo y aborrecerás a tu enemigo, ¿no es cierto? Pero yo os digo que es fácil amar a tu propio hermano, amar a los que nos aman. ¡Incluso los cobradores de impuestos lo hacen! ¿Quieren que los felicite porque aman a sus hermanos? No, amad a vuestros enemigos.
>
> Amad al que os patea y escupe. Amad al soldado que os quiere atravesar con su lanza. Amad al ladrón que os despoja y tortura.
>
> ¡Escuchadme! ¡Amad a vuestros enemigos! Si un soldado romano te abofetea en la mejilla izquierda, preséntale la otra. Si alguien con autoridad te ordena caminar un kilómetro, camina dos. Si alguien te quita el manto, dale también la camisa.
>
> ¡Escuchadme! Yo os digo que es difícil seguirme. ¡Lo que os digo nunca nadie lo había dicho desde que comenzó el mundo!

Uno puede imaginar la respuesta de la gente del pueblo ante semejantes consejos inoportunos. El Sermón del Monte no los intrigó, los enfureció.

Al comienzo del Sermón del Monte, Jesús se enfrentó directamente con la pregunta que preocupaba a la mayoría de sus oyentes: ¿Era un revolucionario o un profeta genuinamente judío? Esta es la descripción que hace Jesús de su relación con la Torá:

> No penséis que he venido para abrogar la ley o los profetas; no he venido para abrogar, sino para cumplir . . . Porque os digo que si vuestra justicia no fuere mayor que la de los escribas y fariseos, no entraréis en el reino de los cielos.

Esta última afirmación sin duda hizo que la multitud se incorporara para escuchar bien. Los fariseos y los maestros de la ley competían entre sí en rigor. Habían dispersado a la ley de Dios en seiscientas trece reglas — doscientos cuarenta y ocho mandamientos y trescientas sesenta y cinco prohibiciones — y reforzado estas reglas con mil quinientas veintiún enmiendas. Para no violar el tercer mandamiento, "No tomarás el nombre de Jehová tu Dios en vano", se negaban a pronunciar el nombre de Dios. Para evitar la tentación sexual habían introducido la práctica de bajar la cabeza para ni siquiera mirar a una mujer (los más escrupulosos de ellos eran conocidos como "fariseos sangrantes" debido a los frecuentes choques con paredes y otros obstáculos). Para evitar profanar el sábado, habían declarado ilegales treinta y nueve actividades que se podían considerar como "trabajo". ¿Cómo podría la justicia de una persona común y corriente *sobrepasar* nunca la de semejantes hombres santos profesionales?

El Sermón del Monte detalla exactamente lo que Jesús quiso decir, y esta explicación es lo que les pareció tan absurdo a los estudiantes contemporáneos de la Universidad A&M de Tejas y también a los judíos palestinos del siglo primero. A partir de la Torá, Jesús hizo avanzar la ley en la misma dirección, más allá de donde cualquier fariseo se hubiera atrevido a hacerla avanzar, más allá de donde cualquier monje se ha atrevido a vivirla. El Sermón del Monte introdujo una nueva luna en el universo moral que desde entonces ha hecho sentir su fuerza de gravedad.

Jesús hizo imposible que nadie pudiera cumplir la ley y luego nos mandó que la cumpliéramos. Veamos algunos ejemplos.

Todas las sociedades en la historia de la humanidad han tenido leyes contra el homicidio. Varían entre sí, claro está: en Estados

Unidos se permite matar en defensa propia o en circunstancias insólitas, como la agresión al cónyuge. Pero ninguna sociedad ha establecido nada que se parezca a la definición ampliada de homicidio: "Yo os digo que cualquiera que se enoje contra su hermano, será culpable de juicio . . . cualquiera que diga: Fatuo, quedará expuesto al infierno del fuego." Como crecí con un hermano mayor, me irritaba este versículo. ¿Pueden dos hermanos superar las tempestades de la adolescencia sin utilizar palabras como "necio" y "fatuo"?

Todas las sociedades tienen tabúes contra la promiscuidad sexual. En la actualidad por lo menos una universidad exige que los estudiantes pidan permiso a las compañeras para cada una de las fases del contacto sexual. Entre tanto, algunos grupos feministas están tratando de establecer un vínculo legal entre la pornografía y los delitos contra la mujer. Pero ninguna sociedad ha propuesto jamás una regla tan estricta como la de Jesús: "Yo os digo que cualquier que mira a una mujer para codiciarla, ya adulteró con ella en su corazón. Por tanto, si tu ojo derecho te es ocasión de caer, sácalo, y échalo de ti; pues mejor te es que se pierda uno de tus miembros, y no que todo tu cuerpo sea echado al infierno."

He escuchado que se pide que castren a los violadores reincidentes, pero no he oído nunca que se proponga algún tipo de mutilación facial por miradas lujuriosas. En realidad, en los Estados Unidos de América la lujuria es un pasatiempo nacional bien establecido que se promueve en anuncios de pantalones vaqueros y de cervezas, en el número anual de *Sports Illustrated* sobre trajes de baño, y en los veinte millones de ejemplares de revistas pornográficas que se venden cada mes. Cuando el candidato presidencial Jimmy Carter trató de explicar este versículo en una entrevista en la revista *Playboy*, la prensa reaccionó con lo que John Updike describió como "hilaridad nerviosa". "¡Qué raro suena a los oídos modernos", escribió Updike, "la noción de que la lujuria — el deseo sexual que brota de dentro de nosotros tan involuntariamente como la saliva — sea mala en sí misma!"

En cuanto al divorcio, en la época de Jesús los fariseos debatían acaloradamente cómo interpretar las normas del Antiguo Testamento. El destacado rabino Hillel enseñaba que un hombre podía divorciarse de su mujer si ésta hacía algo que le desagradara, incluso algo tan trivial como quemar la comida; al esposo le bastaba con repetir tres veces "Te divorcio" para que el divorcio fuera en firme. Jesús agregó: "Yo os digo que el que repudia a su mujer, a no ser por causa de fornicación, hace que ella adultere; y el que se casa con la repudiada, comete adulterio."

Por último, Jesús aclaró el principio de la no violencia. ¿Quién puede sobrevivir con la regla que Jesús estableció? "No resistáis al que es malo; antes, a cualquiera que te hiera en la mejilla derecha, vuélvele también la otra. Y al que quiera ponerte a pleito y quitarte la túnica, déjale también la capa."

Examino estos y otros estrictos mandamientos del Sermón del Monte y me pregunto cómo debo responder. ¿Espera realmente Jesús que dé limosna a cuantos mendigos se cruzan en mi camino? ¿Debiera olvidarme de insistir tanto en los derechos del consumidor? ¿Debiera cancelar mis pólizas de seguros para confiar mi futuro a Dios? ¿Debiera desechar mi televisión para evitar tentaciones lujuriosas? ¿Cómo puedo aplicar semejantes ideales éticos en mi vida cotidiana?

En cierta ocasión me dediqué a leer en busca de la "clave" para entender el Sermón del Monte, y me consoló algo enterarme de que no fui el primero en fallar ante los elevados ideales que propone. A lo largo de la historia de la Iglesia, se han encontrado formas astutas de reconciliar las exigencias absolutas de Jesús con la deprimente realidad humana.

Tomás de Aquino dividió la enseñanza de Jesús en preceptos y consejos, que en un idioma más moderno pudiéramos rebautizar como exigencias y sugerencias. Los preceptos abarcaban las leyes morales universales como los Diez Mandamientos. Pero en el caso de mandatos más idealistas, como la afirmación de Jesús en cuanto a la ira y a la lujuria, Tomás de Aquino aplicaba una norma diferente; aunque había que aceptarlos como un buen modelo y tratar de cumplirlos, no tienen la fuerza moral de los preceptos. La Iglesia Católica Romana codificó luego las distinciones de ese teólogo en listas de pecados "mortales" y "veniales".

Martín Lutero interpretó el Sermón del Monte a la luz de la fórmula de Jesús: "Dad a César lo que es del César y a Dios lo que es de Dios." Los cristianos tienen una doble ciudadanía, dijo: una en el reino de Cristo y otra en el reino del mundo. El extremismo que se encuentra en el Sermón del Monte se aplica en forma absoluta al reino de Cristo, pero no al del mundo. Si se toman los mandatos "amad a vuestros enemigos" y "no resistáis al que es malo", ¡claro que no se aplican al estado! A fin de prevenir la anarquía, un gobierno debe resistir al mal y defenderse contra los enemigos. Por lo tanto, el cristiano debiera aprender a separar el oficio de la persona: un soldado cristiano, digamos, debe cumplir las órdenes de luchar y matar aunque en su corazón siga la ley de Jesús de amar a los enemigos.

En tiempo de Lutero, varios movimientos anabaptistas escogieron un enfoque radicalmente diferente. Ellos dijeron que todos estos intentos de suavizar los claros mandatos de Jesús están mal encaminados. ¿Acaso la Iglesia primitiva no había mencionado el mandato de Jesús de "amar a vuestros enemigos" más que cualquier otro, por lo menos durante cuatro siglos? Simplemente leamos el Sermón del Monte. Jesús no distingue entre preceptos y consejos, o entre el oficio y la persona. Dice que no hay que resistir al que es malo, no jurar, dar al necesitado, amar a los enemigos. Debiéramos seguir sus mandatos en la forma más literal posible. Por esta razón algunos grupos se comprometieron a no poseer nada. Otros, como los cuáqueros, se negaron a hacer juramentos o a quitarse el sombrero ante funcionarios públicos, y se opusieron a tener ejército e incluso policía. Miles de anabaptistas fueron muertos en Europa, Inglaterra y Rusia; muchos de los sobrevivientes cruzaron el océano hacia América, donde trataron de fundar colonias y comunas sobre la base de los principios del Sermón del Monte.[1]

En el siglo diecinueve surgió en Estados Unidos de América un movimiento teológico con un nuevo enfoque del Sermón del Monte. El dispensacionalismo explicaba esa enseñanza como el último vestigio de la era de la ley que pronto iba a ser sustituida por la era de la gracia, después de la muerte y resurrección de Jesús. De ahí que no necesitemos seguir sus exigentes mandatos. La popular Biblia Scofield describía el sermón como "pura ley" pero con "hermosas aplicaciones morales para el cristiano".

---

1 En respuesta a los anabaptistas, Lutero escribió con sorna acerca de un cristiano que dejó que los piojos lo picaran porque no quería matar a esos insectos y con ello correr el riesgo de contradecir el mandamiento de "no resistir al que es malo".

Otra interpretación provino de Alberto Schweitzer, quien vio el Sermón del Monte como una serie de exigencias transitorias para tiempos excepcionales. Convencido de que el mundo iba a terminar pronto, Jesús estaba echando a andar una especie de "ley marcial". Como el mundo no terminó, ahora debemos ver sus instrucciones en forma diferente.

Estudié con esmero todos estos movimientos, tratando de entender el Sermón del Monte desde el punto de vista de los mismos y debo admitirlo, tratando de encontrar una forma de escabullirme de sus graves exigencias. Cada una de esas escuelas de pensamiento aportó ideas importantes, pero también me parecía que todas tenían un punto débil. Las categorías de preceptos y consejos de Tomás de Aquino parecían tener sentido, pero no fue una distinción que Jesús propuso. Parecía que Jesús equiparó el precepto "no cometerás adulterio" con el consejo " . . . cualquiera que mira a una mujer para codiciarla, ya adulteró con ella en su corazón". La solución de Lutero parecía ingeniosa y sabia, pero la Segunda Guerra Mundial puso en claro los maltratos esquizofrénicos a los que puede dar lugar. Muchos cristianos luteranos sirvieron en el ejército de Hitler con conciencia limpia: "sólo cumplimos órdenes", y desempeñaron bien sus responsabilidades aunque internamente creían permanecer fieles a Jesús.

En cuanto a los anabaptistas y otros intérpretes literales, su respuesta no violenta ante la persecución sobresale como uno de los momentos espléndidos en la historia de la Iglesia. Pero ellos mismos admitieron su fracaso en cumplir literalmente todos los mandamientos del Sermón del Monte. Los cuáqueros, por ejemplo, encontraron formas de evitar las reglas a fin de ayudar a la causa de la Revolución Norteamericana. Y ¿qué decir de las afirmaciones inflexibles contra la ira y la lujuria? Orígenes había aceptado siglos antes la advertencia contra el deseo lujurioso con todas sus consecuencias, pero la Iglesia, horrorizada, prohibió entonces su solución de castrarse.

Los dispensacionalistas y apocalípticos encontraron formas hábiles de eludir las exigencias más duras del sermón de Jesús, pero me parecieron sólo eso: formas de eludir. Jesús mismo no dio indicios de que sus mandatos se aplicaran sólo por un tiempo breve o en circunstancias especiales. Las formuló con autoridad ("Pero yo os digo . . .") y rigor ("Cualquiera que quebrante uno de estos mandamientos muy pequeños, y así enseñe a los hombres, muy pequeño será llamado en el reino de los cielos . . .").

Por mucho que traté, no pude encontrar una forma de suavizar el Sermón del Monte. Como si hubiera sido un caso moderado de depresión, mi disonancia cognoscitiva acerca de las palabras de Jesús me mantuvieron en un estado de inquietud espiritual. Si el Sermón del Monte establece la norma de Dios para la santidad entonces será mejor renunciar desde el principio. El Sermón del Monte no me ayudó a mejorar; simplemente me reveló todas las formas en que no lo había logrado.

Al fin descubrí la clave para entender el Sermón del Monte, no en los escritos de grandes teólogos, sino en un lugar más inespe-rado: las obras de dos novelistas rusos del siglo diecinueve. Gracias a ellos he logrado formar mi propia interpretación del Sermón del Monte y de su mosaico de ley y gracia, la mitad Tolstoi y la otra mitad Dostoievski.[1]

De Tolstoi aprendí un profundo respeto por el ideal inflexible y absoluto de Dios. Los ideales éticos que Tolstoi encontró en los evangelios lo atrajeron como una llama, aunque su fracaso en ponerlos en práctica acabó por consumirlo. Al igual que los anabaptistas, Tolstoi se esforzó en seguir literalmente el Sermón del Monte, y su intensidad condujo muy pronto a que su familia se sintiera víctima de esa búsqueda de santidad. Por ejemplo, después de leer el mandamiento de Jesús al joven rico de dar todo lo que tenía, Tolstoi decidió liberar a sus siervos, renunciar a sus derechos de autor y a regalar sus vastas propiedades. Se vestía como campesino, se hacía sus propios zapatos y comenzó a trabajar en el campo. Su esposa, Sonya, al ver que la seguridad económica de la familia estaba a punto de desaparecer, protestó muy irritada hasta que logró algunas concesiones.

---

1 A principios de los años 70, Malcolm Muggeridge se sorprendió al oír que muchos miembros de la élite intelectual de la Unión Soviética estaban experimentando un avivamiento espiritual. Anatoli Kuznetsov, exiliado en Inglaterra, le contó que no había casi ningún escritor, artista o músico en la Unión Soviética que no estuviera examinando temas espirituales. Muggeridge dijo: "Le pregunté [a Kuznetsov] a qué se podía deber esto, tomando en cuenta la enorme tarea de lavado cerebral religioso a que había sido sometida la ciudadanía y también a la falta de libros cristianos, incluso los evangelios. Su respuesta fue memorable: "Las autoridades", dijo, "se olvidaron de prohibir las obras de Tolstoi y Dostoievski, las exposiciones más perfectas de la fe cristiana de los tiempos modernos."

Al leer los diarios de Tolstoi encontré reminiscencias de mis propias arremetidas hacia la perfección. Los diarios hablan de muchas luchas entre Tolstoi y su familia, pero muchas más entre Tolstoi y él mismo. Siempre en busca de alcanzar la perfección, ideaba una y otra vez nuevas listas de normas. Renunció a la caza, a fumar, a beber y a comer carne. Redactó "Reglas para desarrollar la voluntad emocional. Reglas para desarrollar sentimientos elevados y eliminar los bajos." Pero nunca logró la disciplina de sí mismo necesaria para observar las reglas. En más de una ocasión, Tolstoi hizo voto público de castidad y exigió dormitorios separados. Nunca pudo cumplir por mucho tiempo el voto y para vergüenza suya, los dieciséis embarazos de Sonya proclaman al mundo esa incapacidad.

A veces Tolstoi lograba hacer mucho bien. Por ejemplo, después de un largo paréntesis escribió su última novela *Resurrección*, a la edad de setenta y un años, para apoyar a los Doukhobors (un grupo anabaptista al que el zar perseguía) y donó todas sus ganancias para financiar la emigración de ese grupo a Canadá. Y como he mencionado, la filosofía de Tolstoi de no violencia, tomada directamente del Sermón del Monte, produjo un efecto que ha perdurado en herederos ideológicos como Gandhi y Martin Luther King Jr.

Por cada Gandhi que se haya sentido inspirado por estos elevados ideales, sin embargo, hay un crítico o biógrafo que se siente repelido ante el espectacular fracaso de Tolstoi en alcanzar dichos ideales. Francamente, no practicó lo que predicó. Lo dijo muy bien su mujer (en un relato obviamente sesgado):

> Hay tan poco calor humano genuino en él; su amabilidad no le nace del corazón, sino simplemente de sus principios. Sus biografías les contarán cómo ayudaba a los trabajadores a acarrear baldes de agua, pero ninguno les dirá que nunca le dio descanso a su esposa y que nunca — en estos treinta y dos años — le dio a su hijo un vaso de agua o pasó cinco minutos junto a su cama para darme tiempo para descansar un poco de todas mis tareas.

Los arduos esfuerzos de Tolstoi hacia la perfección nunca produjeron nada parecido a paz o serenidad. Hasta el momento de su muerte los diarios y cartas volvían una y otra vez al tema lastimoso del fracaso. Cuando escribía acerca de su fe religiosa o trataba de vivirla, el antagonismo entre lo real y lo ideal lo perseguía como un alma en pena. Demasiado sincero como para engañarse a sí mismo, no podía acallar la conciencia que lo acusaba, porque sabía que su conciencia tenía razón.

León Tolstoi fue un hombre profundamente infeliz. Atacó con virulencia a la corrupta Iglesia Ortodoxa Rusa de su tiempo y se ganó su excomunión. Sus planes de perfeccionamiento propio fracasaron todos. Tuvo que esconder todas las sogas de su finca y ocultar sus armas para resistir a la tentación de suicidarse. Al final, Tolstoi abandonó su fama, su familia, sus posesiones, su identidad; murió como vagabundo en una estación rural de ferrocarril.

¿Qué aprendo, pues, de la trágica vida de Tolstoi? He leído muchos de sus libros religiosos y sin excepción me han inspirado con su penetrante comprensión del ideal de Dios. He aprendido que, en contraposición a quienes dicen que el evangelio resuelve los problemas, de muchas maneras — asuntos de justicia, de dinero, de raza — el evangelio de hecho aumenta nuestra carga. Tolstoi lo vio, y a pesar de esto nunca redujo los ideales del evangelio. Una persona dispuesta a poner en libertad a sus siervos y a renunciar a todas sus posesiones por simple obediencia al mandamiento de Jesús, no es fácil de descartar. Si sólo hubiera podido vivir esos ideales; si sólo yo pudiera vivirlos.

A quienes lo criticaban, Tolstoi respondía: "No juzguen los santos ideales de Dios por mi incapacidad de alcanzarlos. No juzguemos a Cristo por quienes llevamos imperfectamente su nombre." Un pasaje sobre todo, tomado de una carta personal, muestra cómo Tolstoi respondió a sus críticos hacia el final de sus días. Constituye una síntesis de su peregrinaje espiritual, y es a la vez una afirmación resonante de la verdad en la que creyó con todo su corazón y una llorosa súplica de la gracia que nunca llegó a conseguir a plenitud.

"Y en cuanto a ti, Lev Nikoláyevich, predicas muy bien, pero ¿cumples lo que predicas?" Esta es la pregunta más natural del mundo, y me la hacen constantemente; me la hacen con tono triunfante, como si fuera una forma de cerrarme la boca. "Sí, predicas, pero ¿cómo vives?" Y respondo que no predico, que no soy capaz de predicar, aunque lo deseo muchísimo. Sólo puedo predicar por medio de mis acciones, y mis acciones son ruines . . . Y respondo que soy culpable, vil, y merecedor del desprecio por mi fracaso en cumplirlos.

Al mismo tiempo, no para justificarme, sino sencillamente para explicar mi falta de coherencia, digo: "Miren mi vida actual y luego mi vida pasada, y verán que estoy tratando de cumplirlos. Es verdad que no he cumplido ni una milésima parte de ellos [preceptos cristianos], y me avergüenzo de eso, pero he fallado en cumplirlos no porque no quiera, sino porque he sido incapaz. Enséñenme a huir de la red de tentaciones que me rodean, ayúdenme y los cumpliré; incluso sin ayuda, deseo y espero cumplirlos.

"Atáquenme, yo mismo lo hago, pero atáquenme a mí y no al camino que sigo y que indico a quienquiera que me pregunte dónde creo que se encuentra. Si conozco el camino a casa y lo recorro borracho, ¡es acaso menos bueno porque voy dando tumbos! Si no es el camino bueno, entonces muéstrenme otro; pero si tropiezo y me extravío, deben ayudarme, deben mantenerme en el verdadero camino, del mismo modo que yo estoy dispuesto a apoyar a los demás. No me desvíen, no se alegren de que me haya extraviado, no griten de alegría: '¡Mírenlo! Dijo que iba camino a casa, pero ahí está arrastrándose hacia una ciénaga!' No, no se regodeen, sino denme su ayuda y apoyo."

Me siento triste cuando leo los escritos religiosos de Tolstoi. La visión penetrante del corazón humano que lo hizo ser un gran novelista, lo hizo también un cristiano atormentado. Como un salmón que va a desovar, luchó contra la corriente toda su vida, para al final derrumbarse de cansancio moral.

No obstante, me siento agradecido a Tolstoi, porque su búsqueda incansable de autenticidad en la fe me causó una huella indeleble. Descubrí sus novelas en un período en que estaba sufriendo de los efectos retardados del "maltrato bíblico infantil". En las iglesias en que crecí había demasiados engaños, o por lo menos así lo veía con la arrogancia propia de la juventud. Al observar las enormes diferencias entre los ideales del evangelio y las fallas de sus seguidores, me sentí dolorosamente tentado a abandonar esos ideales como inevitablemente inalcanzables.

Luego descubrí a Tolstoi. Fue el primer autor que para mí realizó la más difícil de las tareas: hacer que el bien fuera tan creíble y atractivo como el mal. Encontré en sus novelas, leyendas y narraciones cortas una fuente volcánica de poder moral. Nunca dejó de elevar la mira de mi vida.

A. N. Wilson, biógrafo de Tolstoi, comenta que Tolstoi sufrió de una "incapacidad teológica fundamental de entender la Encarnación. Su religión fue, a fin de cuentas, algo de la ley y no de la gracia; un plan para mejorar al hombre y no una visión del Dios que penetra en un mundo caído." Tolstoi supo ver, con cristalina claridad, sus propias insuficiencias a la luz del ideal de Dios. Pero no supo dar el paso siguiente de confiar en la gracia de Dios para superar dichas insuficiencias.

Poco después de leer a Tolstoi, descubrí a su compatriota Fyodor Dostoievski. Ambos, los escritores rusos más famosos y consumados de todos los tiempos, vivieron y trabajaron en la misma época de la historia. Por extraño que parezca, nunca se conocieron personalmente, y quizá fue mejor así; fueron completamente opuestos en todo sentido. Si las novelas de Tolstoi fueron luminosas y alegres, las de Dostoievski fueron tenebrosas y reflexivas. Si Tolstoi elaboraba planes ascéticos para mejorar, Dostoievski dilapidaba periódicamente su salud y fortuna en el alcohol y el juego. Dostoievski se equivocó en muchas cosas, menos en una: sus novelas comunican gracia y perdón con fuerza tolstoiana.

Muy temprano en su vida, Dostoievski experimentó una virtual resurrección. Lo habían arrestado por pertenecer a un grupo que el Zar Nicolás I consideraba traidor; para que los jóvenes radicales de salón entendieran bien la gravedad de sus errores, condenó a muerte a estos disidentes y preparó una ejecución simulada. Les pusieron a los conspiradores la vestimenta blanca de condenado a muerte y los condujeron a una plaza pública, donde los esperaba un pelotón de fusilamiento. Con los ojos vendados, vestidos de sudarios blancos y con las manos atadas a la espalda, los hicieron desfilar frente a una sorprendida multitud, para finalmente atarlos a sendos postes. A último momento, al escuchar la orden de "¡Preparen, apunten!" y cuando ya armaban los rifles y los levantaban, llegó un jinete al galope con un mensaje del zar preparado de antemano: Les conmutaba la sentencia por trabajos forzados.

Dostoievski nunca se recuperó de esta experiencia. Había vislumbrado las fauces de la muerte, y a partir de ese momento valoró la vida por sobre todo lo demás. "Ahora mi vida cambiará", dijo; "naceré de nuevo en un ropaje nuevo." Al abordar el tren que iba a llevar a los convictos a Siberia, una piadosa mujer le entregó un Nuevo Testamento, el único libro que se permitía en la cárcel. Como creía que Dios le había dado una segunda oportunidad para cumplir con su vocación, Dostoievski meditó en el Nuevo Testamento durante su destierro. Después de diez años regresó del exilio con convicciones cristianas inquebrantables, tal como expresó en un famoso pasaje: "Si alguien me demostrara que Jesús no poseyó la verdad . . . entonces preferiría seguir con Jesús que con la verdad."

La cárcel le brindó también a Dostoievski otra oportunidad. Lo obligó a convivir con ladrones, asesinos y campesinos borrachos. La vida que llevó junto a esas personas fue la fuente de caracterizaciones sin igual en sus novelas, tales como la del asesino Raskolnikov en *Crimen y castigo*. El punto de vista liberal de Dostoievski de la bondad innata de la humanidad se derrumbó al chocar con el mal empedernido que encontró en sus compañeros de cárcel. Pero con el tiempo, también vislumbró la imagen de Dios incluso en los más viles prisioneros. Llegó a creer que el ser humano es capaz de amar sólo si recibe amor. "Nosotros le amamos a él, porque él nos amó primero", como dice el apóstol Juan.

En las novelas de Dostoievski encontré la gracia. *Crimen y castigo* describe a un despreciable ser humano que comete un crimen horroroso. Pero la gracia también entra en la vida de Raskolnikov, por medio de la persona de la prostituta convertida, Sonia, quien lo sigue hasta Siberia y lo lleva a la redención. *Los hermanos Karamazov*, quizá la mejor novela que jamás se haya escrito, contrasta a Iván, el brillante agnóstico, con su piadoso hermano Alyosha. Iván puede criticar todos los fracasos del género humano y de todos los sistemas políticos que se han inventado para resolver esos fracasos, pero no sabe ofrecer soluciones. Alyosha no tiene soluciones para los problemas intelectuales que plantea Iván, pero tiene una solución para la humanidad: amor. "No sé la respuesta para el problema del mal", dice Alyosha, "pero sí conozco el amor." Finalmente, en la mágica novela *El idiota*, Dostoievski presenta a la figura de Jesús con el ropaje de un príncipe epiléptico. Silenciosa y misteriosamente, el príncipe Myshkin se desenvuelve en los círculos de la clase noble de Rusia, poniendo al descubierto la hipocresía de ellos y también iluminando sus vidas con bondad y verdad.

Juntos, estos dos rusos se convirtieron, en un momento crucial de mi peregrinaje cristiano, en mis directores espirituales. Me ayudaron a aceptar una paradoja fundamental de la vida cristiana. De Tolstoi aprendí la necesidad de mirar hacia adentro; al reino de Dios que está dentro de mí. Vi cuán trágicamente había fallado en cuanto a los elevados ideales del evangelio. Pero de Dostoievski aprendí todo el alcance de la gracia. No sólo el reino de Dios está dentro de mí; Jesús mismo mora en mí. "Cuando el pecado abundó, sobreabundó la gracia", expresó Pablo a los romanos.

Hay sólo una forma para resolver la tensión entre los elevados ideales del evangelio y la triste realidad de nosotros mismos: aceptar que nunca daremos la talla, pero que tampoco tenemos que lograrlo. Se nos juzga por la justicia del Jesús que vive dentro de nosotros, no por nosotros mismos. Tolstoi acertó a medias: todo lo que me hace sentir cómodo con las normas morales de Dios, todo lo que me hace sentir, "Por fin lo conseguí", es un cruel engaño. Pero Dostoievski acertó en la otra mitad: todo lo que me hace sentir incómodo con el amor de Dios que perdona también es un engaño cruel. León Tolstoi nunca comprendió plenamente el mensaje: "Ninguna condenación hay para los que están en Cristo Jesús."

Ideales absolutos y gracia absoluta: después de aprender ese mensaje dual de los novelistas rusos, volví a Jesús para descubrir que se extiende por toda su enseñanza en los evangelios y sobre todo en el Sermón del Monte. En su respuesta al joven rico, en la parábola del Buen Samaritano, en sus comentarios acerca del divorcio, del dinero o de cualquier otro tema moral, Jesús nunca rebajó el ideal de Dios. "Sed, pues, vosotros perfectos, como vuestro Padre que está en los cielos es perfecto", dijo. "Amarás al Señor tu Dios con todo tu corazón, y con toda tu alma, y con toda tu mente." Ni Tolstoi, ni San Francisco de Asís, ni la Madre Teresa, ni nadie han cumplido plenamente con estos mandamientos.

Sin embargo, el mismo Jesús tiernamente ofreció gracia absoluta. Jesús perdonó a una adúltera, a un ladrón en la cruz, a un discípulo que lo había negado. Escogió a ese discípulo traidor,

Pedro, para fundar su iglesia y para el paso siguiente se volvió a un hombre llamado Saulo, que se había destacado como perseguidor de cristianos. La gracia es absoluta, inflexible, y lo incluye todo. Se ofrece incluso a quienes clavaron a Jesús en la cruz: "Padre, perdónalos, porque no saben lo que hacen" fueron algunas de las últimas palabras que Jesús pronunció en la tierra.

Durante años me había sentido tan indigno frente a los ideales absolutos del Sermón del Monte que había pasado por alto toda noción de la gracia. Cuando entendí el mensaje dual volví a los evangelios para encontrar que el mensaje de gracia anima todo el discurso. Comienza con las Bienaventuranzas — Bienaventurados los pobres en espíritu, los que lloran, los mansos; bienaventurados los que padecen — y penetra en la Oración del Señor: "perdónanos nuestras deudas . . . líbranos del mal." Jesús comenzó este gran sermón con palabras suaves para quienes estaban necesitados y continuó con una oración que se ha constituido en modelo para todos los grupos. "Un día cada vez", dicen los alcohólicos en Alcohólicos Anónimos; "El pan nuestro de cada día, dánoslo hoy", dicen los cristianos. La gracia es para los desesperados, para los necesitados, para los quebrantados, para quienes no se bastan a sí mismos. La gracia es para todos nosotros.

Durante años había pensado que el Sermón del Monte era como la pauta de conducta humana que nadie podía seguir jamás. Al volverlo a leer, encontré que Jesús pronunció estas palabras no para abrumarnos, sino para decirnos cómo es Dios. La naturaleza de Dios es el texto primitivo del que se deriva el Sermón del Monte. ¿Por qué debemos amar a nuestros enemigos? Porque nuestro Padre misericordioso hace que el sol se levante sobre malos y buenos. ¿Por qué ser perfectos? Porque Dios es perfecto. ¿Por qué guardar tesoros en el cielo? Porque el Padre vive ahí y nos colmará de recompensas. ¿Por qué vivir sin temor ni preocupación? Porque el mismo Dios que viste a los lirios y a la hierba del campo ha prometido cuidarnos. ¿Por qué orar? Si un padre terrenal da pan o pescado a su hijo, mucho más el Padre que está en el cielo nos dará dádivas buenas a quienes se las pidan.

¿Cómo pude no haberlo visto? Jesús no proclamó el Sermón del Monte para que nosotros, a la manera de Tolstoi, frunciéramos el seño, desesperados por nuestro fracaso en lograr la perfección.

Lo pronunció para enseñarnos el ideal de Dios hacia el cual debemos esforzarnos siempre, y también para mostrarnos que ninguno de nosotros lo alcanzará jamás. El Sermón del Monte nos obliga a reconocer la gran distancia que separa a Dios de nosotros, y todo intento de disminuirla, moderando de algún modo sus exigencias, está totalmente equivocado.

La peor tragedia sería ir al Sermón del Monte para buscar en él una forma de legalismo; más bien acaba con todo legalismo. El legalismo como el de los fariseos siempre fracasará; no por ser demasiado estricto sino porque no es lo bastante riguroso. En forma espectacular e inapelable, el Sermón del Monte demuestra que delante de Dios todos somos iguales: asesinos y violentos, adúlteros y lujuriosos, ladrones y codiciosos. Todos estamos desesperados, y de hecho éste es el único estado adecuado para el ser humano que desea conocer a Dios. Al haber fracasado en el ideal absoluto, sólo podemos caer en la red de seguridad de la gracia absoluta.

8
La misión:
La revolución de la gracia

La calidad de la misericordia se ha agotado.
Descendió como la gentil lluvia del cielo . . .
Y el poder terrenal muestra entonces al Dios más amable
Cuando la misericordia madura la justicia.

Shakespeare,
en El mercader de Venecia

8

La misión:
La revolución de la gracia

Al leer los evangelios con mi clase de Chicago y al ver las películas acerca de la vida de Jesús, fuimos advirtiendo un patrón sorprendente: cuanto más ofensivos eran los personajes, más cómodos parecían sentirse junto a Jesús. Personas así encontraban atractivo a Jesús: un paria social samaritano, un oficial del ejército del tirano Herodes, un colaboracionista recaudador de impuestos, una mujer que había sido posesa de siete demonios.

Por el contrario, otros personajes más respetables habían acogido a Jesús con frialdad. Los piadosos fariseos lo consideraban torpe y mundano, un joven rico se alejó de Él meneando la cabeza, e incluso el liberal Nicodemo buscó reunirse con Él bajo el manto de la noche.

Le comenté a la clase lo extraño que parecía este patrón, ya que la Iglesia cristiana ahora atrae a personas respetables, que se parecen mucho a quienes más sospecharon de Jesús en la tierra. ¿Qué ha sucedido para que se haya cambiado el patrón de la época de Jesús? ¿Por qué no les gusta a los pecadores estar con nosotros?

Conté la historia que me había hecho un amigo que trabaja con los más pobres de Chicago. Se le acercó una prostituta en condiciones horribles, sin techo, con muy mala salud, sin recursos para ni siquiera comprar comida para su hijita de dos años. Con los ojos llenos de lágrimas, confesó que había estado alquilando a su hija ¡de dos años! a hombres que se interesaban por perversiones sexuales, para poder mantener su propio hábito de las drogas. Mi amigo casi no soportó los sórdidos detalles de la historia. Sentado, en silencio, no sabía qué decir. Por fin le preguntó si había pensado alguna vez ir a la iglesia para que la ayudaran. "Nunca olvidaré la expresión de absoluta sorpresa que mostró en su rostro", me contaba. "¡La iglesia!" exclamó. "¿Para qué? ¡Me harían sentir incluso peor de lo que ya me siento!"

Hemos creado una comunidad de respetabilidad en la iglesia, le comenté a la clase. Los marginados, que acudían a Jesús cuando vivió entre nosotros, ya no se sienten bienvenidos. ¿Qué hizo Jesús, la única persona perfecta de la historia, para atraer a los claramente imperfectos? ¿Y qué nos impide seguir sus pasos en estos días?

Alguien de la clase sugirió que el legalismo en la Iglesia había creado una barrera de reglas estrictas que hacía sentirse incómodos a los no cristianos. El intercambio de ideas que se produjo en la clase derivó hacia una nueva dirección, con la narración de los episodios de la confrontación que habían experimentado los sobrevivientes de universidades cristianas y de iglesias fundamentalistas. Les conté de mi propia sorpresa, al comienzo de los años setenta, cuando el temible Instituto Bíblico Moody, situado apenas a cuatro cuadras de la iglesia, prohibía a los estudiantes llevar barba, bigote y el pelo por debajo de las orejas, aunque los estudiantes pasaban todos los días por delante de un retrato al óleo de Dwight L. Moody, hirsuto quebrantador de las tres reglas.

Todos se rieron. Es decir, todos excepto uno, Greg, quien se movía nerviosamente en su asiento, molesto. Pude ver que primero se ruborizaba para luego quedarse pálido de furia. Finalmente Greg levantó la mano y comenzó a expresarse con ira e indignación. "Me da ganas de irme", dijo, y de inmediato se hizo silencio en la clase. "Critican a otros por ser fariseos. Voy a decirles quienes son los verdaderos fariseos. Son usted [señalándome a mí] y todos los de esta clase. Se creen que están muy por encima de otros, que son fuertes y maduros. Llegué a ser cristiano gracias a la Iglesia Moody. Ustedes tratan de encontrar a un grupo que puedan mirar con desprecio, se sienten más espirituales que ellos y hablan de ellos a sus espaldas. Esto es lo que hace un fariseo. Todos ustedes son fariseos."

Todos los ojos de la clase de fijaron en mí, esperando que respondiera, pero no tuve nada que decir. Greg nos había atrapado con las manos en la masa. En un giro de arrogancia espiritual, ahora estábamos despreciando a otras personas por ser fariseos. Miré el reloj, esperando que me brindara un respiro temporal. No tuve suerte: indicaba que todavía quedaban quince minutos de clase. Esperaba que me llegara un chispazo de inspiración, pero no me llegaba. El silencio se fue haciendo más agobiante. Me sentía avergonzado y atrapado.

En ese momento Bob levantó la mano. Bob era nuevo en la clase, y hasta el día de mi muerte le estaré agradecido por rescatarme. Comenzó suavemente, de forma cautivadora: "Me alegro de que no te fueras, Greg. Te necesitamos. Me alegro que estés con nosotros, y me gustaría contarles por qué vengo a esta iglesia.

"Francamente, me identifico con la prostituta de Chicago que Philip mencionó. Era adicto a las drogas, y ni en un millón de años se me hubiera ocurrido acercarme a una iglesia en busca de ayuda. Todos los martes, sin embargo, esta iglesia permite que un capítulo de Alcohólicos Anónimos se reúna en esta misma sala del sótano en la que estamos sentados. Comencé a asistir a las reuniones de ese grupo y después de un tiempo, decidí que una iglesia que acoge a un grupo de Alcohólicos Anónimos — con colillas de cigarrillos, manchas de café, y todo lo demás — no puede estar del todo mal, de modo que decidí venir a un culto.

"Tengo que decirles que al principio a las personas de arriba las sentía como amenazadoras. Parecía como si tuvieran toda su vida muy bien arreglada. La gente de esta iglesia se viste bastante informal, me parece, pero la ropa mejor que yo tenía eran pantalones vaqueros y camisetas. Con todo, me tragué mi orgullo y comencé a asistir los domingos por la mañana y los martes por la noche. La gente no me rehuyó. Incluso me buscaron. Aquí es donde encontré a Jesús."

Como si alguien hubiera abierto una válvula de escape, toda la tensión fue desapareciendo a medida que Bob nos hablaba con sencilla elocuencia. Greg se calmó, yo musité una disculpa por mi propio fariseísmo, y la clase concluyó con una nota de unidad. Bob nos había devuelto a un fundamento común, como pecadores igualmente desesperados en nuestra necesidad de Dios.

¿Qué haría falta, pregunté al concluir, para que la Iglesia se convirtiera en un lugar donde las prostitutas, los recaudadores de impuestos e incluso los fariseos con conciencia de culpa se pudieran reunir a gusto?

Jesús fue el amigo de los pecadores. Les gustaba estar con él y anhelaban su compañía. Entre tanto, los legalistas lo encontraban horrible, incluso repulsivo. ¿Cuál fue el secreto de Jesús que hemos perdido?

"Se conoce a las personas por los amigos que tienen", reza el refrán. Imaginemos la consternación de la gente en la Palestina del primer siglo que hubieran tratado de aplicar ese principio a Jesús de Nazaret. Los evangelios mencionan ocho veces en que Jesús aceptó invitaciones a cenar. Tres de ellas (la boda de Caná, la hospitalidad de Marta y María y la comida truncada en Emaús después de su resurrección) fueron situaciones normales para pasar un rato con amigos. Las otras cinco, sin embargo, desentonan con las normas de la corrección social.

En una ocasión, Jesús comió con Simón el leproso. Como he trabajado con el Dr. Paul Brand, especialista en lepra, también yo he comido con pacientes leprosos y les puedo decir que dos mil años de avances médicos han hecho muy poco para aminorar el estigma social de la enfermedad. Un hombre muy educado y refinado de la India me contó del día en que permaneció sentado y llorando en un automóvil, al frente de la iglesia, mientras su hijo celebraba su boda dentro. No se atrevió a mostrar su rostro desfigurado para que no salieran huyendo los invitados. Ni tampoco pudo ser el anfitrión del banquete de bodas, porque ¿quién iba a entrar a la casa de un leproso?

En Palestina había leyes muy severas que imponían el estigma contra la lepra: los infectados tenían que vivir fuera del recinto de la ciudad y gritar "¡Impuro!" antes de acercarse a alguien. Sin embargo, Jesús pasó por alto estas reglas y se reclinó para comer en la mesa de un hombre que llevaba ese estigma como parte de su nombre. Para empeorar las cosas, durante la comida, una mujer de mala fama derramó un costoso perfume en la cabeza de Jesús. Según Marcos, Judas Iscariote, ofendido se fue de la comida para dirigirse directamente a traicionar a Jesús ante los sumos sacerdotes.

En otra escena con muchos elementos en común, Jesús compartió una comida con otro hombre llamado Simón, y también en este caso una mujer ungió a Jesús con perfume, enjugó sus pies con su cabello y con sus lágrimas. Este Simón, sin embargo, como buen fariseo, sintió repugnancia ante semejante indiscreción. Jesús replicó en forma cortante, lo cual ayuda a explicar por qué prefirió la compañía de "pecadores y publicanos" a la de ciudadanos destacados como Simón:

> "¿Ves esta mujer? Entré en tu casa, y no me diste agua para mis pies; mas ésta ha regado mis pies con lágrimas, y las ha enjugado con sus cabellos. No me diste beso, mas ésta, desde que entré, no ha cesado de besar mis pies. No ungiste mi cabeza con aceite; mas ésta ha ungido con perfume mis pies. Por lo cual te digo que sus muchos pecados le son perdonados, porque amó mucho; mas aquel a quien se le perdona poco, poco ama."

Por lo menos en otra oportunidad Jesús aceptó la hospitalidad de un importante fariseo. Como dobles agentes, los líderes religiosos lo seguían por doquiera y lo invitaban a comer para escrutar todos sus movimientos. En forma provocativa, a pesar de ser sábado, Jesús sanó a un hombre con hidropesía y luego planteó un hiriente contraste entre los banquetes de prestigio social de los fariseos y el banquete de Dios preparado para "los pobres, los mancos, los cojos y los ciegos". Los evangelios no hablan de ninguna otra comida con ciudadanos destacados, y puedo entender muy bien por qué: Jesús no resultaba un invitado reconfortante.[1]

Las últimas dos comidas que conocemos ocurrieron en las casas de "publicanos" o recaudadores de impuestos, una clase de gente impopular en todas las épocas, pero más todavía en tiempo de Jesús. Recaudaban los impuestos en base a una comisión y se embolsaban los beneficios que podían sacarles a los ciudadanos. La mayor parte de los judíos los veían como traidores al servicio

---

1 Los fariseos consideraban que su mesa de comer era como un "pequeño templo", lo cual explica por qué se negaban a comer con gentiles o pecadores. Quizá Jesús vio también su mesa de comer como un pequeño templo, lo cual explica por qué comió con una gama tan variada de comensales. El gran banquete, anunció, es para todos, no sólo para los que han pasado por la purificación establecida.

del Imperio Romano. La palabra publicano se había vuelto sinónima de ladrón, bandido y condenado. Los tribunales judíos tenían por invalidadas las pruebas que aportaban los recaudadores de impuestos, y no se podía aceptar su dinero como limosna para los pobres ni se podía utilizar como intercambio, ya que lo habían adquirido por medios tan despreciables.

En forma intencional, Jesús se invitó a las casas de ambos recaudadores de impuestos. Cuando vio a Zaqueo, condenado al ostracismo, tan corto de talla que tuvo que subir a un árbol para poder ver a Jesús, lo hizo bajar y le pidió quedarse en su casa. La muchedumbre mostró su desaprobación, pero Jesús descartó sus quejas: "El Hijo del Hombre vino a buscar y a salvar lo que se había perdido." A otro réprobo, Leví, Jesús se lo encontró en la misma mesa donde estaba cobrando los odiados impuestos. "Los sanos no tienen necesidad de médico, sino los enfermos", dijo esa vez a la muchedumbre.

Al ver la variedad de comensales con los que Jesús comió, buscó una pista que pudiera explicar por qué Jesús hizo que un grupo (los pecadores) se sintieran tan cómodos, y el otro (los piadosos) se sintieran tan incómodos. Encuentro esa pista en otra escena de los evangelios que reúne a fariseos y a una pecadora confesa. Los fariseos han atrapado a una mujer en el acto mismo de adulterio, delito que se castigaba con la pena de muerte. ¿Qué les diría Jesús que hicieran? preguntan, con la esperanza de hacerlo caer en un conflicto entre moralidad y misericordia.

Jesús espera unos instantes, escribe en la tierra por unos momentos, y luego les dice a los acusadores: "El que de vosotros esté sin pecado, sea el primero en arrojar la piedra contra ella." Cuando todos se hubieron retirado, Jesús se vuelve a la humillada mujer. "¿Dónde están los que te acusaban? ¿Ninguno te condenó?" pregunta. "Ni yo te condeno; vete, y no peques más."

Esta tensa escena revela un claro principio en la vida de Jesús; trae a la superficie el pecado oculto, pero perdona cualquier pecado que se reconoce abiertamente. La adúltera se fue perdonada, con una nueva oportunidad de vivir; los fariseos se escabulleron, heridos en el corazón.

Quizá las prostitutas, los recaudadores de impuestos y otros pecadores respondieron tan bien a Jesús porque, a cierto nivel, sabían que habían actuado mal y para ellos el perdón de Dios resultaba muy atractivo. Como ha dicho C. S. Lewis: "Las prostitutas no corren peligro de encontrar su vida actual tan satisfactoria como para no poder volverse a Dios; los orgullosos, los avaros, los santurrones, corren ese peligro."

El mensaje de Jesús encontró una respuesta mixta entre los judíos del siglo primero, muchos de los cuales prefirieron el estilo de Juan el Bautista, con su dieta de insectos y su duro mensaje de juicio y maldición, al mensaje de gracia y al banquete preparado para todos de Jesús. Puedo entender esta extraña preferencia porque crecí en un ambiente legalista. La gracia era escurridiza, difícil de comprender. El pecado era concreto, visible, presa fácil de atacar. Bajo la ley siempre podía saber qué rango ocupaba.

Wendy Kaminer, judío contemporáneo que trata de entender el cristianismo, confiesa que "como artículo de fe, esta doctrina de la salvación por gracia y sólo por gracia me resulta sumamente poco atractiva. Supone, pienso, un notable desprecio de la justicia idealizar a un Dios que valora más la fe que la acción. Prefiero al Dios que posa la mirada en nosotros (según un chiste muy antiguo) y dice: 'Ojalá dejaran de preocuparse tanto por si existo o no y comenzaran a obedecer mis mandamientos'."

De verdad que nosotros, los cristianos, también podemos encontrar que es más fácil seguir a un Dios que simplemente dice: "Comiencen a obedecer mis mandamientos."

Los judíos del tiempo de Jesús hablaban de una escalera que llegaba cada vez más alto hacia Dios, jerarquía que se manifestaba en la arquitectura misma del templo. A los gentiles y "los mestizos" como los samaritanos, se les permitía entrar sólo al patio exterior de los gentiles; un muro los separaba de la sección siguiente, que admitía a las mujeres judías. Los hombres judíos podían entrar a un ámbito más, pero sólo los sacerdotes podían entrar en las zonas sagradas. Por fin, sólo un sacerdote, el sumo sacerdote, podía entrar en el Lugar Santísimo, y sólo una vez al año, el día de Yom Kippur.

La sociedad toda, en realidad, estaba constituida por un sistema religioso de castas que avanzaban hacia la santidad, y los escrúpulos de los fariseos reforzaba todos los días el sistema. Todas sus reglas sobre lavarse las manos y evitar la contaminación eran un intento de hacerse aceptables a Dios. ¿Acaso Dios no había establecido listas de animales deseables (sin mancha) e indeseables (impuros, defectuosos) para el sacrificio? ¿Acaso Dios no había excluido del templo a pecadores, mujeres en menstruación, los físicamente deformes y otros "indeseables"? La comunidad Qumram de los esenios estableció una regla sólida: "Ningún loco, o lunático, o tonto, o necio, o ciego, o tullido, o cojo, o sordo, o menor de edad, entrará en la Comunidad."

En medio de este sistema de castas apareció Jesús. Para consternación de los fariseos, no tenía reparos en asociarse con niños, o pecadores, o incluso samaritanos. Tocaba y dejaba que lo tocaran los "impuros": los leprosos, los deformes, una mujer con flujo, los lunáticos y poseídos. Aunque las leyes levíticas prescribían un día de purificación después de haber tocado a un enfermo, Jesús sanaba a multitudes tocando a decenas de enfermos; nunca se preocupó de las reglas de contaminación por el contacto con los enfermos o incluso con difuntos.

Para tomar sólo un ejemplo de los cambios revolucionarios que Jesús inició, pensemos en la actitud de Jesús hacia las mujeres. En ese tiempo, en todos los cultos en sinagogas los hombres judíos oraban: "Bendito seas, Señor, porque no me has hecho mujer." Las mujeres se sentaban en una zona aparte, no se las tomaba en cuenta y rara vez se les enseñaba la Torá. En la vida social, pocas mujeres hablaban con hombres que no fueran de la familia, y ninguna mujer podía tocar a un hombre que no fuera su esposo. Sin embargo, Jesús se relacionó libremente con mujeres y a algunas les enseñó como discípulas. A una mujer samaritana que había tenido cinco maridos, Jesús la buscó para que dirigiera un avivamiento espiritual (fue Él quien comenzó la conversación pidiéndole ayuda). Aceptó con gratitud la unción de manos de una prostituta. Entre el grupo de seguidores había mujeres, lo que sin duda suscitó muchas murmuraciones. En las parábolas e ilustraciones de Jesús aparecen innumerables mujeres, y a menudo realizó milagros en ellas. Según el estudioso bíblico Walter Wink, Jesús violó las costumbres de su tiempo en cada uno de los encuentros con mujeres que se relatan en los cuatro evangelios. En realidad, como diría más adelante

Pablo, en Cristo "ya no hay judío ni griego; no hay esclavo ni libre; no hay varón ni mujer . . ."[1]

En realidad, para las mujeres y para otras personas oprimidas, Jesús trastocó la sabiduría que se daba por sentada en ese tiempo. Los fariseos creían que tocar a una persona impura contaminaba a quien la tocaba. Pero cuando Jesús tocó al leproso, Jesús no se manchó, sino que el leproso se volvió limpio. Cuando una mujer inmoral lavó los pies de Jesús, ella fue quien salió perdonada y transformada. Cuando se enfrentó a la costumbre de no entrar en la casa de un pagano, el servidor del pagano fue sanado. Tanto de palabra como de obra, Jesús fue proclamando un evangelio radicalmente nuevo de gracia: para que una persona se purificara no tenía que ir a Jerusalén, ofrecer sacrificios y someterse a purificaciones rituales. Todo lo que tenía que hacer era seguir a Jesús. Como lo dice Walter Wink: "El contagio de la santidad derrota el contagio de la impureza."

En pocas palabras, Jesús trasladó el énfasis de la santidad de Dios (exclusiva) a la misericordia de Dios (inclusiva). En vez del mensaje "no se aceptan los indeseables", proclamó: "en el Reino de Dios no hay indeseables." Al hacer todo lo posible por reunirse con gentiles, comer con pecadores y tocar a los enfermos, Jesús amplió el ámbito de la misericordia de Dios. Para los líderes judíos, las acciones de Jesús ponían en peligro la existencia misma de su sistema religioso de castas; no nos sorprende que los evangelios mencionen más de veinte veces que conspiraron contra Jesús.

Uno de los relatos de Jesús que contrasta a un piadoso fariseo con un arrepentido recaudador de impuestos, capta en pocas palabras el evangelio inclusivo de la gracia. El fariseo, que ayunaba

---

1 Dorothy Sayers amplía este punto: "Quizá no sorprende que las mujeres fueran las primeras en el pesebre y las últimas en la cruz. Nunca habían conocido a un hombre como este Hombre, nunca había habido nadie como Él. Un profeta y maestro que nunca las regañara, que nunca las halagara, las engatusara o las tratara con aire protector; que nunca hiciera bromas pícaras acerca de ellas, que nunca las tratara como 'Los mujeres, ¡Dios nos ayude!' o 'Las señoras, ¡Dios las bendiga!'; que reprendiera sin quejas y alabara sin condescendencia; que tomara en serio sus preguntas y razonamientos, que nunca les delimitara la esfera que se les permitía, nunca las incitara a que fueran femeninas o que nunca se burlara de ellas por ser mujeres; que no tuviera intereses personales o una insegura dignidad masculina que defender: que las aceptara tal como las conocía y fuera totalmente franco.

"No hay en todo el Evangelio ni una sola acción, ningún sermón ni parábola que funde su mordacidad en la maldad de la mujer; nadie pudo jamás pensar por las palabras de Jesús que hubiera algo 'raro' en la naturaleza de la mujer.

"Pudiéramos, sin embargo, deducirlo con facilidad de sus contemporáneos, y de los profetas que lo precedieron, y de su Iglesia hasta nuestros tiempos."

dos veces por semana y diezmaba como estaba establecido, daba piadosamente gracias a Dios por ser mejor que los ladrones, los injustos, los adúlteros, y mucho mejor que el recaudador de impuestos que estaba junto a él. El recaudador de impuestos, demasiado humillado como para elevar los ojos al cielo, oraba en la forma más sencilla posible: "Dios, sé propicio a mí, pecador." Jesús sacó la conclusión: "Os digo que éste descendió a su casa justificado antes que el otro."

¿Podemos deducir de este relato de Jesús que la conducta no tiene importancia, que no hay diferencia moral entre un legalista disciplinado y un ladrón, un injusto y un adúltero? Desde luego que no. La conducta importa de muchas maneras; sólo que no es lo que nos hace aceptos ante Dios. El escéptico A. N. Wilson comenta acerca de la parábola de Jesús del fariseo y el publicano: "Es un episodio ofensivo, moralmente anárquico. Todo lo que importa en ese relato parece ser la capacidad de Dios de perdonar." ¡Exactamente!

En sus propias interacciones sociales, Jesús puso en práctica "el gran cambio" proclamado en las Bienaventuranzas. Normalmente en este mundo se mira a los ricos, los hermosos, los que tienen éxito. La gracia, sin embargo, introduce un mundo con una lógica nueva. Como Dios ama al pobre, al que sufre, al perseguido, también nosotros debemos amarlos. Como para Dios no hay indeseables, tampoco debe haberlos para nosotros. Con su propio ejemplo, Jesús nos llama a mirar al mundo con lo que Ireneo llamaría "ojos sanados por la gracia".

Las parábolas de Jesús pusieron de relieve esa misión, porque con frecuencia los pobres y oprimidos fueron los héroes de sus relatos. Uno de ellos lo protagoniza un pobre, Lázaro — la única persona que aparece con su nombre en los relatos de Jesús — a quien un rico explotaba. Al principio se ve al rico haciendo ostentación de sus ricas vestimentas y disfrutando de suntuosos banquetes, mientras que el mendigo Lázaro, lleno de llagas, era acompañado por los perros junto a la puerta de la casa. La muerte, sin embargo, cambia sorprendentemente su situación. El rico escucha a Abraham que le dice: "Hijo, acuérdate que recibiste tus bienes en tu vida, y Lázaro también males; pero ahora éste es consolado aquí, y tú atormentado."

Ese vigoroso relato caló muy hondo en la conciencia de los primeros cristianos, muchos de los cuales pertenecían a las clases económicamente más pobres. Los cristianos ricos y pobres cerraron un trato: los ricos estuvieron de acuerdo en financiar obras de caridad a cambio de que los pobres oraran por sus almas. Sin duda que Dios aceptaba mejor las oraciones de los pobres, razonaban. (Incluso en la actualidad, en los cultos fúnebres los monjes benedictinos oran para que "Lázaro reconozca" a su colega difunto, siguiendo la tradición de que Lázaro, no Pedro, es quien guarda la entrada al cielo.)

Por un tiempo, la Iglesia se esforzó en seguir esta nueva lógica y como consecuencia, los primeros cristianos gozaron en el Imperio Romano de la reputación de apoyar a los pobres y a los que sufrían. Los cristianos, a diferencia de sus vecinos paganos, rescataban a sus amigos de sus captores bárbaros, y cuando las plagas asolaban a la población, los cristianos cuidaban de sus enfermos en tanto que los paganos los abandonaban apenas descubrían los primeros síntomas. En los primeros siglos, por lo menos, la Iglesia tomó al pie de la letra el mandato de Jesús de recibir a los extranjeros, vestir a los desnudos, alimentar a los hambrientos y visitar a los encarcelados.[1]

Al leer los relatos de Jesús y estudiar la historia de la Iglesia primitiva, me siento inspirado y turbado a la vez. La pregunta que le hice a mi clase en Chicago se vuelve contra mí para acusarme. Ante el claro ejemplo de Jesús, ¿cómo es posible que la Iglesia se haya convertido en una comunidad de gente respetable, en la que los empobrecidos ya no se sienten bienvenidos?

En la actualidad vivo en Colorado, donde asisto a una iglesia en la que la mayor parte de las personas son de la misma raza (blancos) y de la misma clase social (clase media). Me sobresalta abrir el Nuevo Testamento y ver en qué tierra mezclada echó raíces la Iglesia. La iglesia de clase media que muchos de nosotros conocemos en nuestro tiempo se parece muy poco al variado grupo

---

1 Según los historiadores de la Iglesia, estas buenas obras continuaron hasta el triunfo de Constantino, quien legalizó la fe y estableció una Iglesia Oficial Imperial. A partir de este momento la Iglesia tendió a espiritualizar la pobreza y a dejar que el emperador se preocupara del "bienestar" de sus súbditos. Con el paso del tiempo la Iglesia misma pasó a formar parte del grupo de ricos de la sociedad.

de parias sociales que se encuentra en los evangelios y en el libro de Hechos.

Me sitúo en tiempos de Jesús y trato de imaginarme la escena. Los pobres, los enfermos, los recaudadores de impuestos, los pecadores y las prostitutas se agolpan alrededor de Jesús, movidos por su mensaje de sanidad y perdón. Los ricos y poderosos se mantienen al margen, lo ponían a prueba, lo espiaban, tratando de hacerlo caer en trampas. Conozco estos hechos del tiempo de Jesús y sin embargo, desde la comodidad de una iglesia de clase media en un país rico como los Estados Unidos de América, fácilmente pierdo de vista el núcleo radical del mensaje de Jesús.

Para tratar de corregir mi visión he leído sermones que proceden de las comunidades cristianas del Tercer Mundo. El evangelio a través de los ojos del Tercer Mundo parece muy diferente del evangelio que se predica en muchas iglesias de Estados Unidos de América. Los pobres e ignorantes no siempre saben reconocer que la declaración de misión de Jesús (". . . me ha ungido para dar buenas nuevas a los pobres . . . a pregonar libertad a los cautivos . . . a poner en libertad a los oprimidos . . .") es una cita de Isaías, pero de veras que la escuchan como buenas nuevas. Entienden el gran cambio no como una abstracción sino como la promesa de Dios de esperanza y como el acicate de Jesús a sus seguidores. Independientemente de cómo los trate el mundo, los pobres y enfermos tienen la garantía, a causa de Jesús, de que para Dios no hay indeseables.

Fueron los escritos del novelista japonés Shusako Endo los que me hicieron comprender que el fenómeno de cambio está en la raíz misma de la misión de Jesús.

En un país donde la Iglesia abarca a menos del uno por ciento de la población, Endo fue educado por una madre cristiana muy devota y fue bautizado a la edad de once años. Al crecer como cristiano en el Japón antes de la guerra, vivió un constante sentimiento de alienación y a veces sus compañeros de clase lo amedrentaban por estar relacionado con una religión "occidental". Después que concluyó la Segunda Guerra Mundial se fue a Francia, con la esperanza de encontrar almas afines en lo espiritual. De nuevo se encontró con persecución, esta vez por cuestiones de raza, no de religión. Como uno de los primeros estudiantes japoneses de intercambio en un país aliado, Endo acabó siendo objeto de insultos raciales. "Mugroso de ojos oblicuos", lo llamaban algunos.

Repudiado en su patria, repudiado en su patria espiritual, Endo entró en una grave crisis de fe. Comenzó por visitar Palestina para estudiar la vida de Jesús, y estando allí hizo un descubrimiento que lo transformó: también Jesús fue repudiado. Más aún, la vida de Jesús la *definió* el repudio. Sus vecinos se rieron de él, su familia dudó de su cordura, sus amigos más íntimos lo traicionaron y sus compatriotas cambiaron su vida por la de un terrorista. A lo largo de su ministerio, Jesús gravitó hacia los pobres y rechazados, la chusma.

Esta nueva manera de ver a Jesús fulminó a Endo con la fuerza de una revelación. Desde su situación lejana en Japón había visto al cristianismo como una fe triunfal, constantiniana. Había estudiado el Sacro Imperio Romano y las brillantes Cruzadas, había admirado fotografías de las grandes catedrales de Europa, había soñado con vivir en una nación donde uno pudiera ser cristiano sin deshonra. Ahora, al estudiar la Biblia, vio que Jesús mismo no había evitado la deshonra. Jesús era el Siervo Sufriente que describe Isaías: "Despreciado y desechado entre los hombres, varón de dolores, experimentado en quebranto; y como que escondimos de él el rostro . . ." Endo sintió que sin duda este Jesús, por lo menos, podía entender el rechazo que él mismo experimentaba.

Tal como lo ve Shusako Endo, Jesús trajo el mensaje de amor-madre para equilibrar el amor-padre del Antiguo Testamento.[1] Desde luego que la misericordia también aparece en el Antiguo Testamento, pero puede perderse fácilmente en medio de un énfasis abrumador en el juicio y la ley. Al dirigirse a una cultura formada alrededor de esas exigencias estrictas de la Torá, Jesús les habló de un Dios que prefiere las peticiones de un pecador ordinario que las súplicas de un profesional de la religión. Comparó a Dios con un pastor que deja a las noventa y nueve ovejas en el redil para salir a buscar frenéticamente a una que andaba perdida; a un padre que no puede dejar de pensar en el ingrato rebelde de su hijo,

---

1 El terapeuta Erich Fromm dice que el hijo que crece en una familia equilibrada recibe dos clases de amor. El amor-madre tiende a ser incondicional: acepta al hijo no importa lo que haga, como se comporte. El amor-padre tiende a ser más provisional: aprueba cuando el hijo satisface ciertas normas de conducta. Idealmente, dice Fromm, el hijo debiera recibir y asimilar ambas clases de amor. Según Endo, Japón, país de padres autoritarios, ha comprendido el amor-padre de Dios, pero no el amor-madre.

aunque tiene a otro que es respetuoso y obediente; a un anfitrión rico que abre las puertas de la sala del banquete a una colección de pordioseros y vagabundos.

Jesús a menudo "tuvo compasión", y en la época del Nuevo Testamento esa misma palabra se utilizaba en forma maternal para expresar lo que una madre siente por su hijo en sus entrañas. Jesús hizo todo lo posible por abrazar a los rechazados e indignos, a los que no importan para nada al resto de la sociedad, para demostrar que incluso los "don nadies" le importan infinitamente a Dios. Una mujer impura, demasiado tímida y llena de vergüenza para acercarse de frente a Jesús, toca su manto, con la esperanza de que no se dé cuenta. Sí se dio cuenta. La mujer entendió, como tantos otros "don nadies", que no es fácil ocultarse de la mirada de Jesús.

Jesús demostró en persona que Dios ama a las personas no como raza o especie, sino como individuos. Le *importamos* a Dios. "Al amar a los que no son dignos del amor", dijo San Agustín, "me hiciste digno del amor."

A veces no me resulta fácil creer en el amor de Dios. No vivo en la pobreza, como los cristianos del Tercer Mundo. Tampoco he conocido una vida de rechazo, como Shusako Endo. Sí he tenido, sin embargo, mi parte de sufrimientos, un hecho de la vida que no conoce de fronteras raciales y económicas. Las personas que sufren también necesitan ojos sanados por la gracia.

En una terrible semana dos personas me llamaron en días sucesivos para hablarme de uno de mis libros. La primera, un pastor de jóvenes en Colorado, acababa de enterarse de que su esposa y su hijita se estaban muriendo de SIDA. "¿Cómo puedo hablarle a mi grupo de jóvenes de un Dios amoroso después de lo que me ha sucedido?" preguntó. Al día siguiente me habló un ciego que, unos meses antes, por misericordia, había invitado a un drogadicto para que viviera en su casa. Acababa de averiguar que el adicto en fase de recuperación tenía una relación amorosa con su esposa bajo su propio techo. "¿Por qué me está castigando Dios por tratar de servirle?" preguntó. En ese momento se le acabaron las monedas, la llamada telefónica se interrumpió, y nunca más supe de él.

He aprendido que ni siquiera hay que intentar responder a los "¿Por qué?" ¿Por qué sucedió que la esposa del pastor recibió una transfusión con sangre contaminada? ¿Por qué algunas personas buenas son perseguidas a causa de sus buenas acciones en tanto que muchas personas malas viven llenas de salud hasta edad avanzada? ¿Por qué tan pocas de los millones de oraciones que piden sanidad física obtienen respuesta? No lo sé.

Una pregunta, sin embargo, ya no me corroe como antes, una pregunta que creo está latente en la mayor parte de los problemas que tenemos con Dios: "¿Se preocupa Dios por nosotros?" Sólo conozco una manera de responder a esa pregunta, y la he encontrado al estudiar la vida de Jesús. En Jesús, Dios adquirió un rostro y puedo leer directamente en ese rostro cómo se siente Dios acerca de personas como el pastor de jóvenes o el ciego que nunca me dijo como se llamaba. No es que Jesús eliminara los sufrimientos — sólo sanó a unos pocos en un pequeño rincón de la tierra —, pero sí dio respuesta a la pregunta de sí le preocupamos a Dios.

Tres veces, que sepamos, el sufrimiento hizo llorar a Jesús. Lloró cuando su amigo Lázaro murió. Recuerdo un año terrible en que tres de mis amigos murieron casi uno tras de otro. Descubrí que el dolor no es algo a lo que uno se acostumbra. Mi experiencia con las dos primeras muertes no me preparó para nada para la tercera. El dolor me golpeó como un tren a alta velocidad, y me dejó postrado. Me dejó casi sin aliento y no hacía más que llorar. De alguna forma, encuentro consolador que Jesús sintiera algo parecido cuando murió su amigo Lázaro. Esto da una pista inicial acerca de cómo debe haberse sentido Dios acerca de mis tres amigos, a los que yo amaba tanto.

Otra vez, las lágrimas asomaron a los ojos de Jesús cuando contempló a Jerusalén y se dio cuenta del destino que esperaba a la legendaria ciudad. Lanzó un clamor de lo que Shusako Endo ha llamado amor-madre: "¡Jerusalén, Jerusalén, que matas a los profetas y apedreas a los que te son enviados! ¡Cuántas veces quise juntar a tus hijos, como la gallina junta a sus polluelos debajo de las alas, y no quisiste!" Siento en ese espasmo de dolor emocional algo parecido a lo que experimenta un padre cuando un hijo o una hija se descarría, abusa de la libertad y repudia todo lo que se le enseñó que creyera. O el dolor de un hombre o una mujer que acaba de enterarse de que el cónyuge se ha ido; el dolor del amante abandonado. Es un dolor sin remedio, un dolor aplastante ante la futilidad propia, y me asombra darme cuenta de que el Hijo de Dios mismo clamó de impotencia ante la libertad humana. Ni siquiera Dios, con todo su poder, puede obligar a que un ser humano ame.

Por último, Hebreos nos dice que Jesús ofreció "ruegos y súplicas con gran clamor y lágrimas al que le podía librar de la muerte". Pero no fue librado de la muerte. ¿Es demasiado decir que Jesús mismo hizo la pregunta que me acosa, que nos atormenta a la mayor parte de nosotros, en un momento u otro: Le importamos a Dios? ¿Qué otra cosa puede significar su cita del tenebroso salmo: "Dios mío, Dios mío, ¿por qué me has desamparado?"

Una vez más, encuentro extrañamente consolador que cuando Jesús se enfrentó con el dolor respondió en gran parte como yo. En el huerto no oró: "Oh, Señor, te estoy tan agradecido de que me hayas escogido para sufrir en tu nombre. ¡Me alegro de este privilegio!" No, experimentó pena, temor, abandono y algo que se acercó incluso a la desesperación. Con todo, lo soportó porque sabía que en el corazón del universo vivía su Padre, un Dios de amor en el que podía confiar no importaba cómo se presentaran las cosas en ese momento.

La respuesta de Jesús a los que sufren y a los "don nadies" nos permite vislumbrar el corazón de Dios. Dios no es el Absoluto impertérrito, sino el que nos ama y nos atrae hacia sí. Dios me mira con todas mis debilidades, creo, como Jesús miró a la viuda junto al ataúd de su hijo, y a Simón el leproso, y al otro Simón Pedro que lo ofendió y a pesar de esto le encargó fundar y dirigir a su Iglesia; una comunidad que siempre necesita tener un lugar para los rechazados.

9

Los milagros: Instantáneas de lo sobrenatural

El realista genuino, si es incrédulo, siempre encontrará fortaleza y recursos para no creer en lo milagroso, y si se encuentra frente a un milagro como hecho irrefutable preferirá no creer a sus sentidos que admitir el hecho. La fe no . . . nace del milagro, sino el milagro de la fe.

Fyodor Dostoievski

9

Los milagros: Instantáneas de lo sobrenatural

El ambiente en el que crecí estaba saturado de milagros. La mayoría de las personas que acudían a la iglesia los domingos daban testimonio de respuestas maravillosas a la oración que habían recibido la semana anterior. Dios encontraba lugares de estacionamiento para las mamás que llevaban a sus hijos al médico. De manera misteriosa se encontraban objetos que se habían perdido. El día antes de operarse, desaparecían tumores.

En esos días, para mí Jesús era como el Gran Mago y lógicamente, me impresionaba en forma muy especial el relato de Jesús caminando sobre el agua. ¡Si hubiera podido hacer algo parecido en mi escuela, aunque hubiera sido una sola vez! Cómo me hubiera gustado flotar por el aula como un ángel, cerrando la boca con mi levitación a todos los que se burlaban de mí y de otros compañeros religiosos. Cómo me hubiera gustado caminar sano y salvo por entre matones en la parada del autobús, como Jesús lo había hecho, en su propio pueblo, por entre una multitud furiosa.

Nunca llegué a volar en el aula y los matones siguieron atormentándome por mucho que orara. Incluso las "respuestas a la oración" me confundían. A veces, después de todo, no quedaba libre ningún lugar de estacionamiento y los objetos perdidos seguían sin aparecer. A veces la gente de la iglesia perdía el trabajo. A veces morían. Una gran sombra oscurecía mi propia vida: mi padre había muerto de polio cuando yo acababa de cumplir mi primer año de edad, a pesar de la vigilia de oración de veinticuatro horas en la que participaron centenares de cristianos. ¿Dónde estuvo Dios entonces?

He pasado gran parte de mi vida de adulto tratando de dar respuesta a interrogantes que se me plantearon por primera vez siendo joven. He descubierto que la oración no funciona como una máquina vendedora: introducir la petición, recibir la respuesta. Los milagros son precisamente eso: *milagros*, no "cosas ordinarias" que se dan comúnmente en nuestra experiencia cotidiana. También ha cambiado mi idea de Jesús. Cuando ahora reflexiono acerca de su vida, los milagros desempeñan un papel menos destacado que lo que de niño había imaginado. Él no era un *Superman*.

Claro que Jesús realizó milagros — unas tres docenas, dependiendo de cómo los contemos — pero en realidad, los evangelios les quitan importancia. Con frecuencia Jesús pedía a quienes habían visto un milagro que no se lo contaran a nadie más. En el caso de algunos milagros, como la transfiguración o la resurrección de la niña de doce años, permitió que sus discípulos más cercanos los vieran, con órdenes estrictas de no decir nada. Aunque nunca se negó a nadie que le pidiera sanidad física, siempre rechazó las peticiones de mostrar algo para sorprender a las multitudes e impresionar a los importantes. Jesús reconoció desde un principio que el entusiasmo que generaban los milagros no se transformaba fácilmente en fe que cambia la vida.

Algunos escépticos, desde luego, no aceptan los milagros, y consideran que hay que descartar por definición cualquier relato de un acontecimiento sobrenatural. El museo Smithsonian de Washington tiene en exhibición un libro encuadernado en piel en el que Tomás Jefferson pegó todos los pasajes de los evangelios que no contienen ningún elemento milagroso. Esa era la Biblia que leía a diario hacia el fin de sus días; un evangelio más aceptable de Jesús el maestro, no el hacedor de milagros.

La posición de Tomás Jefferson es un eco histórico de lo que sucedió en tiempo de Jesús. También entonces los racionalistas sopesaban la enseñanza de Jesús y escrutaban sus milagros. A veces negaban la prueba clara que tenían delante de los ojos y a veces buscaban explicaciones sustitutas (magia, poder del diablo). Muy pocas veces le resulta fácil a la gente creer en milagros; parecían tan peculiares en el primer siglo como nos lo parecerían a nosotros si se realizaran hoy. Entonces, como ahora, los milagros despertaron sospechas, desprecio y sólo alguna que otra vez fe.

Como acepto a Jesús como el Hijo de Dios, quien vino a la tierra "siguiendo las huellas de nubes de gloria", acepto los milagros que realizó como un complemento natural de su obra. Incluso así, sin embargo, los milagros me plantean grandes interrogantes. ¿Por qué fueron tan pocos? ¿Por qué sólo éstos? ¿Por qué esos milagros específicos y no otros? Soy periodista, no teólogo; por esto en mi búsqueda de respuestas no examino los milagros bajo categorías sistemáticas sino como situaciones individuales, instantáneas impresionistas de la vida de Jesús.

El primer milagro de Jesús fue quizá el más extraño de todos. Nunca volvió a repetir algo parecido, y fue el milagro que tomó tan por sorpresa a Jesús como a cualquier otra persona.

A la edad de treinta años, más o menos, Jesús acudió a una boda con el recién formado grupo de discípulos. Su madre también fue, probablemente acompañada de otros miembros de la familia. En la vida de cualquier pueblo de Galilea, las bodas traían un espíritu festivo a una existencia por lo demás monótona. El novio y su comitiva desfilaban por las calles del pueblo a la luz de antorchas para ir a buscar a los familiares de la novia, y luego se dirigían juntos a la casa del novio para celebrar una gran fiesta, digna de la realeza. Pensemos en las escenas felices en *El violinista en el tejado*: familias campesinas judías bailando en el patio con sus ropas más elegantes finamente recamadas, música y risas, mesas con fuentes de barro repletas de comida y grandes jarras de vino. La fiesta podía prolongarse hasta por una semana, mientras la comida, el vino y el ánimo duraran. De verdad que las bodas eran momentos de gran gozo.

Los discípulos de Jesús sin duda tuvieron que contemplar con incredulidad la estridente escena, sobre todo los que habían venido a Jesús procedentes de Juan el Bautista, con su dieta de desierto y sus ropajes de pieles de animales. ¿Bailarían esos ascetas con las muchachas judías y disfrutarían de las delicias culinarias? ¿Les preguntaría la gente del pueblo acerca del Bautista; lo más parecido a un profeta que Israel había visto en cuatrocientos años? El Evangelio según San Juan no lo dice. Sólo nos cuenta que, en un instante de crisis, toda la fiesta casi tuvo que detenerse. Se había acabado el vino.

Si se piensa en emergencias, ésta no ocupa un lugar elevado en la lista. Produjo vergüenza, claro está, pero ¿tenía que preocuparse por una falla social un Mesías que había llegado para sanar a los enfermos y liberar a los cautivos? "¿Qué tienes conmigo, mujer?" le contestó Jesús a su madre cuando ella le mencionó el problema. "Aún no ha venido mi hora."

Sólo podemos conjeturar qué pasó por la mente de Jesús en esos segundos que siguieron a la petición de María, mientras la ponderaba. Si intervenía, esto querría decir que su hora *había* venido y a partir de ese momento, su vida cambiaría. Si se sabía que tenía esos poderes, muy pronto le llegarían peticiones de gente necesitada desde Tiro hasta Jerusalén. Acudirían las multitudes: epilépticos, paralíticos, sordomudos, posesos, para no mencionar a mendigos que llegarían a pedirle un vaso de vino. De la capital llegarían investigadores. Comenzaría a andar un reloj que no se detendría sino hasta el Calvario.

Entonces Jesús, la misma persona que poco antes cuando estaba ayunando en el desierto, había repudiado el desafío de Satanás de convertir piedras en panes, tomó una decisión. Por primera pero, sin duda, no por última vez en su vida pública, cambió sus planes para complacer a otra persona. "Llenad estas tinajas de agua", dijo a los sirvientes. Las llenaron de agua, y de ellas, en forma milagrosa, pudieron servir vino; el mejor vino, el vino escogido que se solía servir al principio cuando los paladares están en condiciones de discernir y los invitados son más impresionables. La fiesta se animó de nuevo, el anfitrión se calmó, la reunión se pudo seguir celebrando en grande.

Juan no da indicios de que los invitados o ni siquiera el anfitrión se enteraran del pequeño drama que se desarrolló tras bambalinas. María sí estuvo al corriente, claro está, y también los sirvientes. Y los discípulos de Jesús lo supieron: "Manifestó su gloria; y sus discípulos creyeron en él."

¿Qué podemos aprender de este extraño incidente? Los escritores George MacDonald y C. S. Lewis ven en él un recordatorio de la gracia común de Dios, en este caso centrada en un angosto haz, como los rayos solares que pasan por una lupa. Los milagros de Jesús, comentan, no suelen contradecir a las leyes naturales, sino más bien reproducen la actividad normal de la creación a una velocidad diferente y a una escala menor. "Algunos de los milagros hacen localmente lo que Dios ya ha hecho universalmente", escribe Lewis. "Dios crea la vid y le enseña a succionar agua con sus raíces y con la ayuda del sol a convertir esa agua en un jugo que fermentará y tomará ciertas cualidades. De esta manera cada año, desde la época de Noé hasta ahora, Dios convierte el agua en vino." Del mismo modo, anticuerpos y antígenos realizan a diario en nuestro cuerpo milagros de sanidad, pero en una forma más lenta y menos sensacional que las sanidades que Jesús iba a realizar.

Sí, pero ¿qué se puede decir del significado subyacente? ¿Qué quiso decir ese primer extraño milagro? Apartándose de su costumbre, Juan no nos interpreta la "señal" milagrosa, que para él casi siempre significa un símbolo, una especie de parábola representada. Algunos comentaristas ven en él un anticipo de la Última Cena, cuando Jesús transforma no el agua en vino sino el vino en sangre, su sangre, derramada por toda la humanidad.

Prefiero una interpretación más extravagante. De manera significativa, Juan advierte que el vino procedió de grandes vasijas (en una de ellas cabían entre ochenta y ciento veinte litros) que se encontraban llenas de agua al frente de la casa, vasijas que utilizaban los judíos ortodoxos para cumplir con las normas de la purificación ceremonial. Incluso en las fiestas de bodas había que cumplir con los minuciosos ritos de la purificación. Jesús, quizá con un guiño de ojo, transformó esas vasijas, voluminosos símbolos de la senda vieja, en cueros de vino, presagios de la nueva. Del agua purificada de los fariseos provino el selecto vino nuevo de una época totalmente nueva. Había pasado ya la época de la purificación mediante ritos; había comenzado la época de la celebración.

Profetas como Juan el Bautista predicaron el juicio y en realidad, muchos milagros del Antiguo Testamento expresaron ese sentido de juicio severo. El primer milagro de Jesús, sin embargo, fue de tierna misericordia. No les pasó inadvertida la lección a los discípulos que estuvieron con Él en la boda esa noche en Caná; especialmente a los recién reclutados de entre los seguidores del Bautista.

El milagro de la transformación del agua en vino, que se dio una sola vez, ocurrió fuera de todo centro de atención, en una aldea retirada, acerca de cuya ubicación los arqueólogos ni siquiera coinciden. Al poco tiempo, sin embargo, Jesús comenzó a usar poderes milagrosos a la luz pública, ante multitudes entusiastas. Como sucede en la actualidad, los milagros de sanidad física eran los que más atención producían, y Juan 9 nos narra uno de esos milagros en Jerusalén, la capital y corazón de la oposición a Jesús. Juan dedica todo un capítulo a ese relato, dibujando un retrato clásico de lo que sucede cuando Jesús perturba el orden prevaleciente.

El relato comienza por donde suelen empezar muchos enfermos, con la pregunta acerca de la causa. *¿Por qué yo? ¿Qué está tratando de decirme Dios?* En la época de Jesús la gente pensaba que la tragedia golpeaba a quienes se lo merecían.[1] "No hay muerte sin pecado, y no hay sufrimiento sin iniquidad", enseñaban los fariseos, quienes veían la mano del castigo en los desastres naturales, en los defectos de nacimiento, y en situaciones permanentes como ceguera y parálisis. Aquí es donde entra el punto de "haber nacido ciego". Formados en buena tradición judía, los discípulos de Jesús debatían qué podía explicar semejante defecto de nacimiento. ¿Había el hombre de alguna forma pecado *in utero*? O estaba sufriendo las consecuencias del pecado de sus padres; perspectiva más fácil de imaginar pero obviamente injusta.

---

1 He notado un cambio notable desde el tiempo de Jesús en cuanto a cómo piensa la gente acerca de las calamidades. En la actualidad tendemos a echarle la culpa a Dios, tanto en el caso de cataclismos (lo que las compañías de seguros llaman "actos de Dios") como en asuntos triviales. En los Juegos Olímpicos de Invierno de 1994, cuando el patinador de velocidad Dan Janssen raspó el hielo y perdió la carrera de los quinientos metros, su esposa Robin exclamó como por instinto: "¿Por qué, Dios mío, otra vez? ¡Dios no puede ser tan cruel!" Unos meses después una joven le escribió la siguiente carta al Dr. James Dobson: "Hace cuatro años salía con un hombre y quedé embarazada. ¡Quedé destrozada! Le pregunté a Dios: '¿Por qué has permitido que me sucediera semejante cosa?'" No puedo dejar de preguntarme qué papel tuvo Dios en que el patinador perdiera el control en una curva y que una pareja de jóvenes perdieran el control en una de sus salidas.

Jesús respondió trastornando las ideas comunes acerca de cómo ve Dios a los enfermos y a los incapacitados. Negó que la ceguera del hombre proviniera de algún pecado, y descartó la opinión prevaleciente de que las tragedias les ocurren a quienes las merecen (véase Lucas 13:1-5). Jesús quería que los enfermos supieran que Dios no los maldice sino que los ama de una manera especial. Todos sus milagros de sanidad, en realidad, socavan la tradición rabínica de "lo merecieron".

Los discípulos miraban hacia atrás para encontrar el "¿Por qué?" Jesús orientó su atención hacia adelante, respondiendo a una pregunta diferente: "¿Con qué fin?" Su respuesta: "No es que pecó éste, ni sus padres, sino para que las obras de Dios se manifiesten en él."

Lo que comenzó con un relato trágico de la ceguera de un hombre concluye como un relato surrealista de la ceguera de todos los demás. Los vecinos del hombre hacen que demuestre su identidad, los fariseos lo someten a interrogatorios formales, y sus propios padres (que, después de todo, habían sido lo bastante insensibles como para dejarle llevar una vida de mendigo) vacilan bajo toda esa presión. Y el hombre que había sido ciego no tiene tiempo para esas reflexiones teóricas: "Si es pecador, no lo sé", dice acerca de Jesús. "Una cosa sé, que habiendo yo sido ciego, ahora veo."

En Jerusalén, donde Jesús había sido criticado como hereje, un milagro diáfano, sobre todo si se realizaba en sábado, significaba una grave amenaza para la doctrina oficial. Aunque los fariseos no podían dejar de aprobar el milagro — un mendigo ciego estaba ahora mirándolos a los ojos y desafiándolos públicamente — al final se aferran a sus gastadas teorías del castigo. "Tú naciste del todo en pecado, ¿y nos enseñas a nosotros?" le replicaron. Las orejeras teológicas no se caen fácilmente.

La respuesta a este milagro, como a la mayoría de los que se relatan en los evangelios, confirma un notable principio de la fe: aunque la fe puede producir milagros, los milagros no producen necesariamente la fe.

Uno puede considerar que la enfermedad es un fallo mecánico de las células corporales o, en un sentido más amplio, que es un estado de desequilibrio que afecta al cuerpo, la mente y el alma.

Aprendí esto de pacientes del Dr. Paul Brand, especialista en lepra, de cuyos libros he sido coautor. Excepto en las fases muy preliminares, el paciente con lepra no sufre de dolor físico. En realidad, éste es el problema: después que los bacilos de la lepra matan las células nerviosas, los pacientes, al no tener aviso del peligro, dañan sus propios cuerpos. Un paciente con lepra puede caminar todo el día sobre tornillos afilados de metal, o utilizar un martillo que lo llena de astillas, o rascarse un punto infectado en el globo ocular. Cada una de estas acciones destroza tejidos y puede conducir por último a la pérdida de la extremidad o de la visión, pero en ninguno de estos casos al leproso le *duele*.

Aunque no les duela, claro que los leprosos *sufren* tanto como el que más. Casi todo el dolor que experimentan proviene de afuera; el dolor del rechazo de que los hace objeto la comunidad que los rodea. El Dr. Brand me contó de un joven brillante que estaba tratando en la India. En el curso del examen Brand le puso la mano en el hombro y le informó, por medio de un intérprete, del tratamiento que le esperaba. Para sorpresa del médico, el hombre comenzó a temblar y a sollozar. "¿He dicho algo que no debía?" le preguntó Brand a la intérprete. Ésta le hizo esa misma pregunta en tamil para luego informarle. "No, doctor. Dice que llora porque le puso la mano en el hombro. Hacía años que nadie lo había tocado."

En los países occidentales, donde ya casi no hay lepra, gran parte de su estigma moral y social lo ha tomado una nueva enfermedad. "El SIDA es la lepra de nuestro tiempo", dice el Ministro de Salud Pública C. Everett Koop. "Hay personas que tienen respecto a los pacientes de SIDA la misma actitud que se tenía frente a los leprosos hace cien años." Conozco a un paciente de SIDA que se desplazó mil setecientos kilómetros para pasar con su familia en Michigan el día de Acción de Gracias. No los había visto por años. Los padres lo acogieron con reserva. Cuando llegó la comida, todos recibieron una abundante cantidad de pavo con toda su guarnición en finos platos de porcelana; excepto el hijo con SIDA, a quien se le sirvió en un plato imitación porcelana y se le dio cubiertos de plástico.

Jesús conocía muy bien el estigma social que recae sobre enfermedades como el SIDA o la lepra. Las leyes levíticas establecían que la persona con lepra debía vivir fuera de la ciudad, mantenerse a dos metros de distancia de los demás, y llevar ropa de luto, como la que se usa en los entierros. Me puedo imaginar fácilmente la indignación que se apoderó de la multitud cuando uno de esos parias pasó por entre ellos, al que sin duda le abrieron amplio paso, para echarse a los pies de Jesús. "Señor, si quieres puedes limpiarme", le dijo.

Mateo, Marcos y Lucas ofrecen versiones algo diferentes de la escena, pero los tres incluyen la misma contundente frase: "Jesús extendió la mano, y le tocó." La muchedumbre tuvo que haberse quedado boquiabierta. ¿Acaso la ley de Moisés no prohibía semejante acción? El leproso quizá se sobresaltó. ¿Por cuantos meses o años se había visto privado de la sensación del contacto con la cálida carne humana? Ese simple contacto con Jesús acabó con su estado de desequilibrio. Se restauró el shalom.

La respuesta de Jesús ante el desequilibrio estableció una pauta para la Iglesia que se formó alrededor de Él, y los cristianos comenzaron a seguir su ejemplo de cuidar de los enfermos, los pobres y los rechazados. En el caso de la lepra, aunque la Iglesia a veces aumentó el dolor con su mensaje de que era una "maldición de Dios", también surgieron muchas personas que marcaron la pauta en cuanto a su tratamiento. Algunas órdenes religiosas se dedicaron al cuidado de los leprosos, y los avances científicos en dicho tratamiento con frecuencia nacieron del empeño de misioneros, porque eran los únicos dispuestos a trabajar con pacientes de lepra.[1] En forma parecida, los cristianos ahora participan en ministerios para los pacientes de SIDA y en hospicios. Es un movimiento moderno dedicado a quienes tienen poca esperanza de sanar físicamente pero que necesitan mucho amor y atención.

La Madre Teresa, cuyas hermanas dirigen en Calcuta un hospicio y una clínica para leprosos, dijo una vez: "Tenemos medica-

---

1 Una extraña creencia que se dio en la Edad Media hizo que la Iglesia extendiera su labor a los leprosos. Debido a una mala traducción de Jerónimo, los líderes de la Iglesia llegaron a creer que la descripción que hace Isaías del Siervo Sufriente como "desfigurado" o "experimentado en quebranto", significaba que era leproso. Por esto en los siglos doce y trece sacaron la conclusión de que Jesús tuvo que haber sido leproso. Esta creencia condujo a un cambio total en cuanto a la forma de ver la lepra: dejó de ser una maldición de Dios, para convertirse en "Enfermedad santa". A los cruzados que regresaban con lepra, se los trataba con gran reverencia, y por todas partes surgieron "lazaretos" para tratar la enfermedad (llamados así por Lázaro el mendigo). Sólo en Francia llegó a haber cerca de dos mil. Este movimiento histórico es un ejemplo más de cómo la Iglesia siguió literalmente el mandato de Jesús de tratar "a estos mis hermanos más pequeños" como hubieran tratado a Cristo mismo.

mentos para personas con enfermedades como la lepra. Pero esos medicamentos no tratan el problema principal, la enfermedad de ser *no deseado*. Esto es lo que mis hermanas esperan dar. Los enfermos y los pobres sufren incluso más del rechazo que de las necesidades materiales. Un alcohólico en Australia me dijo que cuando camina por las calles oye que se aceleran las pisadas de los que se le acercan y de los que pasan junto a él. La soledad y la sensación de ser no deseado es la pobreza más terrible." No hay que ser médico o hacedor de milagros para satisfacer esa necesidad.

Un delicioso relato que en los evangelios sigue directamente a la sanidad del leproso muestra la diferencia que supone para la persona afligida tener amigos. Un hombre paralítico, que tenía que depender necesariamente de los demás para comer, para bañarse e incluso para su higiene, ahora necesitó ayuda para actuar de acuerdo con su fe.

Recuerdo los impulsos destructivos que sentí en mí cuando escuché por primera vez este relato en la Escuela Dominical. ¡Este paralítico deseaba tanto encontrarse con Jesús que consiguió que cuatro amigos hicieran una abertura en el techo para bajarlo por el hueco! El hombre que había pasado toda la vida en posición horizontal iba a lograr un momento de fama vertical. Los comentaristas bíblicos se esfuerzan en mencionar que los techos de paja y teja de Palestina eran más fáciles de desmontar y reparar que los techos de nuestras casas. No comprenden: un hueco en el techo difícilmente es el camino normal para entrar en una casa. Además, por muy liviano que fuera el techo, al hacer un hueco, sin duda iban a interrumpir lo que sucedía abajo. Se levantaría polvo, caerían sobre los presentes restos de paja y de arcilla, el ruido y la confusión impedirían que continuara la reunión.[1]

La muchedumbre, cuya presencia misma había sido la causa del problema de acceso, se llevó dos fuertes sorpresas. La primera fue la forma complicada que utilizaron los amigos del paralítico para resolverlo. Luego vino la reacción completamente inesperada de Jesús. Cuando Jesús vio la fe *de ellos* — poniendo de relieve el

---

1 Un sacerdote llamado Donald Senior hizo una observación acerca de este relato que nunca antes había notado, con relación al asunto del acceso para el tullido. Senior dice: "Cualquier persona tullida podría contar muchos episodios como éste — entrar a la iglesia por la sacristía (o, peor aún, que lo tengan que alzar como a un niño por las gradas de la puerta principal), llegar a una sala de conferencias por medio de un ascensor de carga y luego por la cocina o por el cuarto de servicio, para poderse reunir con las personas 'normales' que han entrado por la puerta principal."

papel de los cuatro amigos en la sanidad — dijo: "Hijo, tus pecados te son perdonados."

Al parecer, a Jesús más bien le gustó la interrupción. La fe excepcional nunca dejaba de impresionarlo y sin duda que la cuadrilla de demolición de cuatro hombres había demostrado tenerla. Con todo, su respuesta confundió a los presentes. ¿Quién había hablado de pecados? ¿Y quién era Jesús para perdonarlos? Como de costumbre, los expertos religiosos comenzaron a argüir acerca del derecho de Jesús a perdonar pecados, sin hacer caso del paralítico postrado en medio de los escombros.

Jesús silenció el debate con palabras enigmáticas que parecen resumir su actitud general hacia la sanidad física: "¿Qué es más fácil, decir al paralítico: Tus pecados te son perdonados, o decirle: Levántate, toma tu lecho y anda?" Aunque dejó en suspenso la pregunta por unos momentos, todo su ministerio da la respuesta. La curación física es mucho más fácil, sin duda alguna. Y como para probarlo, Jesús sólo pronunció una palabra y el paralítico se puso de pie, enrolló su lecho, y salió caminando — o quizá corriendo — a su casa.

Jesús nunca se encontró con una enfermedad que no pudiera curar, con un defecto congénito que no pudiera corregir, con un demonio que no pudiera exorcizar. Pero sí se encontró con escépticos que no pudo convencer y con pecadores que no pudo convertir. El perdón de los pecados requiere de un acto voluntario de parte del receptor, y algunos de los que escucharon las palabras más elocuentes acerca de la gracia y el perdón se fueron sin arrepentirse.

"Pues para que sepáis que el Hijo del Hombre tiene potestad en la tierra para perdonar pecados . . .", les anunció Jesús a los escépticos al sanar al hombre, clara ilustración de lo "inferior" al servicio de lo "superior". Jesús sabía que el desequilibrio espiritual tiene una efecto más devastador que cualquier dolencia física. En último caso la persona sanada muere ¿y entonces qué? No había venido principalmente para sanar las células del mundo, sino para sanar sus almas.

Con qué facilidad quienes vivimos en cuerpos materiales le damos poco valor al mundo del espíritu. Se me ocurre que si bien Jesús dedicó mucho tiempo a asuntos como la hipocresía, el legalismo y el orgullo, no conozco ningún ministerio por televisión que se dedique a sanar esos problemas "espirituales"; pero sí conozo muchos que se centran en las dolencias físicas. Pero apenas comienzo a sentirme superior, recuerdo con qué facilidad me siento atormentado por el más leve sufrimiento físico, y cuán rara vez me siento atormentado por el pecado.

Cuando se trata de milagros, Jesús tiene un conjunto diferente de prioridades que la mayor parte de sus seguidores.

Sólo un milagro aparece en los cuatro evangelios. Se realizó en las verdes colinas a orillas del Mar de Galilea cuando la popularidad de Jesús — y también su vulnerabilidad — iba en aumento. Dondequiera que iba lo seguía una multitud entre la que se encontraban muchos afligidos y trastornados.

El día antes del gran milagro, Jesús atravesó el lago para eludir a las masas. Herodes acababa de ejecutar a Juan el Bautista, pariente de Jesús, predecesor y amigo, y Jesús necesitaba estar solo con su dolor. Sin duda que la muerte de Juan provocó pensamientos sombríos acerca del destino que lo aguardaba.

No iba a poder estar solo. Una gran cantidad de personas de entre la multitud que lo había seguido el día antes hizo el recorrido de quince kilómetros alrededor del lago y muy pronto centenares, incluso miles de personas, se agolparon en torno a Jesús. "Tuvo compasión de ellos", dice Marcos, "porque eran como ovejas, que no tienen pastor." En lugar de pasar el día renovando su espíritu, Jesús lo pasó sanando a los enfermos, actividad que siempre consume energías, y hablando a una multitud tan grande como para llenar una cancha de béisbol.

Se presentó el problema de la alimentación. *¿Qué hacer? ¡Había por lo menos cinco mil hombres, sin mencionar a las mujeres y los niños!* "Despídelos", sugirió uno de los discípulos. "Compren comida para ellos", dijo Jesús. *¿Qué? ¿Está bromeando? ¡Estamos hablando de las ganancias de ocho meses!*

Entonces Jesús tomó el mando de una forma que ninguno de ellos había visto antes. "Que la gente se siente en grupos de cincuenta", dijo. Exactamente lo que uno hubiera esperado de un personaje mesiánico.

Es inevitable que en la actualidad leamos la vida de Jesús al revés, porque ya sabemos lo que ocurrió. Ese día nadie, excepto

Jesús, tenía la más mínima idea. Entre los grupos que llenaban la ladera de la montaña corrían rumores. *¿Es éste? ¿Podría serlo?* En el desierto, Satanás había exhibido delante de Jesús la posibilidad de un milagro que satisficiera a las multitudes. Ahora, no para complacer a una multitud, sino para llenar sus estómagos, Jesús tomó dos peces salados y cinco pequeños panes y realizó el milagro que todos estaban esperando.

Tres de los evangelios se detienen ahí. "Y comieron todos, y se saciaron. Y recogieron de los pedazos doce cestas llenas, y de lo que sobró de los peces", informa Marcos con una moderación magistral. Sólo Juan habla de lo que sucedió luego. Jesús pudo, por fin, pasar tiempo a solas. Mientras los discípulos iban cruzando el lago, enfrentándose con una tempestad, Jesús pasó la noche en una montaña, a solas, en oración. Luego esa misma noche se unió a los discípulos caminando sobre el agua.

A la mañana siguiente, en una escena de persecución casi cómica, la multitud se apoderó de barcas para ir en busca de Jesús, como un banco de peces que persigue a un objeto extraño alrededor del lago. Después de haber disfrutado por un día de un milagro, deseaban otro. Jesús reconoció la verdadera intención de la multitud: apoderarse por la fuerza de Él para coronarlo rey.

A ti te daré toda esta potestad, le había prometido Satanás.

Los dos grupos entablaron entonces una conversación que quizá se desarrolló en idiomas diferentes. Jesús se mostró excepcionalmente brusco, acusando a la multitud de motivos egoístas, de desear sólo alimento para el estómago. Hizo algunas afirmaciones provocativas, como: "Yo soy el pan de vida", y: "He descendido del cielo." Dijo cosas incomprensibles como: " . . . si no coméis la carne del Hijo del Hombre, y bebéis su sangre, no tenéis vida en vosotros."

Como un coro en un drama griego, la multitud dio una respuesta radical a cada una de estas duras palabras. Se quejaron. Arguyeron. No iban a renunciar fácilmente a su sueño. Una vieja tradición judía enseñaba que el Mesías renovaría la práctica de Moisés de servir el maná, y ¿acaso Jesús no había hecho precisamente esto? Con el milagro del día anterior todavía digiriéndose en sus estómagos, pidieron otra señal milagrosa. Se habían vuelto adictos.

Al final, Jesús "ganó" la discusión. No era su clase de Mesías después de todo; no iba a darles pan y circo sólo porque lo pidieran. La gran multitud, inquieta, empezó a dispersarse, y los discípulos de Jesús comenzaron a quejarse. "Dura es esta palabra; ¿quién la puede oír?" dijeron. Muchos lo abandonaron, una separación de discípulos que sólo Juan menciona. "¿Queréis acaso iros también vosotros", preguntó Jesús a los doce con tristeza.

El dar de comer a los cinco mil ilustra por qué Jesús, con todos los poderes sobrenaturales a su disposición, mostró semejante ambivalencia ante los milagros. Atraían multitudes y aclamaciones, sí, pero pocas veces fomentaban el arrepentimiento y la fe duradera. Traía un mensaje difícil de obediencia y sacrificio, no un espectáculo para buscadores de emociones.

A partir de ese día la enseñanza de Jesús dio un giro diferente. Como si las escenas seguidas de aclamación y repudio hubieran aclarado su futuro, comenzó a hablar con más claridad acerca de su muerte. Las extrañas metáforas que había utilizado frente a la multitud comenzaron a adquirir más sentido. El pan de vida no era algo mágico, como el maná; descendió del cielo a fin de ser destrozado y mezclado con sangre. Hablaba acerca de su propio cuerpo. En palabras de Robert Farrar Capon: "El Mesías no iba a salvar al mundo con intervenciones milagrosas a modo de curitas: una tempestad acallada aquí, una multitud alimentada allá, una suegra sanada más allá. Antes bien, iba a salvarlo por medio de un misterio, más profundo, más tenebroso, siniestro, en cuyo centro estaba su propia muerte."

Jesús pasó una especie de prueba ese día en el verde montículo junto al lago. Satanás le había dado un anticipo en el desierto, pero esa tentación fue más teórica. Ahora se daba lo verdadero, una prueba del reinado que se le ofrecía y al que tenía todo derecho, y que declinó en favor de un camino más difícil, más humilde.

"La generación mala y adúltera demanda señal", diría Jesús cuando alguien le pidió que desplegara sus poderes. Y en Jerusalén, la capital, aunque muchos vieron los milagros que realizó y creyeron en Él, "pero Jesús mismo no se fiaba de ellos" porque sabía lo que llevaban en el corazón.

Una señal no es lo mismo que una prueba; una señal es simplemente una pista para quien busca la dirección correcta.

La última gran "señal" en Juan aparece exactamente a mitad del libro, en el capítulo 11, y constituye un eje narrativo para todo lo que antecede y sigue. Juan utiliza el milagro acerca de Lázaro como el suceso que hizo que los grupos religiosos establecidos se volvieran irremediablemente contra Jesús. Su relato también ofrece un conciso resumen de lo que los milagros lograron y no lograron durante la vida de Jesús en la tierra.

El relato de Lázaro está rodeado de una calidad única de "escenificación". Normalmente cuando Jesús se enteraba de que alguien estaba enfermo, respondía de inmediato, a veces incluso cambiaba sus planes a fin de responder a la solicitud. Esta vez, después que se enteró de la enfermedad de uno de sus buenos amigos se demoró en otra ciudad por un par de días más. Lo hizo a propósito, sabiendo muy bien que durante la demora se iba a producir la muerte de Lázaro. Juan incluye la enigmática explicación de Jesús a sus discípulos: "Lázaro ha muerto; y me alegro por vosotros de no haber estado allí, para que creáis." En forma deliberada dejó que Lázaro muriera y que su familia se afligiera.

En otro contexto, Lucas contrasta las clases de personalidad de las dos hermanas de Lázaro: Marta, la anfitriona obsesiva, que se afana en la cocina; y María la contemplativa, que se contenta con estar sentada a los pies de Jesús. En momentos de tragedia, las clases de personalidad son consecuentes consigo mismas. Marta corrió al encuentro de Jesús y su comitiva fuera del pueblo. "Señor", le reprendió, "si hubieses estado aquí, mi hermano no habría muerto." Poco después María se unió al grupo y en forma patética, repitió exactamente las mismas palabras: "Señor, si hubieses estado aquí, no habría muerto mi hermano."

Las palabras de las hermanas tienen el tono de acusación de un Dios que no respondió a la oración. Por mucho que tratemos, los que sufrimos no podemos evitar palabras como "si tan sólo". *Si tan sólo no se hubiera peleado. Si tan sólo hubiera dejado de fumar. Si tan sólo hubiera tratado de decir "adiós".* En este caso, María y Marta dirigieron sus "si tan sólo" a alguien concreto: el Hijo de Dios mismo, su amigo, que hubiera podido impedir la muerte.

No se podía achacar la culpa a la falta de fe. Marta le aseguró a Jesús que creía en la vida del más allá, y en forma admirable, incluso proclamó que Jesús era el Mesías, el Hijo de Dios. Esa fe ingenua era precisamente el centro del problema: ¿Por qué Jesús no la había tenido en cuenta? Los amigos y parientes preguntaban lacónicamente: "¿No podía éste, que abrió los ojos al ciego, haber hecho también que Lázaro no muriera?"

Marta lloraba. María lloraba. Todos los dolientes lloraban. Por fin, Jesús mismo "se estremeció en espíritu y se conmovió", y lloró. Juan no dice por qué lloró Jesús. Como ya había revelado sus planes de resucitar a Lázaro de entre los muertos, sin duda que no sentía el mismo dolor que los destrozados dolientes. Sin embargo, algo lo tocó. Al acercarse al sepulcro, de nuevo se sintió profundamente conmovido.

Nunca antes había la muerte perturbado a Jesús. Sin esfuerzo había devuelto su hijo a la viuda de Naín, deteniendo un cortejo fúnebre en el camino. Devolvió a la hija de Jairo a la vida con una orden casi juguetona: "Niña, ¡levántate!", como un padre que le dice a la hija que ya se acabó la siesta. En el caso de la familia de Lázaro, sin embargo, pareció perturbado, afectado, angustiado.

La oración de Jesús junto al sepulcro nos da una pista: "Padre, gracias te doy por haberme oído. Yo sabía que siempre me oyes; pero lo dije por causa de la multitud que está alrededor, para que crean que tú me has enviado." En ninguna otra parte había orado Jesús teniendo presente a los que lo rodeaban, como un actor shakesperiano que se dirige al público para decir un aparte. En ese momento Jesús parecía consciente de su doble identidad, quien vino del cielo y al mismo tiempo, el Hijo del Hombre nacido en la tierra.

La oración pública, la voz alta, los gestos, todo manifiesta las señales de una batalla espiritual que se está librando. Jesús estaba señalando algo, realizando una "señal" ante los ojos de todos y en ese momento, más que en ningún otro, reconocía el estado intermedio de la creación de Dios. Jesús sabía, desde luego, que Lázaro ya se encontraba en un estado íntegro y de contentamiento, que estaba mejor, en todo sentido, por haberse despojado de su ropaje mortal. Marta y María también lo sabían, teóricamente. Pero a diferencia de Jesús y de Lázaro, nunca habían escuchado los ecos de la risa desde el otro lado de la muerte. La fe en el poder y amor de Dios se veía de momento superada por el pesar. Todo lo que veían era la pérdida, todo lo que sentían era dolor.

Ese estado intermedio de pérdida y dolor quizá explica el porqué de las lágrimas de Jesús. Los expertos en griego dicen que la palabra que se traduce por "conmoverse" significa más que pena; implica enfado, incluso furia. En ese mismo momento Jesús mismo se encontraba entre dos mundos. Estar frente a un sepulcro que hedía a muerte le significó un augurio de lo que le esperaba en este condenado — literalmente condenado — mundo. Que su propia muerte fuera a concluir en resurrección no disminuía el temor ni el dolor. Era humano: tenía que pasar por el Gólgota para llegar al otro lado.

La historia de Lázaro, vista en su ciclo completo, no sólo nos da una visión anticipada del futuro de Jesús sino también una visión condensada de todo el planeta. Todos vivimos nuestros días en una transición, el intervalo del caos y la confusión entre la muerte y la reaparición de Lázaro. Aunque ese tiempo sea transitorio, y puede resultar insignificante cuando se lo compara con el futuro glorioso que nos espera, ahora es todo lo que conocemos y esto es suficiente para hacernos llorar; suficiente para hacer llorar a Jesús.

La resurrección de un hombre, Lázaro, no resolvería el dilema del planeta tierra. Para esto, sería necesaria la muerte de un hombre. Juan agrega el detalle sorprendente e irónico de que el milagro de Lázaro selló el fin de Jesús. "Así que, desde aquel día acordaron matarle." Y a partir de ese día, las señales y maravillas de Jesús se acabaron.

Al leer los relatos de algunos milagros de la época de Jesús, encuentro en ellos un significado muy diferente.

De niño veía los milagros como pruebas absolutas de las pretensiones de Jesús. En los evangelios, sin embargo, los milagros nunca ofrecieron semejante certeza, ni siquiera a quienes los vieron en persona. "Si no oyen a Moisés y a los profetas, tampoco se persuadirán aunque alguno se levantare de los muertos", dijo Jesús de los escépticos. Probablemente Jesús pensaba en su propia resurrección, pero la secuela de la historia de Lázaro demuestra lo mismo: extrañamente, los sacerdotes y principales trataron de encubrir el milagro matando de nuevo a Lázaro. Con la prueba contundente de un milagro espectacular que andaba caminando por entre ellos en la persona de Lázaro, conspiraron para destruir esa prueba. Los milagros nunca trastornaron a las personas y las "forzaron" a creer. De no ser así, no hubiera habido lugar para la fe.

De niño veía los milagros como garantías de seguridad personal. ¿Acaso Jesús no había prometido: " . . . ni uno de ellos [pajarillos] cae a tierra sin vuestro Padre"? Más adelante, aprendí que esta promesa se ofrece en medio de una serie de graves advertencias a los doce discípulos, en las que Jesús predice su arresto, persecución y muerte. Según la tradición, los once discípulos que sobrevivieron a Judas murieron todos como mártires. Jesús sufrió, también el apóstol Pablo y la mayoría de los primeros líderes cristianos. La fe no es una póliza de seguro. O, como sugiere Eddie Askew, quizá sí lo es: "un seguro no previene accidentes, sino que da un fundamento firme a partir del cual se puede hacer frente a las consecuencias."

De niño me esforzaba por tener más fe. Los adultos me invitaban a desarrollar la fe, pero no tenía muchas pistas en cuanto a cómo proceder. Al leer juntos todos los relatos de sanidad, detecto en los evangelios una especie de "jerarquía de fe". En la parte alta de la jerarquía están quienes impresionaron a Jesús con una fe valiente, inquebrantable: un centurión, un impertinente mendigo ciego, una persistente mujer cananea. Estos relatos de fe provechosa me hacen sentir incómodo, porque rara vez tengo una fe semejante. Fácilmente me desaliento ante el silencio de Dios. Cuando mis oraciones no obtienen respuesta siento deseos de renunciar y no volver a pedir. Por esta razón, busco más abajo en la jerarquía para encontrar personas de menos fe, y me alienta enterarme de que Jesús pareció dispuesto a trabajar con cualquier destello de fe, por débil que pareciera. Me aferro a los tiernos relatos de cómo Jesús trató a los discípulos que lo abandonaron y luego dudaron de Él. El mismo Jesús que alabó la fe valiente de los que están en la parte alta de la jerarquía, también reavivó la fe fluctuante de sus discípulos. Y me consuela sobre todo la confesión del padre del muchacho poseso quien le dijo a Jesús: "Creo; ayuda mi incredulidad." Incluso a este hombre vacilante se le concedió lo que pedía.

De niño veía milagros en todas partes. Ahora los veo pocas veces y me parecen ambiguos, susceptibles de interpretaciones diferentes. Mi visión infantil sin duda que se ha vuelto confusa con la edad y siento que esto es una pérdida. Pero no cabe duda que la desconcertante selectividad de los milagros no fue más fácil de entender en tiempo de Jesús de lo que lo es hoy. Alguien que podía caminar sobre el agua lo hizo una sola vez. ¡Qué dominio de sí mismo! Sí, resucitó a Lázaro y secó las lágrimas de sus hermanas, pero ¿que pasó con las muchas otras hermanas y esposas e hijas y madres que lloraban ese mismo día a sus seres amados? Cuando Jesús habló directamente de los milagros subrayó que eran *poco frecuentes.*

De niño veía los milagros como magia. Ahora los veo como señales. Cuando Juan el Bautista languidecía en la cárcel, Jesús le envió informes de sanidades y resurrecciones para demostrar que Él era "aquel"; poco después, sin embargo, Juan mismo murió a manos de un verdugo. El mensaje de Jesús a Juan no hizo nada para aliviar su condición física, y no sabemos qué efecto pudo haber tenido en su fe. Independientemente de esto, el mensaje sí expresó la naturaleza del reino que Jesús había venido a iniciar. Era un reino de liberación, en el que los ciegos verían, los tullidos andarían, los sordos oirían, los leprosos quedarían limpios y los pobres serían liberados. Para algunos (en tres docenas de casos milagrosos que conocemos) la liberación se produjo cuando Jesús andaba recorriendo los caminos de Galilea y Judea. Otros han conseguido la liberación gracias al servicio abnegado de seguidores de Jesús. Pero otros, Juan el Bautista entre ellos, no lograron para nada su liberación aquí en la tierra.

¿Por qué, entonces, los milagros? ¿Significaron algo especial? Concedo sin dificultad que Jesús, con unas pocas docenas de curaciones y un puñado de resurrecciones de los muertos, hizo poco para solucionar el problema del dolor en este planeta. No vino para eso. Sin embargo, estaba en la naturaleza de Jesús contrarrestar, mientras estuviera en la tierra, los efectos del mundo caído. A su paso por la vida Jesús utilizó poder sobrenatural para enderezar lo malo. Todas las sanidades físicas apuntaban a un tiempo en el Edén cuando los cuerpos físicos no quedaban ciegos, ni tullidos, ni sangraban por doce años, y también apuntaban hacia un tiempo de nueva creación que vendría. Los milagros que realizó, al quebrar las cadenas de la enfermedad y la muerte, hicieron vislumbrar lo que debía ser el mundo e infundieron esperanza de que un día Dios enderezaría lo malo. Para decirlo de una forma moderada, Dios no está más satisfecho con este tierra que nosotros; los milagros de Jesús dan una pista de lo que Dios va a hacer al respecto.

Algunos ven los milagros como una suspensión improbable de las leyes del universo físico. Como señales, sin embargo, desempeñan precisamente la función opuesta. La muerte, el deterioro, la entropía y la destrucción son las verdaderas suspensiones de las leyes de Dios; los milagros son los primeros destellos de restauración. En palabras de Jürgen Moltmann: "Las curaciones que Jesús realizó no son milagros sobrenaturales en un mundo natural. Son las únicas cosas 'naturales' en un mundo que no es natural, que está demonizado y herido."

10

La muerte:
La semana definitiva

¿Por qué la Providencia ocultó su rostro "en el momento más decisivo"... como si quisiera someterse voluntariamente a las leyes ciegas, estúpidas, implacables de la naturaleza?

Fyodor Dostoievski

10

La muerte:
La semana definitiva

La iglesia en la que crecí solía pasar por alto los acontecimientos de la Semana Santa para apresurarse a escuchar la exultación de la Pascua de Resurrección. Nunca nos reuníamos para un culto el Viernes Santo. Celebrábamos la Cena del Señor sólo una vez por trimestre, desmañada ceremonia en la que solemnes diáconos vigilaban el avance de las bandejas con copitas como dedales y galletas partidas.

Los católicos no creían en la resurrección, me decían, lo cual explicaba por qué las muchachas católicas llevaban crucecitas "con el hombrecito clavado". Me enteré de que celebraban la misa con velas encendidas en una especie de rito sectario, síntoma de su obsesión con la muerte. Nosotros, los protestantes, éramos diferentes. Reservábamos para el Día de Resurrección nuestra mejor ropa, nuestros himnos más entusiastas y nuestros pocos adornos del templo.

Cuando comencé a estudiar teología e historia de la Iglesia descubrí que mi iglesia estaba equivocada en cuanto a los católicos, quienes creían en la Resurrección con la misma fuerza que nosotros y quienes, en realidad, escribieron muchos de los credos que expresan mejor esa creencia. De los evangelios aprendí que, a diferencia de mi iglesia, el relato bíblico se vuelve más lento, en lugar de acelerarse, cuando llega a la Semana Santa. Los evangelios, dijo uno de los primeros comentaristas cristianos, son crónicas de la última semana de Jesús con introducciones cada vez más extensas.

De las biografías que he leído, pocas dedican más del diez por ciento de sus páginas al tema de la muerte; incluso las biografías de hombres como Martín Luther King Jr. y Gandhi, quienes sufrieron muertes violentas y políticamente significativas. Los evangelios, sin embargo, dedican casi una tercera parte del texto a la última semana que culmina la vida de Jesús. Mateo, Marcos, Lucas y Juan consideraron que la muerte de Jesús fue el misterio central de su vida.

Sólo dos de los evangelios mencionan los acontecimientos de su nacimiento, y los cuatro incluyen sólo unas pocas páginas acerca de su resurrección. Los cuatro, sin embargo, ofrecen sendos relatos detallados de los sucesos que condujeron a la muerte de Jesús. Nunca antes había sucedido nada ni remotamente parecido. Los seres celestiales habían aparecido esporádicamente en nuestro horizonte antes de la Encarnación (recordemos el ángel con que Jacob luchó y los visitantes de Abraham), y unos pocos seres humanos habían regresado de la muerte. Pero cuando el Hijo de Dios murió en el planeta tierra, ¿cómo podía ser que un Mesías fuera derrotado, un Dios fuera crucificado? La naturaleza misma se convulsionó ante semejante hecho: la tierra tembló, las rocas se partieron y el cielo se oscureció.

Por años, al irse acercando la Semana Santa, he leído juntos los cuatro relatos de los evangelios, a veces uno después de otro, a veces entrelazados en un formato de "concordancia de los evangelios". Cada vez me siento abrumado por el puro drama. La exposición sencilla, sin floreos, tiene un poder demoledor y casi puedo escuchar en el fondo un repique de tambor que resuena lleno de tristeza. No se producen milagros, no hay intentos sobrenaturales de rescate. Es simple tragedia, más que las de Sófocles o Shakespeare.

Las fuerzas del mundo, el sistema religioso más complicado de ese tiempo, aliado con el Imperio político más poderoso, se confabulan en contra de un personaje solitario, el único hombre perfecto que haya jamás vivido. Aunque los poderosos se burlan de Él y sus amigos lo abandonan, sin embargo, los evangelios transmiten la fuerte e irónica impresión de que Él mismo está supervisando todo el largo proceso. Se ha encaminado en forma decidida hacia Jerusalén, sabiendo el destino que le aguarda. La cruz ha sido siempre su objetivo. Ahora, al acercarse la muerte, lleva la voz cantante.

Un año me adentré en los relatos de los evangelios cuando acababa de leer todo el Antiguo Testamento. En mi itinerario por los libros de historia, de poesía y de profecía, había conocido a un Dios de mucho poder. Caían cabezas, se derribaban imperios, desaparecían naciones enteras de la faz de la tierra. Todos los años los judíos hacían una pausa como nación para recordar la gran hazaña de Dios al liberarlos de Egipto, acontecimiento repleto de milagros. Descubría resonancias del Éxodo en los Salmos y profetas, indicios para una tribu acorralada de que el Dios que en otro tiempo había respondido a sus oraciones, lo podía volver a hacer.

Con esos relatos resonando todavía en mis oídos, llegué a la descripción detallada que hace Mateo de la última semana de Jesús. Una vez más los judíos se habían reunido en Jerusalén para recordar el Éxodo y celebrar la Pascua. Una vez más la esperanza había salido a flote: *¡El Mesías ha llegado!* decía un rumor. Y luego, como un dardo disparado al corazón de la esperanza, llegaron la traición, el juicio y la muerte de Jesús.

¿Cómo podemos nosotros, que conocemos de antemano el final, comprender jamás la sensación terrible que se apoderó de los seguidores de Jesús? Con el paso de los siglos el relato se ha vuelto algo común, y no puedo comprender y mucho menos recrear, el efecto de esa última semana en los que la vivieron. Me limitaré a relatar lo que me parece más destacado en este nuevo repaso del episodio de la Pasión.

La entrada triunfal. Los cuatro evangelios mencionan este acontecimiento que a primera vista parece la única vez en que Jesús se desvió de su aversión a las aclamaciones. La multitud extendió mantos y ramas de árbol sobre el camino para mostrar su adoración. "¡Bendito el que viene en el nombre del Señor!" exclamaban. Aunque Jesús normalmente le tenía aversión a semejantes manifestaciones de fanatismo, esta vez los dejó gritar. A los indignados fariseos les explicó: "Os digo que si éstos callaran, las piedras clamarían."

¿Se estaba acaso reivindicando el profeta de Galilea en Jerusalén? "Mirad, el mundo se va tras él", exclamaron alarmados los fariseos. En ese momento, con varios centenares de miles de peregrinos reunidos en Jerusalén, le parecía a todo el mundo que el Rey había llegado con todo su poder para reclamar el trono al que tenía derecho.

Recuerdo de niño al volver a casa del culto del Domingo de Ramos, cortando de manera distraída las hojitas de las palmas, pasando rápidamente las páginas del boletín trimestral de la Escuela Dominical para llegar al tema siguiente. No tenía sentido. Si la multitud se le arrojaba a los pies una semana, ¿cómo lo arrestaban y mataban la semana siguiente?

Cuando leo los evangelios ahora encuentro tendencias subyacentes que ayudan a explicar el brusco cambio. En el Domingo de Ramos lo acompañaba un grupo de Betania, todavía alborozado por el milagro de Lázaro. Sin duda que los peregrinos de Galilea, que lo conocían muy bien, constituían otra gran parte de la multitud. Mateo señala que también lo aclamaban los ciegos, los tullidos y los niños. Aparte de estos grupos, sin embargo, el peligro acechaba. Las autoridades religiosas se sentían ofendidas por Jesús, y las legiones romanas, que habían sido traídas para controlar a las multitudes que habían acudido para las fiestas, prestarían atención a la opinión del Sanedrín en cuanto a quién podía significar una amenaza para el orden público.

Jesús mismo tuvo sentimientos encontrados durante el clamoroso desfile. Lucas relata que al acercarse a la ciudad lloró. Sabía cuán fácilmente podía cambiar el humor de una multitud. Las voces que gritan: "¡Hosanna!" una semana después pueden vociferar: "¡Crucifícale!"

La entrada triunfal está rodeada de un ambiente de ambivalencia. Cuando leo los relatos juntos, lo que me parece que destaca es la naturaleza desconcertante de toda la situación. Me imagino a un oficial romano acudiendo a galope para ver si había disturbios. Ha visto procesiones en Roma, donde hacen las cosas bien. El general triunfador va en un carruaje dorado, con corceles que tiran de las riendas y las espigas de las ruedas resplandecientes a la luz del sol.

Detrás de él, soldados en bruñidas armaduras despliegan los estandartes capturados a los ejércitos derrotados. Detrás sigue una procesión destartalada de esclavos y prisioneros encadenados, prueba viviente de lo que sucede cuando se desafía a Roma.

En la entrada triunfal de Jesús, el destartalado séquito no es más que la multitud entusiasmada: los tullidos, los ciegos, los niños, los campesinos de Galilea y Betania. Cuando el oficial busca al objeto de su atención, vislumbra a una figura melancólica *que llora*, cabalgando no en un corcel o carruaje sino a lomo de un pollino, con un manto prestado cubriendo el lomo de la bestia a modo de silla de montar.

Sí, se desprendía un aroma de triunfo el Domingo de Ramos, pero no la clase de triunfo que pudiera impresionar a Roma ni por mucho más tiempo a las multitudes en Jerusalén. ¿Qué clase de rey era ése?

La última cena. Cada vez que leo el relato de Juan me sorprende su tono "moderno". Como en ninguna otra parte, uno de los autores de los evangelios ofrece un retrato realista, a cámara lenta. Juan cita extensos fragmentos de diálogo y subraya la relación emocional entre Jesús y sus discípulos. Tenemos en Juan capítulos 13 al 17, una memoria íntima de la noche más angustiosa de Jesús en la tierra.

Hay muchas sorpresas reservadas para los discípulos esa noche en la que celebran el rito de la Pascua, cargado de simbolismo. Cuando Jesús lee en voz alta la historia del Éxodo, la mente de los discípulos puede muy bien haber sustituido "Egipto" por "Roma". Qué mejor plan podía tener Dios que repetir ese ejercicio de fuerza en un momento así, con todos los peregrinos congregados en Jerusalén. La rotunda afirmación de Jesús avivó sus sueños más locos: "Yo, pues, os asigno un reino", dijo con tono magistral, y: "yo he vencido al mundo."

Al leer el relato de Juan me encuentro volviendo a un curioso incidente que interrumpe la comida. "Sabiendo Jesús que el Padre le había dado todas las cosas en las manos", comienza Juan en forma dramática, para luego agregar este final incongruente: "se levantó de la cena, y se quitó su manto, y tomando una toalla, se la ciñó." Vestido como un esclavo, se inclinó para lavar la suciedad de las calles de Jerusalén de los pies de los discípulos.

Qué forma tan extraña de actuar del invitado de honor en la última comida con sus amigos. Qué conducta tan incomprensible de parte de un gobernante que luego iba a anunciar: "Yo os asigno un reino." En esos días, lavar los pies se consideraba tan degradante que el amo no se lo podía exigir al esclavo judío. Pedro palideció ante esto.

La escena del lavamiento de los pies se destaca, para el autor M. Scott Peck, como uno de los acontecimientos más significativos de la vida de Jesús. "Hasta ese momento lo importante en todas las situaciones había sido que alguien llegara a lo más alto y que, una vez ahí, permaneciera en esa posición o tratara de subir todavía más. Pero en este caso, este hombre que ya había llegado a lo más alto — quien era rabino, maestro — de repente desciende a lo más bajo y comienza a lavar los pies de sus seguidores. Con esa sola acción Jesús dio simbólicamente un vuelco completo a todo el orden social. No pudiendo comprender lo que sucedía, incluso sus propios discípulos se sintieron horrorizados ante tal conducta."

Jesús nos pidió a sus seguidores que hiciéramos tres cosas en recuerdo suyo. Nos pidió que bautizáramos a otros, como Él había sido bautizado por Juan. Nos pidió que recordáramos la comida que compartió esa misma noche con los discípulos. Por último, nos pidió que nos laváramos los pies unos a otros. La iglesia siempre ha cumplido con dos de estos mandatos, aunque en medio de muchas discusiones acerca de qué significan y cuál es la mejor manera de cumplirlos. Pero en la actualidad, tendemos a asociar el tercero, lavar los pies, con pequeñas denominaciones escondidas en las colinas de los montes Apalaches. Sólo unas pocas denominaciones practican el lavamiento de pies; para las demás, toda esta idea parece primitiva, rural y poco complicada. Se puede debatir acerca de si Jesús quiso que ese mandato fuera sólo para los doce discípulos o para todos los que vendríamos después, pero tampoco hay indicios de que los doce siguieran dichas instrucciones.

Esa misma noche, algo más tarde, se produjo una discusión entre los discípulos acerca de cuál de ellos era el mayor. De manera intencional, Jesús no negó el instinto humano de competencia y ambición. Simplemente lo orientó en otra dirección: "Sea el mayor entre vosotros como el más joven, y el que dirige como el que sirve." Entonces fue cuando proclamó: "Yo, pues, os asigno un reino"; un reino, en otras palabras, fundado en el servicio y la humildad. En el lavamiento de los pies, los discípulos habían visto un cuadro vivo de qué quería decir. Seguir ese ejemplo no se ha vuelto para nada más fácil en dos mil años.

Traición. En medio de esta velada íntima con sus amigos más cercanos Jesús dejó caer una bomba: uno de los doce hombres reunidos a su alrededor lo entregaría esa noche a las autoridades. Los discípulos "se miraban unos a otros, dudando de quién hablaba", y comenzaron a preguntarse unos a otros.

Jesús había tocado un punto susceptible. "¿Desde luego que no soy yo?" respondieron los discípulos por turno, poniendo de manifiesto sus dudas subyacentes. La traición no resultaba un pensamiento extraño. En la Jerusalén llena de conspiraciones, quién sabe a cuantos discípulos se les habían acercado los enemigos de Jesús para tantearlos. La misma Última Cena estuvo rodeada de peligro; el aposento alto lo había preparado clandestinamente un hombre misterioso que llevaba un cántaro de agua.

Unos momentos después que Jesús dejara caer la bomba, Judas salió sigilosamente de la habitación, sin despertar sospechas. Es claro que el tesorero del grupo quizá se excusó diciendo que iba a comprar suministros o a ocuparse de algún asunto caritativo.

El nombre "Judas", común en otro tiempo, casi ha desaparecido. Ningún padre desea poner a su hijo el nombre del traidor más famoso de la historia. Y sin embargo, para mi sorpresa, cuando leo ahora los relatos evangélicos lo que sobresale es su *condición de hombre común y corriente*, no su villanía. Al igual que los otros discípulos, Jesús lo había escogido después de una larga noche de oración. Como tesorero, obviamente gozaba de la confianza de los demás. Incluso en la Última Cena se sentó en un lugar de honor, cerca de Jesús. Los evangelios no ofrecen ninguna pista en el sentido de que Judas pudiera haber sido un "espía" que se infiltró en el círculo más íntimo para planificar esta perfidia.

¿Cómo fue posible, pues, que Judas traicionara al Hijo de Dios? En el momento de hacerme la pregunta pienso en los otros discípulos que abandonan a Jesús en Getsemaní y en Pedro que jura: "No conozco al hombre", cuando lo presionan en el atrio de la casa del sumo sacerdote, y en los once que obstinadamente se niegan a creer las noticias de la resurrección de Jesús. El acto traicionero de Judas difirió en cuanto a grado, pero no en cuanto a clase de las muchas otras deslealtades.

Lleno de curiosidad por ver cómo presentaría Hollywood el acto de traición, proyecté quince versiones de la acción de Judas. Me encontré con muchas teorías. Según unos, codiciaba el dinero. Otros lo presentaban como temeroso, que llega a la decisión de cerrar trato cuando los enemigos de Jesús lo fueron acosando. Otros lo retrataban como desilusionado, preguntándose: ¿por qué Jesús limpió el templo sagrado con un látigo en vez de movilizar un ejército en contra de Roma? Quizá se había cansado de la "blandura" de Jesús: como los militantes en la moderna Palestina o Irlanda del Norte, Judas no tuvo paciencia para una revolución lenta, no violenta. O, por el contrario, ¿esperaba acaso forzar a Jesús a actuar? Si Judas preparaba el arresto, sin duda que Jesús se vería obligado a declararse abiertamente y a establecer su reino.

Hollywood prefiere presentar a Judas como a un rebelde complicado, heroico. La Biblia simplemente dice: "Satanás entró en él" cuando dejó la mesa para llevar a cabo su acción. En cualquier caso, el desencanto de Judas difirió, de nuevo, sólo en grado de lo que otros discípulos habían sentido. Cuando se vio claramente que la clase de reino que Jesús proponía conducía a una cruz, no a un trono, todos ellos fueron desapareciendo en la oscuridad.

Judas no fue la primera ni la última persona que haya traicionado a Jesús, sino sólo la más famosa. Shusako Endo, el novelista cristiano de Japón, tomó la traición como tema central de muchas de sus novelas. *Silence* [Silencio], la más conocida, habla de cristianos japoneses que negaron su fe bajo la persecución de los *shoguns*. Endo había leído muchos relatos sobrecogedores acerca de los mártires cristianos, pero no había encontrado ninguno acerca de los traidores cristianos. ¿Cómo hubiera podido encontrarlos? Nadie había escrito ninguno. Sin embargo, para Endo, el mensaje más poderoso de Jesús fue su amor inextinguible, incluso y *especialmente* por quienes lo traicionaron. Cuando Judas guió hasta el huerto a una turba dispuesta a linchar a Jesús, éste se dirigió a él como "amigo". Los otros discípulos lo abandonaron, pero siguió amándolos. Su pueblo lo hizo ejecutar; pero estando en la cruz, desnudo, en la posición de ignominia definitiva, Jesús, con un esfuerzo supremo, exclamó: "Padre, perdónalos . . ."

No conozco ningún otro contraste más agudo entre dos seres humanos que el que se da entre Pedro y Judas. Ambos tuvieron liderazgo dentro del grupo de los discípulos de Jesús. Ambos vieron y escucharon cosas maravillosas. Ambos pasaron por el mismo ciclo agitado de esperanza, temor y desilusión. Cuando aumentaron los riesgos, ambos negaron al Maestro. Ahí termina la semejanza. Judas, con pesar pero al parecer sin arrepentimiento, aceptó las consecuencias lógicas de su acción, se quitó la vida, y pasó a la historia como el traidor más grande de todos los tiempos. Murió sin querer recibir lo que Jesús vino a ofrecerle. Pedro, humillado, pero siempre receptivo al mensaje de gracia y perdón de Jesús, pasó a dirigir un avivamiento en Jerusalén y no se detuvo hasta que llegó a Roma.

Getsemaní. Desde el aposento alto en Jerusalén, saturado de olores de cordero, hierbas amargas y cuerpos sudorosos, Jesús y su grupo de once se levantaron para dirigirse a los olivares frescos y espaciosos de un huerto llamado Getsemaní. La primavera estaba en todo su esplendor, el aire de la noche lleno de fragancia de flores. Acostados bajo la luna y las estrellas, en un ambiente pacífico lejos del ajetreo de la ciudad, los discípulos se adormecieron rápidamente.

Jesús, sin embargo, no experimentaba semejante paz. "Comenzó a entristecerse y a angustiarse en gran manera", dice Mateo. Lo mismo escribe Marcos. Y ambos escritores mencionan sus palabras quejumbrosas a los discípulos: "Mi alma está muy triste hasta la muerte; quedaos aquí y velad." Jesús había ido con frecuencia a orar solo, a veces enviando a los discípulos lejos en una barca de modo que pudiera pasar la noche a solas con el Padre. Esta noche, sin embargo, necesitaba la presencia de ellos.

Por instinto, los seres humanos necesitamos a alguien a nuestro lado en el hospital la noche antes de una operación, en el hogar de ancianos cuando la muerte se aproxima, en cualquier momento importante de crisis. Necesitamos el contacto tranquilizador de la presencia humana. La reclusión sin comunicación es el peor castigo que nuestra especie haya inventado. Encuentro en el relato de los evangelios acerca de Getsemaní una intensidad profunda de soledad que Jesús no había experimentado nunca antes.

Quizá si se hubiera incluido a mujeres en la Última Cena, Jesús no hubiera tenido que pasar esas horas solo. La madre de Jesús, llena de presentimiento, había acudido a Jerusalén; ésta es la primera mención que se hace de ella en los evangelios desde el comienzo del ministerio de su hijo. Las mismas mujeres que se quedaron junto a la cruz, envolvieron su cuerpo rígido y acudieron rápidamente al sepulcro al amanecer, sin duda que hubieran permanecido junto a Él en el huerto, hubieran sostenido su cabeza y enjugando sus lágrimas. Pero a Jesús sólo lo acompañaron amigos. Amodorrados por la comida y el vino, se durmieron mientras Jesús soportaba la prueba solo.

Cuando los discípulos le fallaron, Jesús no trató de ocultar que se sentía herido: "¿Así que no habéis podido velar conmigo una hora?" Estas palabras sugieren algo más ominoso que la soledad. ¿Es posible que, por primera vez, no deseara estar a solas con el Padre?

Se estaba desarrollando un gran conflicto, y los evangelios describen el tormento de Jesús en una forma muy poco parecida a los relatos judíos y cristianos de martirios. "Pase de mí esta copa", suplicó. No se trataba de oraciones piadosas y formales: "estando en agonía, oraba más intensamente; y era su sudor como grandes gotas de sangre que caían hasta la tierra." ¿En qué consistía exactamente el conflicto? ¿Temor del dolor y de la muerte? Desde luego. A Jesús no le agradaba esa perspectiva más que a usted o a mí. Pero algo más estaba en juego, una nueva experiencia para Jesús que sólo se puede llamar abandono por parte de Dios. En esencia, Getsemaní describe, después de todo, el caso de una oración no respondida. La copa del sufrimiento no fue quitada.

El mundo había rechazado a Jesús: prueba de esto era el desfile a la luz de las antorchas que se aproximaba por los senderos del huerto. Pronto los discípulos lo iban a abandonar. Durante la oración, la oración angustiada que se topó con un muro de silencio, sin duda debe haber sentido como si también Dios le hubiera vuelto la cara.

John Howard Yoder conjetura acerca de lo que habría podido suceder si Dios hubiera intervenido para concederle la petición: "Pasa de mí esta copa." Jesús no era en forma alguna impotente. Si hubiera insistido en hacer su propia voluntad y no la de su Padre, hubiera llamado a doce legiones de ángeles (setenta y dos mil) para que pelearan una Guerra Santa por Él. En Getsemaní, Jesús revivió la tentación de Satanás en el desierto. En ambos casos hubiera podido solucionar el problema del mal por la fuerza, con una rápida puñalada al tentador en el desierto o una violenta batalla en el huerto. No hubiera habido historia de la Iglesia — ni Iglesia —, se hubiera detenido toda la historia humana y hubiera concluido la era actual. Todo esto entraba dentro del poder de Jesús, si hubiera dicho una sola palabra, si hubiera pasado por alto el sacrificio personal y descartado el complicado futuro de la redención. Ningún reino se hubiera desarrollado como una semilla de mostaza; el reino hubiera más bien descendido como una granizada.

Sin embargo, como nos lo recuerda Yoder, la cruz, la "copa" que ahora parecía tan terrible, era la razón misma de la venida de Jesús a la tierra. "En la cruz está el hombre que ama a sus enemigos, el hombre cuya justicia es mayor que la de los fariseos, quien siendo rico se hizo pobre, quien dio su manto a quienes le robaron la túnica, quien ora por quienes lo utilizan en forma insultante. La cruz no es un rodeo o un obstáculo en el camino del reino, ni siquiera es el camino al reino; es el reino que ha venido."

Después de varias horas de atormentada oración, Jesús llegó a una decisión. Su voluntad y la del Padre convergieron. "¿No era necesario que el Cristo padeciera estas cosas?" es como lo expresó luego. Despertó a sus adormecidos amigos por última vez y se dirigió decididamente, en medio de la oscuridad, hacia quienes querían matarlo.

Los juicios. En nuestro tiempo los programas de televisión y las novelas de gran éxito nos han familiarizado con el mundo, antes tan secreto, de los procesos legales. Para quienes desean un mayor realismo, un canal por cable transmite en vivo los juicios criminales más horrendos y los casos de acoso sexual más sugerentes. Una y otra vez el público norteamericano ha seguido fascinado a los abogados que elaboran inteligentes defensas que consiguen que declaren inocentes a personas famosas aunque quienes lo ven por televisión saben que los acusados son tan culpables como el pecado.

En un espacio de menos de veinticuatro horas, Jesús tuvo que enfrentarse con hasta seis interrogatorios, unos de parte de los judíos y otros de los romanos. Al final, un irritado gobernador emitió el veredicto más fuerte que permitía la ley romana. Cuando uno lee las transcripciones de los juicios, lo que más llama la atención es la *poca defensa* de Jesús. Ni un solo testigo salió en su defensa. Ningún líder tuvo la valentía de denunciar la injusticia que se estaba cometiendo. Ni siquiera Jesús trató de defenderse. Y en ningún momento Dios el Padre dijo ni una sola palabra.

La secuencia de los juicios parece como un ejercicio de pasarse la pelota. Nadie parece querer asumir la plena responsabilidad de hacer ejecutar a Jesús, aunque todos desean hacerlo. Los estudiosos han escrito millares de palabras para definir con exactitud qué parte de la responsabilidad por la muerte de Jesús recae sobre Roma y qué parte sobre los judíos.[1] En realidad, ambos grupos participaron en la decisión. Si se buscan sólo las irregularidades en los procesos, se corre el riesgo de pasar por alto el punto más importante: Jesús significaba una verdadera amenaza para los poderes establecidos en Jerusalén.

Como líder cautivante con muchos seguidores, Jesús había despertado desde hacía tiempo las sospechas de Herodes en Galilea y del Sanedrín en Jerusalén. No comprendieron la naturaleza de su reino, es cierto, pero poco antes de su arresto Jesús había de hecho utilizado la fuerza para expulsar del templo a los cambistas. Para un gobierno títere como el Sanedrín, que quería la "paz a toda costa" para sus amos romanos, un suceso como ése les causó alarma. Además, se había difundido el rumor de que Jesús afirmaba que podía destruir el templo y reedificarlo en tres días. Los líderes judíos no lograban conseguir testigos que estuvieran de acuerdo en las palabras exactas que Jesús había dicho, pero era comprensible que se alarmaran. Imagínense la reacción hoy si un árabe fuera por las calles de la ciudad de Nueva York gritando: "Volaré en pedazos el *World Trade Center* y lo reconstruiré en tres días."

---

1 Una de las grandes difamaciones de la historia ha sido la de acusar al pueblo judío de ser totalmente responsable de la muerte de Jesús. Nadie ni siquiera piensa en acusar a los italianos actuales por lo que sus antepasados hicieron hace diecinueve siglos. Joseph Klausner escribe: "Los judíos, como nación, fueron mucho menos culpables por la muerte de Jesús de lo que lo fueron los griegos, como nación, por la muerte de Sócrates; pero ¿a quién se le ocurriría en la actualidad pensar en pedir cuentas a sus compatriotas, el pueblo griego actual, por la sangre de Sócrates el griego? Sin embargo, en estos diecinueve siglos, el mundo ha seguido pidiendo cuentas a los judíos por la sangre de Jesús el judío; los judíos ya han pagado el castigo, y lo siguen pagando en ríos y torrentes de sangre." Esto a pesar de que Jesús dijo que había venido para "las ovejas perdidas de la casa de Israel", y a pesar de que casi todos los primeros cristianos fueron judíos.

Para los sacerdotes y la gente piadosa, estas amenazas políticas palidecían ante los informes de las pretensiones religiosas de Jesús. Los fariseos habían palidecido ante el atrevimiento de Jesús de perdonar unilateralmente los pecados y de llamar a Dios su propio Padre. Su aparente falta de consideración por el sábado los escandalizaba; la ley de Moisés establecía que quebrantar el sábado era una ofensa capital. Jesús significaba una amenaza para la ley, para el sistema de sacrificios, para el templo, para las normas de alimentación y para las muchas distinciones entre puros e impuros.

Por último, en el juicio el sumo sacerdote había apelado al solemne juramento del testimonio — "Te conjuro por el Dios viviente" — para hacer una pregunta que Jesús, como acusado, debía contestar por ley. "Que nos digas si eres tú el Cristo [el Mesías], el Hijo de Dios." Por fin Jesús rompió su silencio: "Tú lo has dicho."

El acusado pasó a hablar en términos elevados del Hijo del Hombre que venía en las nubes del cielo. Fue demasiado. Para un judío fiel, por poco que se quisiera ser justo, las palabras de Jesús resultaban blasfemas. "¿Qué más necesidad tenemos de testigos?" dijo el sumo sacerdote, rasgándose las vestiduras.

Sólo quedaba una opción a la blasfemia y a la pena de muerte que conllevaba: que las palabras de Jesús fueran verdaderas y que en realidad fuera el Mesías. ¿Cómo podía ser? Atado, rodeado de guardas armados, la imagen misma de la impotencia, Jesús parecía la figura menos mesiánica de todo Israel.

La blasfemia, sin embargo, no tenía ninguna importancia para los romanos, quienes prefirieron mantenerse al margen de las disputas religiosas locales. De camino hacia los jueces romanos, las consecuencias de la pretensión mesiánica cambiaron de blasfemia a sedición. Después de todo, la palabra Mesías significaba rey y Roma no toleraba a ningún agitador que dijera poseer ese título.

Ante Herodes, el mismo gobernante que había hecho decapitar a Juan el Bautista y que había deseado desde hacía tiempo examinar a Jesús en persona, Jesús mantuvo un silencio tranquilo. Sólo Pilato consiguió que confesara. "¿Eres tú el Rey de los judíos?" preguntó Pilato. Una vez más Jesús, con las manos atadas a la espalda, el rostro hinchado por falta de descanso, con las huellas

de las manos de los soldados en las mejillas, respondió sencillamente: "Tú lo dices."

Muchas veces antes Jesús había desaprovechado la ocasión de
decir quién era. Cuando personas que eran sanadas, discípulos e
incluso demonios lo habían reconocido como Mesías, los había
hecho callar. En su época de popularidad, cuando las multitudes
lo perseguían por el lago como fanáticos que acosan a un personaje
famoso, había huido. Cuando estos seguidores lo alcanzaron,
ansiosos de coronarlo de inmediato, les predicó un sermón tan
perturbador que casi todos lo abandonaron.

Sólo ese día, primero ante las autoridades religiosas y luego
ante las políticas, sólo cuando su pretensión iba a parecer el colmo
de lo absurdo, admitió quién era. "El Hijo de Dios", dijo a los
poderes religiosos que lo tenían en sus manos. "Rey", dijo al
gobernador romano, quien debe haberse reído mucho. Un ejemplar
lamentable, que probablemente le recordaba a Pilato a un loco
romano que había declarado ser César.

Frágil, rechazado, condenado, totalmente solo; entonces pensó
Jesús que era seguro revelarse y aceptar el título de "Cristo". Como
comenta Karl Barth: "No confiesa su mesianidad sino en el momento en que ya ha sido superado el peligro de fundar una
religión."

Esa idea era una ofensa, diría más tarde Pablo. Piedra de
tropiezo, la clase de piedra que se descarta por inservible, un
fastidio en el lugar donde se construye. Pero esa piedra puede
significar, con la clase de poder que Dios tiene, la piedra angular
de un nuevo reino.

Calvario. En una autobiografía de los años anteriores a la
Segunda Guerra Mundial, Pierre Van Paassen nos habla de un acto
de humillación que realizaron las tropas de choque nazis que
habían detenido a un anciano rabino judío y lo habían llevado al
cuartel general. En un extremo de la misma sala, dos colegas
estaban golpeando a muerte a otro judío, cuando los que habían
detenido al rabino decidieron divertirse a su costa. Lo desnudaron
y le dijeron que predicara el sermón que había preparado para el
sábado siguiente en la sinagoga. El rabino pidió que le dejaran
ponerse su casquete, a lo que los nazis, burlones, accedieron. Hacía
la broma más cómica. El tembloroso rabino comenzó a predicar el

sermón con voz ronca acerca de qué significa caminar en humildad delante de Dios, mientras los ululantes nazis lo atizaban y acicateaban, y mientras se oían en el otro rincón de la sala los gritos agónicos de su colega.

Cuando leo los relatos evangélicos del arresto, tortura y ejecución de Jesús, pienso en el rabino desnudo, humillado, en una comisaría de policía. Incluso después de haber visto docenas de películas acerca del tema, y de leer los evangelios repetidas veces, no puedo llegar a imaginarme la indignidad, la *vergüenza* por la que pasó el Hijo de Dios en la tierra, desnudo, flagelado, escupido, golpeado en el rostro, coronado de espinas.

Tanto los líderes judíos como los romanos querían la burla que iba a producir la parodia del delito por el que se había condenado a la víctima. *Mesías, ¿eh? Estupendo, oigamos una profecía. Zas. ¿Quién te ha golpeado?Zas. Vamos, dínoslo, señor profeta. Para ser Mesías, no sabes mucho ¿verdad?*

¿Dices que eres rey? Bueno, entonces, arrodillémonos ante semejante majestad. Pero ¿qué es esto? ¿Un rey sin corona? Oh, esto no sirve. Ven acá, señor Rey, te vamos a poner una corona, claro. Crujidos. *¿Qué tal esto? ¿Un poco torcida? Te la voy a arreglar. Oye, ¡estáte quieto! Vaya, mira qué modestos somos. Bueno, ¿qué tal una túnica, algo para cubrir esa carnicería que tienes en la espalda? ¿Qué sucedió, tuvo su majestad una pequeña caída?*

Se pasaron el día así, desde el juego violento de adivina quién te pegó en el patio de la mansión del sumo sacerdote, hasta los matones profesionales de los guardas de Pilato y de Herodes, hasta las burlas de los espectadores que acudían a insultar a los delincuentes que avanzaban tambaleándose camino al Calvario, y por fin hasta la cruz misma donde Jesús escuchó un torrente de burlas de los que estaban abajo e incluso de uno cricificado junto a Él. *¿Te llamas a ti mismo Mesías? Entonces, baja de la cruz. ¿Cómo vas a salvarnos a nosotros si ni siquiera te puedes salvar a ti mismo?*

Me he maravillado, y a veces cuestionado, el dominio de sí mismo que Dios ha demostrado a lo largo de la historia, permitiendo que los Genghis Khans, los Hitlers y los Stalins se salieran con la suya. Pero nada — absolutamente nada — se puede comparar con el dominio de sí mismo que demostró en ese tenebroso viernes en Jerusalén. Con cada latigazo, con cada contacto violento de los puños contra su rostro, Jesús debe de haber recordado la tentación en el desierto y en Getsemaní. Legiones de ángeles estaban a la espera de que les diera la orden. Con una sola palabra suya hubiera terminado la prueba.

"La idea de la cruz nunca debiera acercarse a los cuerpos de los ciudadanos romanos", escribió Cicerón, "nunca debiera cruzar su mente, ni llegar a sus ojos u oídos." Para los romanos, la crucifixión era la forma más cruel de pena máxima que se reservaba para asesinos, esclavos revoltosos y otros crímenes odiosos en las colonias. A los ciudadanos romanos se los decapitaba, no crucificaba. Jesús experimentó su repugnancia — "maldito por Dios es el colgado", decía Deuteronomio — y preferían la lapidación cuando tenían autoridad para llevar a cabo las ejecuciones.

Los evangelistas, los arqueólogos y los expertos en medicina han descrito los detalles macabros de la crucifixión en forma tan minuciosa que no me parece necesario repetirlos. Además, si las "últimas siete palabras de Cristo" sugieren algo es que Jesús mismo tuvo en esos momentos otras cosas en qué pensar aparte del dolor. Lo que más se aproximó a una queja física fue su exclamación: "Tengo sed" e incluso entonces rechazó el vino avinagrado que le ofrecieron como anestesia. (La ironía de alguien que había ofrecido litros de vino en una fiesta de bodas, que había hablado de agua viva que iba a calmar la sed para siempre, y que muere con la lengua hinchada y el olor agrio de vinagre que le humedece la barba.)

Como siempre, Jesús estaba pensando en otros. Perdonó a quienes habían llevado a cabo la acción. Tomó medidas para que su madre fuera atendida. Dio la bienvenida al paraíso a un ladrón arrepentido.

Los evangelios refieren diferentes fragmentos de conversación en el Calvario y sólo dos de ellos concuerdan en cuanto a sus últimas palabras. Lucas pone en su boca: "Padre, en tus manos encomiendo mi espíritu", un acto final de confianza antes de morir. Juan contiene el resumen conciso de toda su misión en la tierra: "Consumado es." En cambio, Mateo y Marcos contienen las palabras más misteriosas de todas, la lamentable cita: "Dios mío, Dios mío ¿por qué me has desamparado?"[1]

Sólo esta vez, de entre todas sus oraciones en los evangelios, utiliza Jesús la palabra distante y formal "Dios" en vez de "Abba" o "Padre". Citaba a un salmo, desde luego, aunque también estaba expresando un profundo sentido de enajenación. Se había abierto una grieta inconcebible en la Deidad. El Hijo se sentía abandonado del Padre.

"El 'ocultarse' Dios quizá resulta muchísimo más doloroso en quienes por lo demás están mucho más cerca de Él, y por tanto Dios mismo, hecho hombre, se sentiría el más abandonado de todos los hombres", escribió C. S. Lewis. Sin duda que tiene razón. No importa mucho si me desaira la cajera del supermercado o el vecino que vive a dos cuadras de distancia. Pero si mi esposa, con quien he vivido toda mi vida de adulto, de repente corta toda comunicación conmigo, eso sí importa.

Ningún teólogo puede explicar adecuadamente la naturaleza de lo que sucedió dentro de la Trinidad ese día en el Calvario. Todo lo que tenemos es un grito de dolor de un hijo que se siente abandonado. ¿Ayudó que Jesús hubiera previsto que su misión en la tierra iba a incluir una muerte así? ¿Le ayudó a Isaac saber que su padre Abraham se limitaba a cumplir órdenes cuando lo ató sobre el altar? ¿Qué hubiera sucedido si no hubiera aparecido ningún ángel y Abraham hubiera atravesado con el cuchillo el corazón de su hijo? ¿Qué hubiera ocurrido entonces? Esto es lo que sucedió en el Calvario y el Hijo lo sintió como abandono.

No se nos dice lo que Dios el Padre exclamó en ese momento. Sólo lo podemos imaginar. El Hijo se convirtió en "hecho por nosotros maldición", dijo Pablo en Gálatas, y "al que no conoció pecado, por nosotros lo hizo pecado", escribió a los corintios. Sabemos qué siente Dios acerca del pecado; el sentido de abandono es probable que se experimentara en ambas direcciones.

Dorothy Syers escribe: "Es el único Dios que tiene una cita con la historia . . . No hay una ubicación más sorprendente de frases que la que, en el Credo de Nicea, coloca estas dos afirmaciones

---

1 Los comentaristas han observado que el relato de Mateo y Marcos es una de las pruebas más sólidas de que disponemos de una relato auténtico de lo que sucedió en el Calvario. ¿Por qué razón pondrían los fundadores de una nueva religión semejantes palabras de desesperación en los labios de su héroe moribundo a no ser que fuera esto precisamente lo que dijo?

simplemente una junto a otra: 'Dios de Dios . . . Padeció bajo Poncio Pilato.' En todo el mundo, miles de veces al día, los cristianos recitan el nombre de un relativamente insignificante procónsul romano . . . simplemente porque ese nombre deja establecida, dentro de un margen de pocos años, la fecha de la muerte de Dios."

A pesar de la vergüenza y de la tristeza que todo esto produce, de alguna forma lo que ocurrió en una colina llamada Calvario se puede conjeturar que se convirtió en el hecho más importante de la vida de Jesús, para los autores de los evangelios y de las Epístolas, para la Iglesia y si es posible la especulación en asuntos como éstos, también para Dios.

Le tomó tiempo a la Iglesia reconciliarse con la ignominia de la cruz. Los padres de la Iglesia prohibieron representarla en ninguna forma artística, hasta el reinado del emperador Constantino, quien tuvo una visión de la cruz y quien también la prohibió como forma de ejecución.[1] Así pues, no fue sino hasta el siglo cuarto en que la cruz se convirtió en símbolo de la fe. (Como señala C. S. Lewis, la crucifixión no se volvió común en el arte hasta que no hubieron muerto todos los que la habían visto en la realidad.)

Ahora, sin embargo, el símbolo está en todas partes: los artistas moldean oro para darle la forma del instrumento romano de ejecución, los jugadores de béisbol se hacen la señal de la cruz antes de salir a batear y los fabricantes de dulces incluso hacen cruces de chocolate para que los fieles se las coman en Semana Santa. Por raro que parezca, el cristianismo se ha convertido en una religión de la cruz; la horca, la silla eléctrica y la cámara de gas, en términos modernos.

Normalmente pensamos que alguien que muere como un delincuente es un fracasado. Sin embargo, el apóstol Pablo reflexionaría luego acerca de Jesús: "Despojando a los principados y a las potestades, los exhibió públicamente, triunfando sobre ellos en la cruz." ¿Qué quiso decir?

---

1 Según el historiador Michael Grant, Constantino tuvo poco interés en la persona misma de Jesús y encontraba desconcertante la crucifixión. En una ironía notable, vio "la cruz no tanto como un emblema de sufrimiento sino como un tótem mágico que confirmaba su propio triunfo". Constantino transformó la cruz de símbolo de amor y humillación por sacrificio en un símbolo de triunfo: la hizo pintar en los escudos de sus soldados.

En un nivel, pienso en personas de nuestro tiempo que despojan a las potestades. Los comisarios de policía racistas que encerraron a Martin Luther King Jr. en sus celdas, los soviéticos que deportaron a Solzhenitsyn, los checos que metieron en la cárcel a Václav Havel, los filipinos que asesinaron a Benigno Aquino, las autoridades de Suráfrica que encarcelaron a Nelson Mandela; todos ellos pensaron que resolvían un problema, pero en lugar de eso, todo concluyó con el desenmascaramiento de su propia violencia e injusticia. El poder moral puede tener un efecto que desarma.

Cuando Jesús murió, incluso un torpe soldado romano se sintió movido a exclamar: "Verdaderamente este hombre era justo." Vio con demasiada claridad el contraste entre sus violentos colegas y su víctima, que los perdonó cuando ya expiraba. La pálida figura clavada a un madero ponía de manifiesto que los poderes que mandaban en el mundo eran dioses falsos que violaban sus propias elevadas promesas de compasión y justicia. La religión, no la falta de religión, acusó a Jesús; la ley, no la ilegalidad, lo hizo ejecutar. Con sus juicios tendenciosos, sus azotes, su violenta oposición a Jesús, las autoridades políticas y religiosas de ese tiempo pusieron de relieve lo que realmente eran: mantenedores del sistema establecido, defensores sólo de su propio poder. Cada uno de sus ataques a Jesús ponía de manifiesto cuán ilegítimos eran.

Los ladrones que fueron crucificados a sendos lados de Jesús mostraron dos respuestas posibles. Uno se burló de la impotencia del Mesías: *¿Un Mesías que ni siquiera se puede salvar a sí mismo?* El otro reconoció una clase diferente de poder. Aceptó el riesgo de la fe para pedirle a Jesús "acuérdate de mí cuando vengas en tu reino". Nadie más, a no ser en son de burla, se había dirigido a Jesús como rey. El ladrón en trance de muerte vio con más claridad que ningún otro la naturaleza del reino de Jesús.

En un sentido, los dos ladrones presentan la elección que la historia toda ha tenido que hacer acerca de la cruz. ¿Vemos en la impotencia de Jesús el ejemplo de la impotencia de Dios o la prueba del amor de Dios? Los romanos, formados en el pensamiento del poder de deidades como Júpiter, pudieron reconocer muy poca semejanza a Dios en un cadáver maltratado que colgaba de un madero. Los judíos devotos, alimentados con relatos de un

Jehová poderoso, vieron muy poco digno de admiración en este dios que moría débil y lleno de vergüenza. Como Justino Mártir muestra en su "Diálogo con el judío Trifón", la muerte de Jesús en la cruz fue para los judíos un argumento decisivo en contra de su condición de Mesías; la crucifixión había colmado la maldición de la ley.

Incluso así, con el paso del tiempo fue la cruz en la colina la que cambió el panorama moral del mundo. Escribe M. Scott Peck:

No puedo ser más específico acerca de la metodología del amor que citar estas palabras de un anciano sacerdote que pasó muchos años en la línea de combate: "Hay docenas de maneras de ocuparse del mal y varias formas de vencerlo. Todas ellas son facetas de la verdad que la única forma definitiva de vencer el mal es dejar que se consuma dentro de un ser humano vivo y dispuesto. Cuando se absorbe como sangre en una esponja o una lanza en el corazón de uno, pierde su poder y ya no puede continuar."

Sólo se puede curar el mal — científicamente o de cualquier otro modo — con el amor de las personas. Se requiere un sacrificio voluntario . . . No sé cómo se produce esto. Pero sí sé que lo hace . . . Cuantas veces ocurre, se produce un ligero cambio en el equilibrio de poderes en el mundo.

El equilibrio de poderes cambió más que ligeramente ese día en el Calvario por causa de aquel que absorbió el mal. Si Jesús de Nazaret hubiera sido una víctima inocente más, como King, Mandela, Havel y Solzhenitsyn, hubiera dejado una huella en la historia para luego desaparecer. Ninguna religión hubiera podido surgir a su alrededor. Lo que cambió la historia fue la conciencia que se fue despertando en los discípulos (fue necesaria la resurrección para convencerlos) de que Dios mismo había escogido el camino de la debilidad. La cruz redefine a Dios como el que estuvo dispuesto a abandonar el poder por amor. Jesús se convirtió, en frase de Dorothy Sölle, en "el desarme unilateral de Dios".

El poder, por bien intencionado que sea, tiende a causar sufrimiento. El amor, por ser susceptible, lo absorbe. En un punto de convergencia en una colina llamada Calvario, Dios renunció a uno por el bien del otro.

11

La resurrección: Una mañana increíble

Encuentro que la Semana Santa agota; por muchas que sean las veces que he revivido su crucifixión, mi ansiedad por la resurrección nunca disminuye. Me aterroriza pensar que este año no sucederá; que ese año no sucedió. Todo el mundo puede sentirse sentimental ante la Navidad; en Navidad cualquier ingenuo puede sentirse como un cristiano. Pero la Pascua es el acontecimiento principal; si uno no cree en la resurrección, no se es creyente.

John Irving, A Prayer for Owen Meany [Oración por Owen Meany]

11

La resurrección: Una mañana increíble

En mis años de niñez relacionaba la Pascua con muerte, no con resurrección, debido a lo que le sucedió un soleado domingo de Pascua a la única gata que jamás tuve. Boots era una gatita de seis semanas, totalmente negra excepto por unas "botitas" blancas en cada una de las pezuñas, como si hubiera pisado delicadamente un plato de pintura. Vivía en una cajita de cartón en el porche cubierto de la casa y dormía en una almohada llena de virutas de cedro. Mi madre, que insistía en que Boots debía aprender a defenderse a sí misma antes de salir al exterior, había establecido que la gran prueba de la gatita debía realizarse el domingo de Pascua.

Por fin llegó el día. El fuerte sol de Georgia ya había logrado que la primavera alcanzara todo su esplendor. Ese día Boots olfateó su primera brizna de hierba, golpeó su primer narciso, y acechó a su primera mariposa, saltando muy alto pero fallando. Nos mantuvo entretenidos hasta que los niños del vecindario vinieron a la casa.

Cuando llegaron nuestros compañeros de juego sucedió lo inesperado. Pugs, un perrito terrier Boston, los siguió hasta el patio de nuestra casa, acechó a Boots, lanzó un gruñido sordo y atacó.

Di un grito y todos corrimos hacia Boots. Pugs ya llevaba a la diminuta gatita agarrada con la boca y la meneaba como un calcetín. Entre todos los niños lo rodeamos, gritando y saltando para atemorizar a Pugs. Impotentes, veíamos el brillo de los colmillos y puñados de pelaje que salían volando. Por fin Pugs soltó a la paralizada gatita y salió corriendo.

En ese tiempo no hubiera sabido expresarlo, pero lo que aprendí ese día de Pascua, bajo el implacable sol del mediodía, fue la fea palabra *irreversible*. Me pasé toda la tarde pidiendo un milagro. *¡No! ¡No puede ser! ¡Díganme que no es verdad!* Quizá Boots volvería, ¿acaso la maestra de Escuela Dominical no nos había dicho algo por el estilo acerca de Jesús? O quizá toda esa mañana podía de alguna forma borrarse y volverse a vivir omitiendo esa terrible escena. Podríamos conservar a Boots para siempre en el porche cubierto, y no permitir que nadie de afuera entrara. O podríamos hablar con los vecinos para que levantaran una valla para Pugs. Mil ideas pasaron por mi mente en los días siguientes hasta que la realidad prevaleció. Acepté por fin que Boots estaba muerta. Verdaderamente muerta.

Desde ese entonces, los domingos de Pascua de mi infancia estuvieron teñidos con el recuerdo de esa muerte sobre la hierba. A medida que fueron transcurriendo los años iba a aprender mucho más acerca de la palabra irreversible.

No hace mucho, como he mencionado, tres de mis amigos murieron casi seguidos uno al otro. Uno de ellos, en condiciones excelentes de salud, cayó muerto en un estacionamiento después de haber cenado con su esposa. Otra, una joven mujer de cuarenta años, murió quemada camino a una conferencia de su iglesia sobre misiones, cuando un camión de transporte de combustible, en medio de una intensa neblina, chocó por detrás contra el vehículo que conducía. El tercero, mi amigo Bob, murió haciendo pesca submarina en el fondo del lago Michigan. La vida se detuvo tres veces ese año. Hablé en los tres entierros y cada vez, mientras reflexionaba acerca de qué decir, la vieja y fea palabra *irreversible* me venía a la mente, con más fuerza que nunca antes. Nada de lo que dijera, nada de lo que hiciera lograría lo que deseaba más que nada en el mundo: que mis amigos regresaran.

El día en que Bob hizo su última inmersión me encontraba sentado, inconsciente de lo que estaba ocurriendo, en un café en la Universidad de Chicago, leyendo *My Quest for Beauty* [Mi búsqueda de la belleza] de Rollo May. En esa obra, el famoso terapeuta recuerda escenas de su búsqueda permanente de la belleza, especialmente en una visita que hizo al monte Athos, península con muchos monasterios, unida a Grecia. Estando ahí, coincidió con una vigilia de toda la noche para celebrar la Pascua Ortodoxa Griega. El ambiente se había llenado de incienso. La única luz que había era la de las velas. En el momento culminante de esa ceremonia, el sacerdote dio a cada uno de los asistentes tres huevos de Pascua, hermosamente decorados y envueltos en un velo. "¡Christos Anesti!" decía: "¡Cristo ha resucitado!" Cada uno de los presentes, incluso Rollo May, respondía según la costumbre: "¡Verdaderamente ha resucitado!"

Rollo May escribe: "En ese momento se apoderó de mí un momento de realidad espiritual: ¿qué significaría para nuestro mundo si hubiera resucitado de verdad?" Había estado leyendo ese pasaje precisamente antes de regresar a casa donde me enteré de la muerte de Bob, y la pregunta de Rollo May siguió dándome vueltas en la cabeza, en forma obsesionante, después que escuché la terrible noticia. ¿Qué significó para nuestro mundo que Cristo hubiera resucitado?

En medio de la carga de dolor que me produjo la muerte de Bob, comencé a entender el significado de la Pascua bajo una nueva perspectiva. Cuando tenía cinco años había aprendido en la Escuela Dominical la dura lección de la irreversibilidad. Ahora, ya adulto, veía que la Pascua de hecho contenía la asombrosa promesa de la reversibilidad. Nada — ni siquiera la muerte — era definitivo. Incluso eso podía revertirse.

Cuando hablé en el entierro de Bob hice una paráfrasis de las palabras de Rollo May en función de nuestro dolor concreto. ¿Qué significaría para nosotros si Bob resucitara? Estábamos sentados en una capilla, aturdidos después de tres días de dolor, con la muerte agobiándonos con su peso abrumador. Cómo sería si, al salir hacia el estacionamiento nos encontráramos, para nuestra total sorpresa, con Bob. *¡Bob!* Con su andar resuelto, su sonrisa, sus ojos gris claro. No podía ser sino Bob, ¡otra vez vivo!

Ese cuadro me ayudó a entender lo que pudieron sentir los discípulos de Jesús en la primera Pascua. También ellos habían estado compungidos por tres días. El domingo escucharon un sonido nuevo, eufórico, diáfano, como una campana que repica en medio del aire transparente de la montaña. La Pascua da un tono nuevo de esperanza y fe de que lo que Dios hizo una vez en un sepulcro en Jerusalén, puede y quiere repetirlo a gran escala. Para Bob. Para nosotros. Para el mundo. Contra toda probabilidad, lo irreversible será revertido.

Los primeros cristianos lo apostaron todo en la resurrección, tanto que el apóstol Pablo escribió a los corintios: "Si Cristo no resucitó, vana es entonces nuestra predicación, vana es también vuestra fe." ¿Sucedió de verdad este acontecimiento sin el cual nuestra fe es vana? ¿Cómo podemos estar seguros?

Quienes descartan la resurrección de Jesús suelen describir a los discípulos en una de dos formas: o como palurdos crédulos que tenían debilidad por los relatos de espíritus, o como conspiradores mañosos que inventaron la trama de la resurrección como forma de dar empuje a su nueva religión. La Biblia ofrece un cuadro muy diferente.

En cuanto a la primera teoría, los evangelios describen a los seguidores de Jesús como los más desconfiados respecto a los rumores acerca de un Jesús resucitado. Sobre todo un discípulo, "el incrédulo Tomás", se ha ganado la reputación de escéptico, pero en realidad todos los discípulos mostraron falta de fe. Ninguno de ellos creyó lo que las mujeres contaron acerca del sepulcro vacío; "locura" lo llamaron. Incluso después que Jesús se les hubo aparecido en persona, dice Lucas: "todavía ellos . . . no lo creían." Difícilmente se pueden considerar como crédulos los once, a quienes Jesús había reprendido por obstinarse en no creer.

La otra opción, la teoría de la conspiración, se cae por sí misma cuando se examina de cerca porque si los discípulos habían planeado elaborar un relato perfecto que sirviera para encubrir los verdaderos hechos, fracasaron rotundamente. Chuck Colson, quien participó en una conspiración fútil después del allanamiento de Watergate, dice que los encubrimientos sólo funcionan si todos los participantes mantienen un frente único de seguridad y competencia. Esto, sin duda, no lo hicieron los discípulos.

Los evangelios muestran a los acobardados discípulos en habitaciones cerradas con llave, atemorizados de que lo mismo que le había ocurrido a Jesús les pudiera suceder a ellos. Demasiado temerosos incluso para asistir al entierro de Jesús, dejaron que unas mujeres se ocuparan del cuerpo. (Irónicamente, porque a pesar de que Jesús había cuestionado las restricciones del sábado contra las obras de misericordia, las concienzudas mujeres esperaron hasta la mañana del domingo para completar el proceso de embalsamamiento.) Los discípulos parecen totalmente incapaces de fingir una resurrección o de arriesgar su vida con el robo de un cuerpo; ni siquiera se les pudo haber ocurrido en el estado de desesperación en que se encontraban.

Según los cuatro evangelios, las mujeres fueron los primeros testigos de la resurrección, hecho que ningún conspirador en el siglo primero hubiera inventado. Los tribunales judíos ni siquiera aceptaban el testimonio de testigos femeninos. Un encubrimiento deliberado hubiera atraído la atención sobre Pedro o Juan o, más aún, sobre Nicodemo, y nunca se hubiera fundado en informes de mujeres. Como los evangelios se escribieron varias décadas después de los sucesos, los autores tuvieron mucho tiempo para corregir dicha anomalía; a no ser, desde luego, que no estuvieran fraguando una leyenda sino contando los simples hechos.

Una conspiración también hubiera depurado los relatos de los primeros testigos. ¿Había habido dos personajes vestidos de blanco o sólo uno? ¿Por qué María Magdalena confundió a Jesús con un hortelano? ¿Iba sola o con Salomé y la otra María? Los relatos del descubrimiento de la tumba vacía suenan sin vida y fragmentarios. Las mujeres, según Mateo, salieron del sepulcro "con temor y gran gozo." "Se espantaron", dice Marcos. Jesús no hace una entrada teatral, bien elaborada, para acallar todas las dudas; los primeros informes parecen frágiles, misteriosos, confusos. Sin duda que los posibles conspiradores hubieran descrito mucho mejor lo que más tarde iban a pretender que era el acontecimiento fundamental de la historia.

En resumen, los evangelios no nos presentan la resurrección de Jesús como lo hubieran hecho los apologistas, con argumentos bien organizados para demostrar cada elemento principal de la misma, sino más bien como una intrusión molesta que nadie esperaba, menos que nadie los timoratos discípulos de Jesús. Los primeros testigos reaccionaron como cualquiera de nosotros lo hubiera hecho; como yo habría reaccionado si, al abrir la puerta a quien llamaba, me hubiera encontrado de repente con mi amigo Bob de pie: con temor y gran gozo. El temor es la respuesta humana ante lo sobrenatural. El gozo, sin embargo, superó al temor porque la noticia que escucharon era una noticia demasiado buena para ser verdad, pero tan buena que tenía que ser verdad. ¡Jesús estaba vivo! Resurgieron los sueños acerca del Mesías en el corazón de las mujeres. Salieron corriendo, sobre pies de temor y gozo, para contarles la noticia a los discípulos.

De hecho se dio una conspiración, desde luego, que pusieron en marcha no sólo los discípulos de Jesús sino también las autoridades que tuvieron que hacer frente al hecho desconcertante del sepulcro vacío. Hubieran podido poner fin a todos los increíbles rumores acerca de una resurrección, simplemente mostrando un sepulcro sellado o un cuerpo. Pero el sello estaba roto y el cuerpo había desaparecido, por lo que fue necesario presentar una trama oficial. En el mismo instante en que las mujeres corrían a contar lo que habían descubierto, los soldados estaban preparando una coartada, que era el papel que les correspondía en el plan de control de daños.

Los soldados que habían custodiado la entrada del sepulcro de Jesús eran los únicos testigos oculares del mayor milagro de la historia. Mateo dice que cuando tembló la tierra y apareció el ángel, tan brillante como un relámpago, temblaron y quedaron como muertos.[1] Pero hay otro hecho sorprendente: más tarde los soldados que habían visto la prueba de la resurrección con sus propios ojos cambiaron la versión para mentir, repitiendo la de los sacerdotes en el sentido de que "sus discípulos vinieron de noche, y lo hurtaron, estando nosotros dormidos". La coartada tenía obviamente puntos flojos (¿una gran piedra que corrieron sin despertar

---

[1] La resurrección de hecho representaba un acto de desobediencia civil, ya que implicaba romper el sello de Pilato y pasar por encima de los guardas oficiales. En este caso, el triunfar sobre los poderes existentes significaba resistencia activa.

El evangelio apócrifo de Pedro ofrece una versión fantasiosa de lo que ocurrió en el sepulcro. Dos personajes descendieron en medio de un nube de luz, tan luminosa que muchos testigos oculares acudieron para contemplarlo. La piedra se desplazó por sí misma, y las dos radiantes figuras salieron del sepulcro sosteniendo a un tercer personaje, seguidos de una cruz mágica. Las cabezas de las dos figuras "llegaban al cielo . . . pero la del que ellos guiaban . . . llegaba más allá de los cielos." Los evangelios auténticos precisamente evitaron esta clase de sensacionalismo.

a nadie? ¿Y cómo pudieron identificar a los discípulos si estaban durmiendo?), pero cuando menos evitó problemas a los guardas.

Como todo lo que atañe a la vida de Jesús, la resurrección provocó reacciones contrapuestas. Los que creyeron fueron transformados; se llenaron de esperanza y valor, y salieron a cambiar el mundo. Los que no creyeron encontraron formas de hacer caso omiso de las fuertes evidencias. Así lo había predicho Jesús: "Si no oyen a Moisés y a los profetas, tampoco se persuadirán aunque alguno se levantare de los muertos."

Los que leemos los evangelios del lado de acá de la Pascua, quienes vemos el día marcado en el calendario, nos olvidamos de cuán *difícil* les fue a los discípulos creer. El sepulcro vacío por sí solo no los convenció: ese hecho sólo demostraba "no está aquí" y no "ha resucitado". Para convencer a estos escépticos iban a hacer falta encuentros íntimos, personales, con quien había sido su Maestro durante tres años. Y en las seis semanas siguientes Jesús les proporcionó precisamente esto.

Al autor Frederick Buechner le sorprende la naturaleza poco atractiva de las apariciones de Jesús después del Domingo de Resurrección. No hubo ángeles en el cielo que cantaran alabanzas, ni reyes venidos de lejos que trajeran regalos. Jesús se presentó en las circunstancias más comunes y corrientes; una cena privada, dos hombres que iban caminando por un sendero, una mujer que lloraba en un huerto, algunos pescadores que trabajaban en un lago.

Veo en las apariciones una cualidad caprichosa, como si Jesús estuviera disfrutando de la libertad como de ave que le daba su cuerpo resucitado. Lucas, por ejemplo, ofrece un relato conmovedor de la aparición repentina de Jesús junto a dos discípulos melancólicos que van camino a Emaús. Saben que las mujeres habían encontrado el sepulcro vacío, y que Pedro lo había comprobado por sí mismo. Pero ¿quién puede creer semejantes rumores? ¿Acaso la muerte no es irreversible por definición? "Nosotros esperábamos que él era el que había de redimir a Israel", dice uno de ellos con obvia decepción.

Poco después, a la hora de comer, el extraño hace un gesto cautivador, parte el pan, y de repente la pieza encaja. ¡Es Jesús quien ha caminado con ellos y está ahora sentado a la mesa! Lo más extraño es que, en cuanto reconocen a su huésped, éste desaparece.

Cuando los dos regresan rápidamente a Jerusalén, encuentran a los once que están reunidos a puerta cerrada. Cuentan la increíble historia que confirma lo que Pedro ya sabía: que Jesús está vivo. Sin previo aviso, mientras los escépticos discutían, Jesús mismo se les aparece en medio de ellos. *No soy un espíritu* afirma. *Tocad mis cicatrices. ¡Soy yo!* Incluso entonces persisten las dudas, hasta que Jesús acepta comer un trozo de pescado asado. Los espíritus no comen pescado; un espejismo no puede hacer que la comida desaparezca.

La vida prosigue en ese tono durante casi seis semanas; Jesús está y luego desaparece. Las apariciones no son espectrales, sino encuentros en carne y hueso. Jesús siempre puede dar pruebas de su identidad — ninguna otra persona viviente tiene cicatrices de una crucifixión — y con todo, los discípulos a menudo no lo reconocen de inmediato. Con cuidado, acepta satisfacer su nivel de escepticismo. En el caso del desconfiado Tomás, esto significa una invitación personal a que toque las cicatrices. En el caso de Pedro, significa una agridulce escena de rehabilitación delante de seis amigos.

Las apariciones, aproximadamente doce, presentan una pauta concreta: Jesús visitó a pequeños grupos de personas en lugares apartados o a puerta cerrada. Aunque estos encuentros privados reforzaron la fe de quienes ya creían en Jesús, hasta donde sabemos, ni un solo no creyente vio a Jesús después de su muerte.

Al leer los relatos de la ejecución y de la resurrección sin interrupción, a veces me he preguntado por qué Jesús no se apareció más veces. ¿Por qué limitó sus apariciones a sus amigos? ¿Por qué no reaparecer en el patio de Pilato o delante del Sanedrín, esta vez con una ráfaga avasalladora en contra de quienes lo habían condenado? Quizá se puede encontrar una pista acerca de sus estrategia en las palabras a Tomás, el día en que el escepticismo de Tomás desapareció para siempre. "Porque me has visto, Tomás, creíste; bienaventurados los que no vieron, y creyeron."

En el lapso de seis semanas entre la resurrección y la ascensión, Jesús — si es que se puede emplear semejante lenguaje —, "rompió sus propias reglas" acerca de la fe. Presentó en forma tan obvia su identidad que ningún discípulo pudo volver a negarlo (y ninguno lo hizo). En una palabra, Jesús colmó la fe de los testigos: todo el que vio a Jesús resucitado perdió la libertad de elección entre creer y no creer. Jesús se había vuelto ya irrefutable. Incluso Santiago, el hermano de Jesús, que siempre ponía obstáculos, se rindió después de una de las apariciones; hasta el punto que se convirtió en el líder de la iglesia en Jerusalén y según Josefo, murió como uno de los primeros mártires cristianos.

"Porque me has visto, creíste", dijo Jesús. Estos pocos privilegiados difícilmente podían no creer. ¿Pero qué sucedió con los demás? Muy pronto, como Jesús sabía muy bien, sus apariciones personales iban a acabarse, con lo que quedarían sólo "los que no vieron". La Iglesia iba a sostenerse o a fracasar sobre el fundamento de cuán persuasivos fueran estos testigos oculares para todos — incluso para nosotros hoy — los que no han visto. Jesús dispuso de seis semanas para dejar establecida su identidad para todos los tiempos.

Que Jesús tuviera éxito en cambiar a un grupo vacilante de seguidores de poco fiar en valientes evangelistas, que once hombres que lo habían abandonado a la hora de su muerte fueran a su propia muerte como mártires confesando su fe en un Cristo resucitado, que estos pocos testigos pudieran desencadenar una fuerza que triunfaría sobre violenta oposición primero en Jerusalén y luego en Roma; esta secuencia extraordinaria de transformación da la prueba más convincente de la resurrección. ¿Qué otra cosa explicaría el radical cambio en hombres conocidos por su cobardía e inestabilidad?

Otros — por lo menos quince judíos durante unos cien años antes de Jesús — habían afirmado ser el Mesías, sólo para brillar y luego desaparecer como estrellas fugaces. La lealtad incondicional a Jesús, sin embargo, no concluyó con su muerte. Algo había sucedido, algo que no tenía precedentes. No cabe duda de que los discípulos no dieron su vida por ser fieles a una teoría maquinada de conspiración. No cabe duda que hubiera sido más fácil, y más natural, honrar a un Jesús muerto como a uno de los profetas mártires cuyos sepulcros veneraban tanto los judíos.

Basta con leer las descripciones de los evangelios acerca de los discípulos que se ocultan tras puertas cerradas y luego pasar a las descripciones en Hechos de esos mismos hombres que proclaman abiertamente a Cristo en las calles y en las celdas de la cárcel, para darse cuenta del significado sísmico de lo que ocurrió el Domingo de Pascua. La resurrección es el epicentro de la fe. Es, dice C. H. Dodd: "no una creencia que surgió dentro de la Iglesia; es la creencia en torno a la cual la Iglesia misma creció, y el 'dato' sobre el que se basa la fe." El novelista John Updike afirma lo mismo de una manera más poética:

> No cometamos un error: si resucitó del todo fue como su cuerpo;
> si la disolución de las células no se revertió,
> las moléculas no se reunieron, los aminoácidos no se reavivaron,
> la Iglesia sucumbirá.

"Bienaventurados los que no vieron, y creyeron", dijo Jesús al escéptico Tomás después de acallar sus dudas con una prueba tangible del milagro de Pascua. Excepto por las más o menos quinientas personas a quienes se apareció el Jesús resucitado, todos los cristianos que han existido caen en la categoría de "bienaventurados". Me pregunto: *¿Por qué creo? ¿Por qué creo yo?*, que me parezco a Tomás más que a cualquier otro discípulo por mi escepticismo y lentitud en aceptar lo que no se puede demostrar más allá de toda duda.

He sopesado las pruebas en favor de la resurrección y son en realidad impresionantes. El periodista inglés Frank Morison examinó la mayor parte de estas pruebas en su libro *Who Moved the Stone?* [¿Quién movió la piedra?]. Aunque la intención inicial de Morison fue demostrar que la resurrección era un mito, las pruebas lo convencieron de lo contrario. Sin embargo, también sé que muchas personas inteligentes han examinado las mismas pruebas y han descubierto que les es imposible creer. Aunque muchos elementos acerca de la resurrección invitan a creer, nada fuerza a hacerlo. La fe requiere la posibilidad del rechazo o no es fe. ¿Qué me da, pues, esa fe?

Una de las razones de que esté receptivo a creer, lo admito, es que en lo más profundo deseo que sea verdad la historia de la Pascua de Resurrección. La fe crece en un substrato de anhelo, y algo primario en el ser humano clama en contra del reino de la muerte. Ya sea que la esperanza tome la forma de los faraones egipcios que almacenaban sus joyas y carruajes en pirámides, o la de la obsesión moderna norteamericana por mantener a los cuerpos vivos hasta el último nanosegundo posible y luego conservarlos con sustancias para embalsamar en ataúdes sellados herméticamente, nos resistimos a la idea de que la muerte tenga la última palabra. Queremos creer que no es así.

Recuerdo el año en que perdí a mis tres amigos. Por sobre todo, deseo que la resurrección sea verdad por la promesa que contiene de que algún día recuperaré a mis amigos. Deseo eliminar para siempre esa palabra *irreversible*.

Supongo que alguien pudiera decir que deseo creer en cuentos de hadas. No soy el único. ¿Hay alguna época en la que no se hayan inventado cuentos de hadas? Los oímos por primera vez en la cuna, de boca de nuestros padres y abuelos, y se los repetimos a nuestros hijos, quienes se los contarán a sus hijos, y así sucesivamente. Incluso en esta época nuestra tan científica, algunas de las películas más taquilleras son variaciones de cuentos de hadas: *La guerra de las galaxias, Aladino, El rey León*. Es sorprendente que, a la luz de lo que ha sido la historia humana, la mayor parte de los cuentos de hadas terminen bien. Ese viejo instinto, la esperanza, asoma la cabeza. Al igual que la vida, los cuentos de hadas contienen muchas peleas y dolor, pero incluso así logran resolverlo en una forma que consigue que las lágrimas se conviertan en sonrisas. La Pascua logra lo mismo, y por esta razón además de muchas otras, suena a cierta.[1]

La multitud en el momento de la crucifixión de Jesús, lo desafió a que demostrara quién era bajándose de la cruz, pero nadie pensó en lo que iba a suceder: que iba a morir y luego a volver. Una vez ocurridos los hechos, sin embargo, a quienes conocían a Jesús mejor que nadie les pareció muy lógico. El estilo armonizaba con la forma de ser y de actuar de Dios. Siempre había escogido el camino lento y difícil, respetando la libertad humana a pesar del costo. "Dios no abolió el hecho del mal: lo transformó", escribió

---

1 J. R. R. Tolkien, quizá el más grande creador de cuentos de hadas de este siglo, a menudo tuvo que hacer frente a la acusación de que esas fantasías eran una forma "evasiva" de desviar la atención de las presiones del "mundo real". Su respuesta fue sencilla: todo depende de la forma en que uno se evade. Vemos como muy diferentes la huida de un desertor que la de un prisionero. "¿Por qué habría que censurar a alguien que, estando en la cárcel, trata de salir para irse a su casa?"

Dorothy Sayers. "No detuvo la crucifixión: resucitó de entre los muertos." El protagonista asumió todas las consecuencias, pero de alguna forma triunfó.

Creo en la resurrección sobre todo porque he llegado a conocer a Dios. Sé que Dios es amor y también sé que nosotros, los humanos, deseamos que sigan viviendo aquellos a quienes amamos. No permito que mis amigos mueran; viven en mi recuerdo y en mi corazón, mucho después que he dejado de verlos. Por la razón que sea — la libertad humana está en la raíz de todo, me imagino — Dios permite que exista un planeta en el que muere, en la flor de la vida, una persona que hace pesca submarina y una mujer en un violento choque camino a una conferencia de misiones de su iglesia. Pero creo — si no lo creyera no creería en un Dios amoroso — que a Dios no le satisface ese planeta deteriorado. El amor divino encontrará la forma de vencerlo. "Muerte, no te enorgullezcas", escribió John Donne. "Dios no permitirá que la muerte triunfe."

En los relatos de la resurrección hay un detalle que siempre me ha intrigado: ¿Por qué Jesús conservó las cicatrices de la crucifixión? Es de suponer que pudo haber tenido cualquier cuerpo resucitado que quisiera y sin embargo, escogió uno que resultaba identificable, sobre todo gracias a las cicatrices que podían verse y tocarse. ¿Por qué?

Creo que el relato de la Pascua quedaría incompleto sin esas cicatrices en las manos, en los pies y en el costado de Jesús. Cuando los seres humanos soñamos lo hacemos con una hilera perfecta de dientes blanquísimos, con una piel sin arrugas y con formas corporales ideales, muy atractivas. Soñamos con un estado no natural: el cuerpo perfecto. Pero para Jesús estar desterrado en un esqueleto y piel humana *fue* el estado no natural. Para Él las cicatrices son un emblema de su vida en nuestro planeta, un recordatorio permanente de aquellos días de destierro y sufrimiento.

Las cicatrices de Jesús me brindan esperanza. Desde la perspectiva del cielo, representan el suceso más horroroso que jamás haya sucedido en la historia. Pero incluso a ese acontecimiento la Pascua lo convirtió en recuerdo. Debido a la Pascua, puedo esperar que las lágrimas que derramamos, que los golpes que recibimos, el dolor emocional, la tristeza por los amigos y seres queridos que hemos perdido, todo esto se convertirá en recuerdos, como las cicatrices de Jesús. Las cicatrices nunca desaparecen por completo, pero tampoco duelen. Tendremos cuerpos creados de nuevo; un cielo y una tierra creados de nuevo. Volveremos a comenzar con una Pascua de Resurrección.

He sacado la conclusión de que hay dos formas de mirar la historia humana. Una es centrarse en las guerras y la violencia, en la miseria, el dolor, la tragedia y la muerte. Desde ese punto de vista, la Pascua parece la excepción, a modo de cuento de hadas, una sorprendente contradicción en el nombre de Dios. Esto nos consuela algo, aunque confieso que cuando murieron mis amigos el pesar fue tan abrumador que la esperanza en una vida más allá me pareció algo débil e inconsecuente.

Hay otra forma de mirar al mundo. Si tomo como punto de partida la Pascua, el único hecho indiscutible acerca de cómo trata Dios a quienes ama, entonces la historia humana se convierte en la contradicción y la Pascua en un anticipo de la realidad final. Entonces la esperanza fluye como lava por debajo de la corteza de la vida diaria.

Esto, quizá, describe el cambio en la perspectiva de los discípulos, reunidos a puerta cerrada para hablar de los sucesos incomprensibles del Domingo de Resurrección. En un sentido, nada había cambiado: Roma seguía ocupando a Palestina, las autoridades religiosas seguían poniendo precio a sus cabezas, la muerte y el mal seguían prevaleciendo afuera. Paulatinamente, sin embargo, la sorpresa de lo que acababan de descubrir fue cediendo paso a una lenta y prolongada contracorriente de gozo.

Tercera parte

Lo que dejó tras de sí

12

La ascensión:
Un firmamento azul vacío

Pero el descenso mismo de Dios
En carne tuvo como fin
Demostrar algo . . .
El espíritu entra en la carne y con toda la fuerza
Acomete a la tierra en nacimiento tras nacimiento
Siempre de nuevo y de nuevo.

Robert Frost

12
La ascensión:
Un firmamento azul vacío

A veces pienso acerca de cuán diferente sería el mundo si Jesús no hubiera resucitado de entre los muertos. Aunque los discípulos no hubieran arriesgado la vida anunciando una nueva fe en las calles de Jerusalén, tampoco lo hubieran olvidado. Habían entregado tres años de sus vidas a Jesús. Quizá no fue el Mesías (no sin la Resurrección), pero les había causado la impresión de ser el maestro más sabio y había demostrado tener poderes que nadie podía explicar.

Con el paso del tiempo, a medida que las heridas emocionales fueran sanando, los discípulos habrían buscado alguna forma de conmemorar a Jesús. Quizá hubieran recopilado sus dichos por escrito en una forma parecida a uno de nuestros evangelios, aunque excluyendo las pretensiones más sensacionales, o al modo de los judíos de esa época que honraban a otros profetas mártires, hubieran levantado un monumento a la vida de Jesús. De haber sido así, quienes vivimos en épocas posteriores hubiéramos podido visitar dicho monumento para saber más acerca del carpintero filósofo de Nazaret. Hubiéramos podido escudriñar sus dichos, tomando o dejando lo que deseáramos. A Jesús se le hubiera apreciado en todo el mundo de la misma forma que se aprecia a Confucio o a Sócrates.

En muchos sentidos, me hubiera sido más fácil de aceptar un Jesús no resucitado. La Pascua lo hace peligroso. Debido a la Resurrección, tengo que prestar atención a sus extravagantes pretensiones y ya no puedo andar con miramientos para escoger. Además, la Pascua significa que debe estar en alguna parte. Como sus discípulos, nunca sé en qué momento se podría aparecer, qué me podría decir, qué me podría pedir. Como Frederick Buechner dice, la Pascua de Resurrección significa que "nunca podemos sujetarlo, ni siquiera si usamos clavos de verdad y lo queremos clavar a una cruz".

La Pascua de Resurrección coloca la vida de Jesús en una perspectiva totalmente nueva. Sin ella, hubiera pensado que fue una tragedia que Jesús muriera tan joven, después de muy pocos años de ministerio. ¡Qué desperdicio hubiera significado para Jesús haber acabado tan pronto, habiendo llegado a tan poca gente en un lugar tan pequeño del mundo! Pero mirando lo mismo a través de los lentes de la Pascua de Resurrección, veo que ese fue desde el principio el plan de Jesús. Permaneció en ese lugar apenas el tiempo suficiente como para reunir en torno a sí a unos seguidores que pudieran llevar el mensaje a otros. "Matar a Jesús", dice Walter Wink, "fue como destruir, soplándola, la flor llena de semillas de un diente de león."

Cuando Jesús regresó después de su muerte para disipar todas las dudas que tenía el remanente de creyentes, se demoró sólo cuarenta días antes de desaparecer definitivamente. El tiempo entre la resurrección y la ascensión fue como un intervalo, nada más.

Si para los discípulos el día más emocionante de su vida fue el Domingo de Resurrección, para Jesús probablemente lo fue el de la Ascensión. Él, el Creador, que se había rebajado tanto y renunciado a tanto, regresaba ahora a su casa. Como un soldado que regresa cruzando el océano después de una larga y cruenta guerra. Como un astronauta que se quita el traje espacial para sumergirse en la atmósfera conocida de la tierra. Por fin en casa.

La oración de Jesús en la Última Cena con sus discípulos revela algo de su punto de vista. "Yo te he glorificado en la tierra; he acabado la obra que me diste que hiciese", oró Jesús. "Ahora pues, Padre glorifícame tú para contigo, con aquella gloria que tuve contigo antes que el mundo fuese." ¡Antes que el mundo fuese!

Como un anciano que recuerda el pasado — no, como un Dios eterno que recuerda el pasado — Jesús, sentado en una mal ventilada habitación en Jerusalén, dejaba remontar su mente en el tiempo, antes de la Vía Láctea y de Andrómeda. En una noche terrenal, cargada de temores y amenazas, Jesús estaba haciendo preparativos para volver a casa, para asumir de nuevo la gloria que había dejado de lado.

Cuando Jesús ascendió los discípulos permanecieron por el lugar, asombrados, como niños que han perdido a su padre. Dos ángeles, enviados para tranquilizarlos, hicieron la pregunta obvia: "Varones galileos, ¿por qué estáis mirando al cielo?" El cielo estaba vacío. Aun así, seguían mirando a lo alto, no sabiendo cómo seguir adelante ni qué hacer.

Muchas veces en el curso de escribir este libro, me he sentido como uno de esos discípulos, mirando fijamente a un cielo azul vacío. Busco alguna señal de Jesús, alguna pista visual. Cuando miro a mi alrededor, a la iglesia que dejé atrás, deseo desviar la mirada. Como los ojos de los discípulos, los míos anhelan ver un destello nítido de Aquel que ascendió. ¿Por qué, vuelvo a preguntar, tuvo que irse?

Sin embargo, al regresar a los evangelios, cuando trato de entender cómo vio Jesús el tiempo que pasó en la tierra, me parece obvio que desde el comienzo había planeado su partida. Nada le agradaba más a Jesús que los éxitos de sus discípulos; nada lo turbaba más que sus fracasos. Había venido a la tierra con el propósito de volver a partir después de haber transferido su misión a otros. El suave reproche de los ángeles podía muy bien haberlo formulado Él: "¿Por qué estáis mirando al cielo?"

La primera vez que Jesús envió a los discípulos solos les advirtió que iban a encontrar oposición, que probablemente se manifestaría en azotes y tortura pública. "Yo os envío como a ovejas en medio de lobos", dijo. Al leer esas terribles advertencias no puedo dejar de recordar una desgarradora escena de la novela *Silence* [Silencio] de Shusako Endo. A un misionero portugués encadenado se le obliga a ver a los carceleros samurais torturar a cristianos japoneses, uno por uno, y arrojarlos al océano. La espada samurai seguiría matando a cristianos hasta que el sacerdote reniegue de su fe. "Había venido a ese país para dar su vida por los demás, y en vez de esto, los japoneses iban perdiendo, una a una, la vida frente a él."

¿Qué significó para Jesús, que percibió con visión penetrante las terribles consecuencias de lo que había introducido en el mundo, no sólo para sí mismo sino para el pequeño grupo junto a Él; sus mejores amigos en todo el mundo? "El hermano entregará a muerte al hermano, y el padre al hijo . . . Y seréis aborrecidos de todos por causa de mi nombre . . ."

Me esfuerzo por reconciliar ese punto de vista — una madre confiando a sus hijos a las pandillas, un general ordenando a sus tropas que vayan a la línea de fuego — con lo que sucedió en la Última Cena. Ahí, cuando Jesús hablaba de sus planes de partir con palabras que nadie podía no entender dijo: "Pero yo os digo la verdad: Os conviene que yo me vaya." Desde siempre había planeado partir a fin de realizar su obra en otros cuerpos. Sus cuerpos. Nuestro cuerpo. El nuevo cuerpo de Cristo.

En ese tiempo los discípulos no tenían idea de qué quiso decir Jesús. *¿Cómo puede ser conveniente que se vaya?* Comieron el "cuerpo, que por vosotros es partido" sin entender el cambio radical: que la misión que Dios había confiado a su Hijo, el Hijo se la estaba ahora confiando a ellos. "Como tú me enviaste al mundo, así yo los he enviado al mundo", oró Jesús.

Jesús dejó pocas huellas de sí en el mundo. No escribió libros ni siquiera folletos. No dejó una casa ni pertenencias que se hubieran podido exhibir en un museo. No se casó, no se estableció, ni fundó una dinastía. En realidad, no pudiéramos saber nada de Él excepto por las huellas que dejó en seres humanos. Esta fue la misión. La ley y los profetas se habían centrado como un foco de luz en Aquel que iba a venir, y ahora esa luz, como si se estuviera reflejando en un prisma, se iba a fraccionar y proyectarse en un espectro humano de ondas y colores.

Seis semanas más tarde, los discípulos descubrirían qué había querido decir Jesús con la palabra *conviene*. Como lo expresó San Agustín: "Ascendiste delante de nuestros ojos y nos alejamos apenados, sólo para descubrir que estás en nuestro corazón."

¿Sería demasiado decir que desde la Ascensión, Jesús ha buscado otros cuerpos en quienes comenzar de nuevo la vida que llevó en la tierra? La Iglesia sirve como una extensión de la

Encarnación, la forma principal que tuvo Dios de establecer su presencia en el mundo. Somos "Cristos posteriores", como lo ha formulado Gerard Manley Hopkins:

... porque Cristo actúa en cien mil lugares,
hermoso en ojos, hermoso en cuerpo no suyo
para el Padre por medio de los rasgos de los rostros de los hombres.

La Iglesia es donde Dios vive. Lo que Jesús trajo a unos pocos sanidad, gracia y el mensaje de buenas nuevas del amor de Dios, pero la Iglesia lo puede llevar a todos. Esa fue la meta o Gran Comisión que Jesús lanzó precisamente antes de desaparecer de la vista de los aturdidos discípulos. "Si el grano de trigo no cae en la tierra y muere", había explicado antes, "queda solo; pero si muere, lleva mucho fruto." La propagación por el método de la flor de diente de león.

Esta es la teoría, cuando menos. En realidad debo colocarme en el lugar de los discípulos que miran boquiabiertos cómo Jesús se eleva en los aires como una criatura sin alas que desafía a la gravedad. "Señor, ¿restaurarás el reino a Israel en este tiempo?" acababan de preguntarle, y ahora esto. ¡Se ha ido! Comprendo su perplejidad, porque yo también anhelo un Mesías poderoso que ponga orden en un mundo de maldad, violencia y pobreza. Dos mil años después de los discípulos, miro hacia atrás y me maravillo del poco cambio que la Iglesia ha hecho en un mundo así. ¿Por qué nos dejó Jesús solos para pelear las batallas? ¿Cómo pudo ser conveniente que se fuera?

He sacado la conclusión, en realidad, de que la Ascensión constituye mi lucha mayor en el campo de la fe, no si sucedió o no, sino por qué. Me hace pensar más que el problema del dolor, más que la dificultad de armonizar la ciencia y la Biblia, más que creer en la Resurrección y en otros milagros. Parece raro que reconozca semejante idea — no he leído nunca un libro o artículo que se propongan responder a las dudas acerca de la Ascensión — y sin embargo, para mí lo que ha sucedido después de la partida de Jesús choca con la médula de mi fe. ¿No habría sido mejor que la Ascensión nunca hubiera ocurrido? Si Jesús hubiera permanecido en la tierra podría responder a nuestras preguntas, resolver nuestras dudas, mediar en nuestras discusiones sobre doctrina y normas.

Encuentro mucho más fácil aceptar el hecho de que Dios se encarnara en Jesús de Nazaret que en las personas que asisten a mi iglesia, y en mí. Pero esto es lo que se nos pide que creamos; así es como se nos pide que vivamos. El Nuevo Testamento afirma que el futuro del cosmos lo determina la Iglesia (véanse Romanos 8:19-21; Efesios 3:10). Jesús desempeñó su papel y luego se fue. Ahora es nuestra responsabilidad.

"Es algo muy grave", escribió C. S. Lewis, "vivir en una sociedad de posibles dioses y diosas; recordar que la persona más aburrida y corriente con la que uno habla puede un día llegar a ser una criatura que uno se sentiría fuertemente tentado de adorar, o por el contrario un horror y una corrupción como la que uno encuentra, si acaso, sólo en una pesadilla. A lo largo del día, hasta cierto punto, nos ayudamos unos a otros a llegar a uno de esos dos destinos."

Las religiones antiguas como el paganismo romano de la época de Jesús creían que las acciones de los dioses en los cielos afectaban a la tierra. Si Zeus se enfadaba, se desencadenaban rayos. Como niños que desde los puentes que pasan por encima de las autopistas tiran piedras a los autos que pasan por debajo, los dioses hacían llover cataclismos sobre la tierra. "Como arriba, así es abajo", decía la antigua fórmula. Jesús, sin embargo, invirtió la fórmula: "Como abajo, así es arriba." "El que a vosotros os escucha, a mí me escucha", dijo Jesús a sus seguidores, "el que a vosotros rechaza, a mí me rechaza." El creyente ora, y el cielo responde; un pecador se arrepiente, y los ángeles se regocijan; una misión tiene éxito, y Satanás cae como un rayo; un creyente se rebela, y el Espíritu Santo se entristece. Lo que los humanos hacemos aquí afecta decisivamente el cosmos.

Creo estas cosas y sin embargo, de alguna forma las "olvido" una y otra vez. Olvido que mis oraciones le importan a Dios. Olvido que estoy ayudando a que mis prójimos alcancen su destino eterno. Olvido que lo que elijo produce deleite — o pesar — al Señor del universo. Vivo en un mundo de árboles, teléfonos y computadoras, y la realidad de este universo material tiende a aplastar mi fe en un universo espiritual confundiéndolo todo. Miro al firmamento azul vacío y no veo nada.

Al ascender, Jesús se arriesgó a caer en el olvido.

Hace poco, al leer Mateo por completo caí en la cuenta de que el mismo Jesús previó esta situación de caer en el olvido. Cuatro parábolas hacia el final de Mateo, entre las últimas que Jesús contó, tienen en común un tema que está latente. Un propietario deja su casa vacía, un amo que está lejos pone al frente a su siervo, un novio llega tan tarde que los invitados caen en la modorra y se duermen, un amo que distribuye talentos entre sus servidores y se va; todo esto se cierne en torno al tema del Dios que se ha ido.

En realidad los relatos de Jesús anticipan la pregunta de la época moderna: "¿Dónde está Dios ahora?" La respuesta moderna, de personajes como Nietzsche, Freud, Camus y Beckett, es que el amo nos ha abandonado y nos ha dejado a merced de nuestras propias reglas de juego. *Deus absconditus.* En lugares como Auschwitz y Ruanda hemos visto versiones en vivo de esas parábolas, ejemplos gráficos de cómo actúan algunos cuando dejan de creer en un amo soberano. "Si no hay Dios", como dijo Dostoievski, todo está permitido."

Al seguir leyendo llegué a una parábola más, las ovejas y los cabritos, probablemente la última que enseñó Jesús.

> Cuando el Hijo del Hombre venga en su gloria, y todos los santos ángeles con él, entonces se sentará en su trono de gloria, y serán reunidas delante de él todas las naciones; y apartará los unos de los otros, como aparta el pastor las ovejas de los cabritos. Y pondrá las ovejas a su derecha, y los cabritos a su izquierda.
>
> Entonces el Rey dirá a los de su derecha: Venid, benditos de mi Padre, heredad el reino preparado para vosotros desde la fundación del mundo. Porque tuve hambre, y me disteis de comer; tuve sed, y me disteis de beber; fui forastero, y me recogisteis; estuve desnudo, y me cubristeis; enfermo, y me visitasteis; en la cárcel, y vinisteis a mí.
>
> Entonces los justos responderán diciendo: Señor, ¿cuándo te vimos hambriento, y te sustentamos, o sediento, y te dimos de beber? ¿Y cuándo te vimos forastero, y te recogimos, o desnudo, y te cubrimos? ¿O cuándo te vimos enfermo, o en la cárcel, y vinimos a ti?

> Y respondiendo el Rey, les dirá: De cierto os digo que en cuanto lo hicisteis a uno de estos mis hermanos más pequeños, a mí lo hicisteis.
>
> Entonces dirá también a los de la izquierda: Apartaos de mí, malditos, al fuego eterno preparado para el diablo y sus ángeles. Porque tuve hambre, y no me disteis de comer; tuve sed, y no me disteis de beber; fui forastero, y no me recogisteis; estuve desnudo, y no me cubristeis; enfermo, y en la cárcel, y no me visitasteis.
>
> Entonces también ellos le responderán diciendo: Señor, ¿cuándo te vimos hambriento, sediento, forastero, desnudo, enfermo, o en la cárcel, y no te servimos?
>
> Entonces les responderá diciendo: De cierto os digo que en cuanto no lo hicisteis a uno de estos más pequeños, tampoco a mí lo hicisteis.
>
> E irán estos al castigo eterno, y los justos a la vida eterna.

Conozco muy bien esta parábola. Es tan vigorosa y perturbadora como cualquiera de las otras enseñanzas de Jesús. Pero nunca había advertido su conexión lógica con las cuatro parábolas que la preceden.

La parábola de las ovejas y los cabritos responde en forma directa y de dos maneras al interrogante que plantean las otras: el tema del amo ausente, el Dios desaparecido. En primer lugar, da un vistazo al regreso del amo en el día del juicio, cuando habrá que saldar las cuentas. Aquel que se fue regresará, esta vez con poder y gloria, para arreglar todas las cuentas de todo lo que ha sucedido en la tierra. "Varones galileos", dijeron los ángeles, "¿por qué estáis mirando al cielo? Este mismo Jesús, que ha sido tomado de vosotros al cielo, así vendrá como le habéis visto ir al cielo."

En segundo lugar, la parábola se refiere al entretanto, al intervalo de siglos en el que vivimos, al tiempo en que Dios parece estar ausente. La respuesta a la pregunta más moderna es a la vez profunda y chocante. Dios no se ha ocultado en absoluto. Antes bien, se ha revestido de un disfraz; un disfraz improbable del extraño, el pobre, el hambriento, el encarcelado, el enfermo, los andrajosos de la tierra: "De cierto os digo que en cuanto lo hicisteis a uno de estos mis hermanos más pequeños, a mí lo hicisteis." Si no alcanzamos a discernir la presencia de Dios en el mundo, quizá es que hemos estado buscando en los lugares equivocados.

Al comentar este pasaje, el gran teólogo estadounidense Jonathan Edwards dijo que Dios había nombrado a los pobres como sus "receptores". Como no podemos expresar nuestro amor haciendo algo que aproveche a Dios directamente, Dios desea que hagamos algo provechoso por los pobres, a quienes se les ha dado recibir el amor cristiano.

Una noche estaba pasando de manera distraída de un canal a otro de televisión cuando me encontré con lo que parecía ser una película para niños con Hayley Mills de joven protagonista. Me detuve para ver cómo se iba desarrollando el argumento. Junto con dos amigas, mientras jugaban en un granero en la campiña, se toparon con un vagabundo (Alan Bates) que dormía en el pajar. "¿Quién eres?" preguntó Mills. El vagabundo se movió medio despierto y al ver a los niños exclamó: "¡Jesús!"

Lo que no era más que una blasfemia, los niños lo tomaron como la verdad. De hecho creyeron que el hombre era Jesús. Durante toda la película trataron al vagabundo con temor, respeto y amor. Le trajeron comida y frazadas, se sentaron a conversar con él y le contaron sus vidas. Con el tiempo, esa ternura de los niños transformó al vagabundo, convicto en fuga que nunca antes había conocido semejante misericordia.

La madre de Mills, quien escribió el guión, quiso que fuera una alegoría de lo que nos pudiera suceder si todos tomáramos literalmente las palabras de Jesús acerca de los pobres y necesitados. Cuando les servimos, servimos a Jesús. "Somos una orden contemplativa", le dijo la Madre Teresa a un visitante norteamericano rico que no podía entender su ardiente compromiso con la escoria de Calcuta. "Primero meditamos acerca de Jesús, y luego salimos a buscarlo disfrazado."

Al reflexionar en la parábola de Mateo 25, caí en la cuenta de que muchas de mis propias interrogantes acerca de Dios son de hecho preguntas bumerán que regresan contra mí. ¿Por qué permite Dios que nazcan niños en los barrios segregados de Brooklyn y en medio de un río de muerte en Ruanda? ¿Por qué permite Dios cárceles y refugios para los sin techo y hospitales y campamentos de refugiados? ¿Por qué Jesús no limpió todos los desórdenes del mundo cuando vivió acá?

Según esta parábola, Jesús sabía que el mundo que dejaba atrás incluiría a pobres, a hambrientos, a prisioneros, a enfermos. El estado decrépito del mundo no lo sorprendió. Hizo planes para resolverlo: un plan a largo plazo y un plan a corto plazo. El plan a largo plazo implica su retorno, en poder y gran gloria, para enderezar el mundo. El plan a corto plazo significa ponerlo en manos de quienes en última instancia introducirán la liberación del cosmos. Él ascendió para que nosotros ocupáramos su lugar.

"¿Dónde está Dios cuando se sufre?" he preguntado a menudo. La respuesta es otra pregunta: "¿Dónde está la Iglesia cuando se sufre?"

Esta última pregunta, claro está, es el problema de la historia en pocas palabras, y también la razón de por qué digo que la Ascensión constituye mi lucha más intensa en la fe. Cuando Jesús se fue, dejó las llaves del reino en nuestras torpes manos.

A lo largo de mi búsqueda de Jesús se ha repetido un tema: mi necesidad de ir quitando las capas de polvo y mugre que *la iglesia misma* le ha ido aplicando. En mi caso, la imagen de Jesús se vio oscurecida con el racismo, la intolerancia y el legalismo mezquino de iglesias fundamentalistas del Sur de los Estados Unidos. Un ruso o un católico europeo se enfrentan con un proceso de restauración muy diferente. "Porque no sólo polvo, sino también demasiado oro puede cubrir la verdadera figura", escribió el alemán Hans Küng acerca de su propia búsqueda. Muchos, demasiados, abandonan por completo la búsqueda; porque la Iglesia los repele, nunca llegan a Jesús.

"Qué lástima que tras de las huellas de Cristo aparezcan los cristianos pisando fuerte", observa Annie Dillard. Esta afirmación me recuerda una camiseta que se suele ver en mítines políticos contemporáneos: "Jesús sálvanos . . . de tus seguidores." Y una frase de la película neozelandesa *Heavenly Creatures* [Criaturas celestiales] en la que dos muchachas describen su reino imaginario: "Es como el cielo sólo que mejor, ¡no hay ningún cristiano!"

El problema ya se comenzó a ver desde el principio. En un comentario acerca de la iglesia de Corinto, Frederick Buechner escribe: "Eran de hecho el cuerpo de Cristo, como les escribió Pablo en una de sus metáforas más duraderas — los ojos, oídos, manos de Cristo — pero la forma en que se comportaban, sólo podía dejar a un Cristo inyectado de sangre, con orejas de asno y torpe, para continuar la obra de Dios en un mundo caído." En el siglo cuarto, un exasperado San Agustín escribió acerca de la rebelde iglesia: "Retumban las nubes con el clamor de que la Casa del Señor será edificada en toda la tierra; y estas ranas se sientan en sus pantanos y croan: '¡nosotros somos los únicos cristianos!'"

Pudiera llenar muchas páginas con citas pintorescas como éstas, todas ellas para subrayar el riesgo que supuso confiar la propia reputación de Dios a gente como nosotros. A diferencia de Jesús, nosotros no expresamos perfectamente la Palabra. Hablamos con sintaxis complicada, tartamudeando, enredando, poniendo los acentos en lugares equivocados. Cuando el mundo busca a Cristo ve, como los moradores en cavernas de la alegoría de Platón, sólo sombras que la luz produce, no la luz misma.

¿Por qué no nos parecemos más a la Iglesia que Jesús describió? ¿Por qué el cuerpo de Cristo se parece tan poco a Él? Si Jesús pudo prever desastres como las Cruzadas, la Inquisición, el comercio cristiano de esclavos, la segregación racial, ¿por qué ascendió?

No puedo ofrecer una respuesta segura a estas preguntas, porque soy parte del problema. Visto más de cerca, mi interrogante alcanza una dimensión angustiosamente personal: "¿Por qué me parezco tan poco a Él? Me limitaré a hacer tres comentarios que me ayudan a aceptar lo que ha ocurrido desde la ascensión de Jesús.

En primer lugar, la Iglesia ha aportado luz además de tinieblas. En nombre de Jesús, San Francisco besó al mendigo y se quitó la túnica, la Madre Teresa fundó el Hogar de moribundos, Wilberforce liberó a los esclavos, el general Booth fundó un Ejército de Salvación, y Dorothy Day dio de comer a los hambrientos. Esta tarea continúa: como periodista me he encontrado con educadores, pastores en ciudades, médicos y enfermeras, lingüistas, trabajadores para ayuda de emergencia y ecólogos que sirven en todo el mundo por escasa remuneración y menos fama, todo en el nombre de Jesús. En formas diferentes, Miguel Ángel, Bach, Rembrandt, los artífices de catedrales y muchos como ellos ofrecieron lo mejor de su creación "sólo para la gloria de Dios". Las manos de Dios en la tierra han ido alcanzando más desde la Ascensión.

No veo la razón de elaborar una hoja de balance para sopesar los fracasos de la Iglesia y compararlos con sus éxitos. La última palabra llegará con el juicio de Dios. Los primeros capítulos del Apocalipsis muestran con qué realismo ve Dios a la Iglesia y sin embargo, en otras partes, el Nuevo Testamento afirma claramente que Dios se complace en nosotros: somos sus "tesoros especiales", "un perfume agradable", "dones en los que se deleita". No puedo entender estas afirmaciones; simplemente las acepto por fe. Dios solo sabe lo que le agrada a Dios.

En segundo lugar, Jesús asume responsabilidad plena de las partes que componen su cuerpo. "No me elegisteis vosotros a mí, sino que yo os elegí a vosotros", dijo a sus discípulos, y se trata de los mismos bribones que lo exasperaron tanto y que lo iban a abandonar cuando más los necesitaba. Pienso en Pedro, cuya jactancia, arrebatos, pasión mal dirigida y traición desleal resumen en embrión diecinueve siglos de historia de la Iglesia. En "piedras" como él Jesús edificó su Iglesia, y prometió que las puertas del infierno no prevalecerían contra ella.[1]

Me infunde esperanza observar a Jesús acompañado de sus discípulos. Nunca lo desilusionaron más que en la noche en que fue entregado. Pero fue precisamente entonces, dice Juan, que Jesús les mostró hasta dónde llegaba su amor, y luego les entregó un reino.

Por último, el problema de la Iglesia no difiere del problema de cualquier cristiano. ¿Cómo puede un conjunto pecaminoso de hombres y mujeres ser el cuerpo de Cristo? Respondo con una pregunta diferente: ¿Cómo puede un hombre pecador, yo mismo, ser aceptado como hijo de Dios? Un milagro hace posible otro.

Me acuerdo de que las elevadas palabras de Pablo acerca de la esposa de Cristo y del templo de Dios fueron dirigidas a grupos de personas horriblemente imperfectas en lugares como Corinto. "Tenemos este tesoro en vasos de barro, para que la excelencia del poder sea de Dios y no de nosotros", escribió Pablo en una de las afirmaciones más precisas que jamás se hayan escrito.

El novelista Flannery O'Connor, a quien nunca se le pudo acusar de encubrir la maldad humana, respondió una vez a una carta de un lector que se quejaba de la situación de la Iglesia. "Toda

---

1 Charles Williams comenta que Jesús "no parece, a juzgar por sus comentarios acerca de los líderes religiosos de su tiempo, haber esperado mucho de los dirigentes de una iglesia. Lo más que hizo fue prometer que las puertas del infierno no *prevalecerían* contra ella. Examinando la historia de la Iglesia, parece que es lo único que no han hecho.

su insatisfacción con la Iglesia me parece que procede de una comprensión incompleta del pecado", comenzó O'Connor:

> . . . lo que parece que está usted pidiendo es que la Iglesia establezca el reino de los cielos en la tierra aquí y ahora, que el Espíritu Santo tome posesión de inmediato de toda carne. El Espíritu Santo rara vez se muestra en la superficie de algo. Está usted pidiendo que el hombre regrese de inmediato al estado en que Dios lo creó, está usted excluyendo el terrible y radical orgullo humano que produce muerte. Jesús fue crucificado en la tierra y la Iglesia es crucificada en el tiempo . . . La Iglesia fue fundada en Pedro, quien negó tres veces a Jesús y quien no pudo caminar sobre el agua por sí solo. Está usted esperando que sus sucesores caminen sobre el agua. Toda la naturaleza humana resiste fuertemente la gracia porque la gracia nos cambia y la gracia es dolorosa. Los sacerdotes la resisten tanto como los demás. Para que la Iglesia sea lo que usted desea que sea, se requeriría la intromisión milagrosa continua de Dios en los asuntos humanos . . .

En dos frases memorables O'Connor ha captado las opciones que Dios tuvo frente a la historia humana: entrar en una "intromisión milagrosa continua en los asuntos humanos" o permitir ser "crucificado en el tiempo" como su Hijo lo fue en la tierra. Con pocas excepciones, Dios, cuya naturaleza es amor que vive por sí mismo, ha escogido la segunda opción. Jesús lleva las heridas de la Iglesia, su cuerpo, como llevó las heridas de la crucifixión. A veces me pregunto cuáles le han dolido más.

13

El reino:
Trigo en medio de la
cizaña

La comedia humana no me atrae lo suficiente. No soy totalmente de este mundo . . . Soy de otra parte. Y vale la pena encontrar esa otra parte más allá de los muros. Pero ¿dónde está?

Eugene Ionesco

13
El reino: Trigo en medio de la cizaña

Cada año en otoño, la iglesia a la que asistía de niño organizaba una conferencia profética. Personajes de cabello plateado y fama nacional colocaban sus cuadros proféticos — sábanas cosidas unas a otras, recubiertas de versiones de fieras y ejércitos, dibujadas con marcadores — a lo largo de la plataforma y exponían sus ideas acerca de "los últimos días" en los que nos encontrábamos.

Escuchaba lleno de temor y fascinación, viendo cómo trazaban una línea recta desde Moscú a Jerusalén y esbozaban los movimientos de ejércitos de millones de hombres que iban a descender muy pronto sobre Israel. Aprendí que los diez miembros del Mercado Común Europeo habían cumplido hacía poco la profecía de Israel acerca de la bestia con diez cuernos. En poco tiempo todos nosotros íbamos a llevar sellada en la frente la marca de la bestia, e íbamos a quedar inscritos en una computadora en alguna parte de Bélgica. La guerra nuclear iba a estallar y el planeta iba a tambalearse al borde de la aniquilación, hasta que en el último momento Jesús mismo iba a regresar para encabezar los ejércitos de los justos.

Este guión parece mucho menos probable ahora que Rusia se ha debilitado y el Mercado Común (ahora Unión Europea) ha ampliado el número de miembros. Lo que recuerdo, sin embargo, no es tanto los detalles de la profecía como su efecto emocional en mí. Crecí atemorizado y a la vez, desesperadamente esperanzado. En la escuela secundaria tomé cursos de chino y mi hermano estudió ruso para que así uno de nosotros se pudiera comunicar con los ejércitos invasores de ambos lados. Mi tío hizo todavía más: con toda su familia se fue a vivir a Australia. Pero, en medio del terror, también teníamos esperanza: aunque estaba seguro de que el mundo acabaría muy pronto, sin embargo, depositaba toda mi fe de niño en que de alguna forma Jesús triunfaría.

Más adelante, al leer sobre historia de la Iglesia, me enteré de que con frecuencia — durante las primeras décadas del cristianismo, al final del siglo diez, a finales del siglo catorce, en la época de Napoleón, en la Primera Guerra Mundial, durante Hitler y Musolini — habían salido a la superficie visiones del fin de los tiempos. No hace mucho, durante la Guerra del Golfo, a Saddam Hussein se le vio como el Anticristo que iba a desencadenar el apocalipsis. En todos esos momentos, los cristianos pasaron por un ardiente ciclo de temor, esperanza y manso desencanto. Después de todo, no había llegado todavía el fin de los tiempos.

También me enteré de que la raza judía ha pasado muchas veces por exactamente el mismo ciclo, nunca en forma más intensa que en el siglo primero de nuestra era. En esa época muchos judíos esperaban que surgiría el Mesías para liberarlos del terror de Roma; esperanza que el hombre de Nazaret al principio estimuló y luego destruyó. Para entender a Jesús y a la misión que dejó después de su ascensión, debo volver una vez más a su tiempo, situarme de nuevo en su tiempo, oírlo hablar acerca del tema que prefirió por encima de todo: el reino de Dios. Lo que dijo en el siglo primero acerca del reino de Dios tiene mucha pertinencia para mí hoy en el siglo veinte.

En tiempos de Jesús, los judíos meditaban una y otra vez sobre los mismos pasajes de Daniel y Ezequiel que luego ocuparían un lugar tan destacado en las conferencias proféticas de mi infancia.[1] Algunos detalles eran diferentes — Europa septentrional era entonces un bosque lleno de bárbaros no un Mercado Común, y Rusia ni existía como tal — pero nuestras visiones del Mesías concordaban: esperábamos a un héroe conquistador. Quienquiera que afirmara: "¡El Reino de Dios está cerca!", sin duda hubiera evocado en la mente de los oyentes la imagen de un líder político que iba a surgir, tomar el mando y derrotar al Imperio más poderoso que jamás se hubiera conocido.

En un ambiente así, Jesús entendió muy bien el poder explosivo de la palabra *Mesías*. En opinión de William Barclay: "Si Jesús hubiera pretendido públicamente ser el Mesías, nada hubiera podido detener una inútil avalancha de muertes." Aunque Jesús mismo no utilizó el término, lo aceptó cuando otros lo llamaban Mesías, y los evangelios presentan un despertar gradual entre los discípulos de que su Maestro no era otro que el por tan largo tiempo esperado Mesías.

Jesús fomentó esta creencia utilizando la palabra que aceleraba el ritmo cardiaco de la gente: "El *reino* de Dios se ha acercado", proclamó en su primer mensaje. Cada vez que la utilizaba, esa palabra avivaba recuerdos: estandartes vistosos, ejércitos relucientes, el oro y el marfil de la época de Salomón, la nación de Israel ya restaurada. Lo que iba a suceder, Jesús dijo, sobrepasaría con mucho lo ocurrido en el pasado: "Porque de cierto os digo, que muchos profetas y justos desearon ver lo que veis, y no lo vieron; y oír lo que oís, y no lo oyeron." En otra ocasión anunció en forma provocadora: "He aquí más que Salomón en ese lugar."

Los zelotes se mantenían próximos a los que oían a Jesús, a modo de guerrilleros armados y bien organizados y listos para pelear contra Roma, pero para su consternación, nunca llegó la señal para empezar la revuelta. Con el paso del tiempo, la forma de conducta de Jesús fue desengañando a todos los que buscaban un líder según el molde tradicional. Solía rehuir en vez de buscar, los grandes grupos. Ofendía el recuerdo de los días gloriosos de Israel, comparando al rey Salomón con un lirio común y corriente.

---

1 Los escribas que examinaban tan concienzudamente las profecías del Antiguo Testamento no reconocieron a Jesús como el cumplimiento de las mismas. ¿No debiera su fracaso en interpretar las señales de la primera venida sugerir que deben ser cautos quienes hoy anuncian con tanta seguridad las señales de la Segunda Venida?

La única vez cuando la multitud intentó coronarlo rey a la fuerza, desapareció misteriosamente. Y cuando Pedro sacó la espada para defenderlo, Jesús sanó las heridas de la víctima.

Para consternación de las multitudes, resultaba claro que Jesús hablaba acerca de una clase extrañamente diferente de reino. Los judíos deseaban lo que el pueblo siempre ha esperado de un reino visible: comida en la mesa, abundancia de empleos, un ejército fuerte para rechazar a los invasores. Jesús anunció un reino que significaba negarse a sí mismo, tomar la cruz, renunciar a la riqueza e incluso amar a los enemigos. A medida que lo fue explicando, las expectativas de la muchedumbre fueron desmoronándose.

Para cuando Jesús fue clavado a la cruz, todos habían perdido la esperanza y se habían alejado. Los estudiosos nos dicen que los judíos del siglo primero no tenían ni idea de un Mesías sufriente. En cuanto a los doce, por mucho que Jesús les hablara a menudo y con claridad acerca de su cercana muerte, nunca lo llegaron a comprender. Nadie podía imaginarse a un Mesías muriendo.

La palabra *reino* significaba una cosa para Jesús y otra totalmente diferente para la multitud. Jesús fue rechazado, en gran parte, porque no satisfizo la imagen nacional de cómo debía ser un Mesías.

Hace mucho que me ha venido dejando perplejo una pregunta. Dadas las expectativas de la gente, ¿por qué Jesús siguió fomentando las esperanzas de sus seguidores con la palabra *reino*? (Aparece cincuenta y tres veces sólo en el Evangelio según San Mateo.) Insistió en asociarse con un término que parecía que todos entendían mal. ¿Qué quiso decir Jesús con el *reino* de Dios?

Resulta muy irónico que quien fracasó en llenar las expectativas de su pueblo llegara a conocerse como rey para toda la historia; a tal punto que esa palabra se convirtió en su "apellido". Cristo, o *Christos* en griego, es la traducción de la palabra hebrea *Mesías*, que significa ungido y se refiere a la costumbre antigua de coronar a los reyes. Todos los que nos llamamos *cris*tianos llevamos en nosotros la resonancia de la palabra que tanto confundió a la gente de la época de Jesús. ¿Acaso entendemos mejor el reino de Dios que ellos?

Jesús nunca dio una definición clara del reino; más bien ofreció su visión del mismo en forma indirecta, por medio de relatos. Es muy elocuente su elección de imágenes: bosquejos de la vida diaria acerca del cultivo de la tierra, de la pesca, de la mujer que hace pan, de mercaderes que compran perlas.

El reino de Dios es como el sembrador que sale a sembrar. Como saben todos los campesinos, no toda la semilla que se siembra da cosecha. Algunas semillas caen en terreno pedregoso, otras se las comen los pájaros y los insectos, y otras quedan sofocadas por la maleza. Todo esto le parece natural al campesino, pero herético al constructor tradicional de reinos. ¿Acaso los reyes no son juzgados según su poder, su capacidad para imponer su voluntad sobre el pueblo, su fortaleza para rechazar a los enemigos? Jesús estaba indicando que el reino de Dios viene con un poder al que se puede resistir. Es humilde y discreto, y coexiste con el mal; mensaje que sin duda no agradó a las intenciones patrióticas judías de rebelarse.

Pensemos en la semilla de mostaza, una semilla tan diminuta que puede caer en tierra y pasar inadvertida tanto para los humanos como para los pajarillos. Con el tiempo, sin embargo, la semilla germina hasta convertirse en un árbol mayor que cualquier otra planta del jardín, un árbol tan grande y verde que los pájaros vienen a anidar en sus ramas. El reino de Dios opera así. Comienza tan pequeño que la gente se burla de él y piensa que no puede tener éxito. En contra de toda probabilidad, el reino de Dios crecerá y se difundirá por todo el mundo, para dar sombra a los enfermos, a los pobres, a los encarcelados, a los no amados.

El reino de los cielos es como un mercader que se especializa en piedras preciosas. Un día encuentra una perla tan hermosa que a las princesas se les cae la baba de envidia. Al darse cuenta de lo que vale, vende todo lo que tiene para comprarla. Aunque esta compra le cuesta todas sus posesiones, ni por un momento lo lamenta. Cierra el trato lleno de gozo, como el logro definitivo de su vida: el tesoro le sobrevivirá, perdurará mucho después que el nombre de su familia haya desaparecido. El reino de Dios opera así. El sacrificio — negarse a sí mismo, tomar la cruz — se convierte en una inversión sabia, y el resultado no es remordimiento sino gozo indescriptible.

Estas son las parábolas que Jesús contó. Al pasar revista a las parábolas del reino, sin embargo, caigo en la cuenta de cuánto se ha apartado mi comprensión de esas imágenes domésticas. Tiendo a imaginar la misma clase de reino que los judíos esperaban: un reino visible y poderoso. Pienso en Constantino al frente de sus tropas, con cruces en las corazas, con el lema: "Con esta señal triunfaremos." Pienso en ejércitos que avanzan por las sábanas en las conferencias proféticas. Es obvio que necesito volver a escuchar la descripción que Jesús hace del reino de Dios.

Quienes vivimos en el siglo veinte, época con muy pocos "reyes" en el sentido literal de la palabra, pensamos en los reinos en función de poder y polarización. Somos hijos de la revolución. Hace dos siglos en los Estados Unidos de América y en Francia los oprimidos se sublevaron para derrocar a los poderes reinantes. Más tarde, en lugares como Rusia y China, los marxistas dirigieron revoluciones con una ideología que se convirtió en una especie de religión: comenzaron a ver toda la historia como un resultado de la lucha de clases o materialismo dialéctico. "¡Trabajadores, uníos! ¡Arrojad vuestras cadenas!" exclamaba Marx, y así lo hicieron en gran parte de nuestro sangriento siglo.

Durante un tiempo traté de leer los evangelios a través de los ojos de la teología de la liberación. En última instancia tuve que sacar la conclusión de que, sea lo que fuera, el reino de Dios no es definitivamente un llamamiento a la revolución violenta. Los judíos del siglo primero sin duda esperaban que se produjera un levantamiento así. Los dos frentes estaban definidos con claridad: los judíos oprimidos frente a los romanos malos; paganos que cobraban impuestos, traficaban con esclavos, regulaban la religión y aplastaban a los que disentían. Bajo estas condiciones los zelotes lanzaron un llamamiento parecido al de Marx: "¡Judíos, uníos! ¡Arrojad vuestras cadenas!" Pero el mensaje de Jesús acerca del reino tenía muy poco en común con la política de la polarización.

Según entiendo los evangelios, Jesús parece ofrecer un mensaje con dos direcciones. Para los opresores pronunció palabras de advertencia y juicio. Ante los poderes gubernamentales mostró una actitud de discreto desprecio, llamando a Herodes "esa zorra" (expresión judía que significa una persona despreciable e insignificante) y aceptando pagar un impuesto del templo "para no ofenderlos". Dio poca importancia a la política; después de todo, fue el gobierno el que trató de eliminarlo.

Para los oprimidos, sus oyentes por excelencia, Jesús ofreció un mensaje de consuelo y alivio. Llamó "bienaventurados" a los pobres y a los perseguidos. Nunca incitó a los oprimidos a que se levantaran para arrojar de sí las cadenas. Con palabras que deben de haber irritado a los zelotes, mandó "amar a vuestros enemigos". Invocó una clase diferente de poder: amor, no coacción.

Quienes buscaban en Jesús a su salvador político se sintieron constantemente confundidos ante los que escogía como compañeros. Se le llegó a conocer como amigo de los cobradores de impuestos, grupo que se identificaba claramente con los explotadores extranjeros, no con los explotados. Aunque censuró al sistema religioso de la época, trató con respeto a un líder como Nicodemo, y aunque habló acerca de los peligros del dinero y de la violencia, mostró amor y compasión hacia el joven rico y el centurión romano.

En resumen, Jesús honró la dignidad de las personas, estuviera o no de acuerdo con ellas. No iba a fundar su reino sobre la base de la raza o la clase social u otras divisiones de esa índole. Todos, incluso una mestiza con cinco maridos o un ladrón que moría en la cruz, eran bienvenidos a unirse a su reino. La persona era más importante que cualquier categoría o etiqueta.

Me siento acusado por esta cualidad de Jesús cada vez que participo en una causa en la que creo con firmeza. Qué fácil es adherirse a la política de la polarización, encontrarse gritando contra el "enemigo" desde piquetes de manifestantes. Qué difícil es recordar que el reino de Dios me llama a amar a la mujer que acaba de salir de una clínica de abortos (y sí, incluso a su médico), a la persona promiscua que está muriendo de SIDA, al rico propietario que está explotando la creación de Dios. Si no puedo amar a esas personas, entonces me debo preguntar si he entendido en realidad el evangelio de Jesús.

Los movimientos políticos, por su misma naturaleza, establecen límites, distinguen, juzgan; por el contrario, el amor de Jesús pasa por encima de los límites, trasciende las distinciones y otorga gracia. Independientemente del valor intrínseco de un asunto dado — ya sea un grupo derechista de cabildeo en favor de la vida o un grupo izquierdista de cabildeo por la paz y la justicia — los movimientos políticos corren el riesgo de revestirnos del manto de poder que sofoca el amor. De Jesús aprendo que, sea cual fuera el movimiento activista en el que participe, no debe excluir el amor y la humildad, o de lo contrario estoy traicionando al reino de los cielos.

Si me sintiera tentado a ver el reino de Dios como una estructura más de poder, sólo debo fijarme en el relato del juicio en Jerusalén, escena que reúne a los dos reinos en marcada oposición. En ese día culminante los dirigentes del "reino de este mundo" se encontraron cara a cara con Jesús y su reino.

Dos reyes, Herodes y Jesús, personificaban dos clases muy diferentes de poder. Herodes disponía de legiones de soldados romanos para imponer su voluntad, y la historia cuenta cómo utilizó Herodes este poder: le robó la esposa a su hermano, encerró a quienes disentían, hizo decapitar a Juan el Bautista como diversión en una fiesta. Jesús también tenía poder, pero lo utilizó con compasión, para alimentar a los hambrientos y sanar a los enfermos. Herodes tenía una corona de oro, palacios, guardias y todos los símbolos externos de la realeza. En el caso de Jesús, lo más parecido a una coronación formal, o "unción" como Mesías, sucedió en una escena desconcertante cuando una mujer de dudosa fama derramó perfume en su cabeza. El título de "rey de los judíos" se lo otorgaron como una sentencia criminal. Su "corona", hecha de espinas, fue simplemente una fuente más de dolor. Y aunque hubiera podido llamar a una legión de ángeles para que lo protegieran, renunció a ello.

Jesús se negó de manera consistente a utilizar el poder coercitivo. A sabiendas, permitió que uno de sus discípulos lo traicionara y luego se entregó sin protestar a sus captores. Nunca deja de sorprenderme que la esperanza cristiana descanse en alguien cuyo mensaje fue rechazado y cuyo amor fue despreciado, acusado como delincuente y condenado a la pena capital.

A pesar del claro ejemplo de Jesús, muchos de sus seguidores no han sabido resistir y han preferido el estilo de Herodes al de Jesús. Los cruzados que saquearon el Cercano Oriente, los conquistadores que convirtieron el Nuevo Mundo a punta de espada, los exploradores cristianos que colaboraron con el tráfico de esclavos; y todavía experimentamos secuelas de sus errores. La historia muestra que cuando la Iglesia utiliza los instrumentos del reino del mundo se vuelve tan ineficaz o tan déspota como cualquier otra estructura de poder. Y cuantas veces la Iglesia se ha entremetido en el Estado (el Sacro Imperio Romano, la Inglaterra de Cromwell, la Ginebra de Calvino), también sufre las consecuencias el llamado de la fe. Resulta irónico que el respeto que inspiramos en el mundo disminuye en la proporción en que tratamos de obligar por la fuerza a que los demás adopten nuestro punto de vista.

Ovejas en medio de lobos, una semilla diminuta en el jardín, levadura en la masa del pan, sal en la carne: son las metáforas que Jesús utiliza para el reino, para describir una especie de "fuerza oculta" que opera desde adentro. No dijo nada de una Iglesia triunfal que comparte el poder con las autoridades. El reino de Dios parece que funciona mejor como movimiento minoritario, en oposición al reino de este mundo. Cuando crece más que esto, el reino va cambiando sutilmente de naturaleza.

Por esta razón, debo decir a modo de digresión que me siento preocupado por el reciente auge de poder entre los cristianos de Estados Unidos de América, quienes parece que se están preocupando cada vez más por emplear medios políticos. En otros tiempos se hacía caso omiso de los cristianos o eran objeto de burla; ahora cualquier político con sentido práctico los corteja. A los evangélicos, sobre todo, se los identifica con una cierta posición política, tanto así que los medios noticiosos utilizan los términos "evangélico" y "derecha religiosa" como intercambiables. Cuando le pregunto a alguien no conocido: "¿Qué es un cristiano evangélico?" la respuesta que me da es algo así: "Alguien que apoya los valores familiares y se opone a los derechos de los homosexuales y al aborto."

Esta tendencia me preocupa, porque el evangelio de Jesús no fue primordialmente una plataforma política. Hay que hacer frente a los asuntos con que se enfrentan los cristianos en una sociedad secular y hay que legislar sobre ellos, y la democracia le brinda al cristiano todas las oportunidades para expresar lo que piensa y siente. Pero no nos atrevamos a invertir tanto en el reino de este mundo que olvidemos nuestra tarea principal de presentar a las personas una clase diferente de reino, fundado solamente en la gracia y el perdón de Dios. Aprobar leyes que hagan respetar la moral desempeña una función necesaria, detener el mal, pero nunca resuelve los problemas humanos. Si de aquí a un siglo todo lo que puedan decir los historiadores acerca de los evangélicos de la década de los años 90 es que defendieron los valores de la familia, entonces habremos fracasado en la misión que Jesús nos dio para que la cumpliéramos: dar a conocer el amor reconciliador de Dios por los *pecadores*.

Jesús no dijo: "En esto conocerán todos que sois mis discípulos . . . si aprobáis leyes, si elimináis la inmoralidad, y devolvéis el decoro a la familia y al gobierno", sino: " . . . si tuviereis amor los unos con los otros." Dijo esto la noche antes de morir, una noche en la que el poder humano, representado en el poderío de Roma y la fuerza plena de las autoridades religiosas judías, chocaron de frente con el poder de Dios. Toda su vida Jesús estuvo en una especie de "guerra de culturas" contra las autoridades religiosas rígidas del momento y un imperio pagano; sin embargo, respondió dando su vida por los que se le oponían. En la cruz los perdonó. Había venido, sobre todo, para demostrar amor: "Porque de tal manera amó Dios al mundo, que ha dado a su Hijo unigénito . . ."

Cuando el gobernador romano Pilato le pregunta a Jesús a quemarropa si era el rey de los judíos, Él respondió: "Mi reino no es de este mundo; si mi reino fuera de este mundo, mis servidores pelearían para que yo no fuera entregado a los judíos; pero mi reino no es de aquí." La pertenencia a un reino "no de este mundo" ha alentado a los mártires cristianos que, desde la muerte de su fundador, se han enfrentado con la oposición de parte de los reinos que son de este mundo. Creyentes indefensos usaron este texto frente a sus perseguidores romanos en el Coliseo, Tolstoi lo empleó para socavar la autoridad de los zares, y los que marcharon por los derechos humanos lo utilizaron para desafiar las leyes de segregación en la parte meridional de los Estados Unidos de América y en África del Sur. Habla de un reino que trasciende las fronteras — y a veces las leyes — de naciones e imperios.

En otra ocasión, los fariseos le preguntaron a Jesús cuándo llegaría el reino de Dios. Respondió: "El reino de Dios no vendrá con advertencia, ni dirán: Helo aquí o helo allí; porque he aquí el reino de Dios está entre vosotros."

Resulta claro que el reino de Dios se gobierna por un conjunto de reglas diferentes a las de cualquier reino terrenal. El reino de Dios no tiene fronteras geográficas, ni ciudad capital, ni edificio del congreso de diputados, ni adornos reales que uno pueda ver. Sus seguidores viven en medio de sus enemigos, no aparte de ellos separados por una valla o muro. Vive y crece dentro de seres humanos.

Quienes seguimos a Jesús poseemos una especie de ciudadanía doble. Vivimos en un reino externo de familia, ciudades y nacionalidad, en tanto que simultáneamente pertenecemos al reino de Dios. En su mandato: "Dad, pues, a César lo que es de César, y a Dios lo que es de Dios", Jesús subrayó la tensión fundamental que puede crearse. Para los primeros cristianos, la lealtad al reino de Dios a veces significó un choque fatal con el reino visible del César. El historiador Will Durant, en *The Story of Civilization* [La historia de la civilización], concluye:

> No ha habido un drama mayor en la historia del hombre que ver a unos pocos cristianos, ridiculizados y oprimidos por una serie de emperadores, soportar todas las pruebas con firme tenacidad, multiplicándose sigilosamente, construyendo orden donde sus enemigos generaban caos, combatiendo la espada con la palabra, la brutalidad con la esperanza, y por fin derrotando al estado más poderoso que la historia haya conocido. César y Cristo se enfrentaron en el estadio, y Cristo venció.

Hemos visto en nuestro tiempo demostraciones vívidas del choque de reinos. En países comunistas — Albania, la Unión Soviética, China — el gobierno obligó a la iglesia cristiana a pasar a la clandestinidad de modo que se volvió, literalmente, invisible. En oleadas de persecución durante las décadas de los años 60 y 70, por ejemplo, se multó a los creyentes chinos, se los encarceló y torturó, y con reglamentaciones locales se prohibieron la mayor parte de las actividades religiosas. Pero a pesar de la opresión del gobierno, se produjo un avivamiento espiritual que quizá fue el mayor en la historia de la Iglesia. Por lo menos cincuenta millones de creyentes se adhirieron a un reino invisible mientras el reino visible los hacía sufrir por esto.

En realidad, parece que surgen problemas cuando la iglesia se vuelve muy externa y se aproxima demasiado al gobierno. Como dijo una asistente legislativa de Estados Unidos después de un recorrido por China: "Creo que en la naturaleza apolítica de la iglesia subterránea china se nos da una palabra de advertencia. Oran fervientemente por sus líderes aunque mantienen una cuidadosa independencia. Nosotros tenemos el privilegio de vivir en una democracia participativa, pero después de haber estado activa en la vida política de Estados Unidos por casi una década, he visto a más de un creyente vender su primogenitura cristiana por una ración de sopa terrenal. Debemos preguntarnos sin cesar: ¿Es nuestro primer propósito cambiar nuestro gobierno o procurar que dentro o fuera del gobierno haya vidas que cambian para seguir a Cristo?"

Para replantear su pregunta: ¿Es nuestro primer propósito cambiar el reino externo, político o promover el reino trascendente de Dios? En una nación como Estados Unidos se confunden fácilmente los dos.

Crecí en una iglesia que exhibía orgullosamente la "bandera cristiana" junta a la bandera norteamericana, y prometíamos fidelidad a ambas. La gente aplicaba a los Estados Unidos pasajes del Antiguo Testamento que, obviamente, iban destinados a una época en que Dios operaba por medio de un reino visible en la tierra, la nación de Israel. Por ejemplo, a menudo oigo que citan este versículo como una fórmula para un avivamiento nacional: "Si se humillare mi pueblo, sobre el cual mi nombre es invocado, y oraren, y buscaren mi rostro, y se convirtieren de sus malos caminos; entonces yo oiré desde los cielos, y perdonaré sus pecados, y sanaré su tierra." El principio se puede aplicar en una forma general, claro está, pero la promesa concreta nacional fue hecha como parte de la relación de pacto de Dios con los hebreos en la antigüedad; se ofreció con ocasión de la dedicación del templo de Salomón, morada de Dios en la tierra. ¿Hay alguna razón para que creamos que Dios tiene un acuerdo parecido de pacto con los Estados Unidos de América?

En realidad, ¿tenemos algún indicio de que Dios juzgue ahora a los Estados Unidos de América, o a cualquier otro país *como entidad nacional*? Jesús contó las parábolas del reino en parte para corregir esas nociones nacionalistas. Dios está operando no primordialmente por medio de naciones, sino por medio de un reino que trasciende a las naciones.

Al reflexionar ahora acerca de los relatos de Jesús respecto al reino, siento que mucha de la incomodidad que se da hoy entre los cristianos deriva de una confusión de los dos reinos, visible e invisible. Cada vez que se acerca una elección, los cristianos debaten si este o aquel candidato es "el hombre de Dios" para la Casa Blanca. Si me sitúo en la época de Jesús, siento dificultad en imaginarme ponderando si Tiberio, Octavio o Julio César eran "el hombre de Dios" para el Imperio. La política de Roma no tenía nada que ver con el reino de Dios.

En la actualidad, a medida que los Estados Unidos de América se secularizan cada vez más, parece que la Iglesia y el Estado se encaminan en direcciones diferentes. Cuanto más entiendo el mensaje de Jesús acerca del reino de Dios, menos me alarma esa tendencia. Nuestra verdadera meta, el foco de nuestra energía, no debiera ser cristianizar a los Estados Unidos de América (siempre una batalla perdida), sino más bien tratar de ser el reino de Dios en un mundo cada vez más hostil. Como dijo Karl Barth: "[La iglesia] existe . . . para establecer en el mundo una nueva señal que es radicalmente diferente del estilo propio [del mundo] y que lo contradice en una forma que está llena de promesa."

Es irónico que si los Estados Unidos de América están verdaderamente deslizándose por una pendiente moral resbaladiza, esto quizá permita mejor a la Iglesia — como ocurrió en Roma y también en China — establecer "una nueva señal que está llena de promesa". Preferiría, debo admitirlo, vivir en un país donde la mayoría de la gente siguiera los Diez Mandamientos, actuara con respeto mutuo, e inclinara la cabeza una vez al día para hacer una oración benigna, no partidista. Siento cierta nostalgia por el ambiente social de la década de los años 50 en el que crecí. Pero si ese ambiente no regresa no voy a perder el sueño. A medida que los Estados Unidos de América vayan deteriorándose, trabajaré y oraré para que el reino de Dios avance. Si las puertas del infierno no pueden prevalecer contra la Iglesia, la situación política contemporánea difícilmente puede resultar amenazadora.

En Stuttgart, Alemania, en 1933, Martín Buber sostuvo una discusión con un estudioso del Nuevo Testamento acerca de por qué él, un judío que admiraba a Jesús, no podía aceptarlo. A los ojos de los cristianos, comenzó, los judíos deben parecer obstinados, ya que siguen esperando pacientemente que venga el Mesías. ¿Por qué no reconocer a Jesús como Mesías? "La iglesia se basa en la fe de que Cristo ha venido, y que ésta es la redención que Dios ha otorgado al género humano. Nosotros, Israel, no podemos creer esto . . . Sabemos más profundamente, más verdaderamente, que la historia del mundo no ha sido vuelta al revés; que el mundo no está redimido. *Sentimos* su condición no redimida." La típica afirmación de Buber adquirió una mayor intensidad a los pocos años, porque 1933 fue el año en que Adolfo Hitler ascendió al poder en Alemania, enterrando para siempre cualquier duda acerca de la naturaleza no redimida del mundo. ¿Cómo podría un verdadero Mesías permitir que continuara un mundo así?

La única explicación posible se encuentra en la enseñanza de Jesús de que el reino de Dios llega en etapas. Es "ahora" y también "todavía no", presente y también futuro. A veces Jesús insistió en el aspecto presente, como cuando dijo que el reino "está cerca" o "entre vosotros". Otras veces sugirió que el reino está en el futuro, como cuando enseñó a sus discípulos que oraran: "Venga tu reino. Hágase tu voluntad, como en el cielo, así también en la tierra." Martín Buber tiene razón en comentar que la voluntad de Dios evidentemente no se está haciendo en la tierra como en el cielo. En ciertas maneras importantes el reino no ha venido plenamente.

Probablemente Jesús mismo hubiera estado de acuerdo con la forma en que Martín Buber evalúa el estado del mundo. "En el mundo tendréis aflicción", dijo a sus discípulos. También les advirtió que habría desastres: "Oiréis de guerras y rumores de guerras; mirad que no os turbéis, porque es necesario que todo esto acontezca; pero aun no es el fin." La presencia del mal garantiza que la historia estará llena de luchas y que el mundo parecerá no redimido. Por un tiempo, el reino de Dios debe coexistir con una activa rebelión contra Dios. El reino de Dios avanza lentamente, humildemente, como una fuerza invasora secreta que opera dentro del reino gobernado por Satanás.

Como lo expresó C. S. Lewis:

¿Por qué viene Dios bajo disfraz a este mundo ocupado por el enemigo para comenzar una especie de sociedad secreta para socavar al demonio? ¿Por qué no viene con fuerza, invadiéndolo? ¿Será que no es lo bastante fuerte? Bueno, los cristianos piensan que va a venir con fuerza; no sabemos cuándo. Pero podemos conjeturar por qué se está demorando: desea darnos la oportunidad de ponernos libremente de su lado . . . Dios invadirá. Pero me pregunto si quienes piden a Dios que interfiera abierta y directamente en nuestro mundo se dan bien cuenta de cómo serán las cosas cuando lo haga. Cuando eso suceda, es el fin del mundo. Cuando el autor sale al escenario, la obra ya ha concluido.

Los discípulos más cercanos a Jesús tuvieron dificultad en captar esa perspectiva doble del reino. Después de su muerte y resurrección, cuando comprendieron por fin que el Mesías había venido no como un rey conquistador sino como un rey vestido en humildad y debilidad, incluso entonces les obsesionaba un pensamiento: "Señor ¿restaurarás el reino a Israel en este tiempo?" Sin duda estaban pensando en un reino visible que reemplazaría el gobierno de Roma. Jesús dejó de lado la pregunta y les ordenó que anunciaran su nombre hasta los confines de la tierra. Entonces es cuando, para sorpresa de todos, ascendió hasta perderse de vista y unos momentos después, los ángeles explicaron: "Este mismo Jesús, que ha sido tomado de vosotros al cielo, así *vendrá* como lo habéis visto ir al cielo." El reino de Dios que anhelaban sí vendría, pero todavía no.

Debo confesar que durante muchos años evité pensar acerca de la Segunda Venida de Jesús; en parte, estoy seguro, como reacción a la manía profética de la iglesia de mi niñez. La doctrina parecía un estorbo, la clase de tema que atraía a las personas que creían en objetos voladores. Todavía conservo algo de incertidumbre en cuanto a los detalles de la Segunda Venida, pero ahora la veo como la necesaria culminación del reino de Dios. En tanto la Iglesia pierda la fe en el regreso de Jesús y se contente con formar confortablemente parte de este mundo y no de la vanguardia de un reino de otro mundo, corremos el riesgo de perder la fe en un Dios soberano.

Dios ha empeñado en esto su reputación. El Nuevo Testamento apunta hacia un tiempo en que "se doble toda rodilla . . . y toda lengua confiese que Jesús es el Señor". Es obvio que esto todavía no ha sucedido. Varias décadas después de la Pascua de Resurrección, el apóstol Pablo habló de toda la creación que gime con dolores de parto por una redención que todavía no se ha realizado. La primera venida de Jesús no resolvió los problemas del planeta tierra, sino que más bien ofreció una visión del reino de Dios que ayuda a romper el hechizo terrenal de la desilusión.

Sólo en la segunda venida de Cristo aparecerá el reino de Dios en toda su plenitud. Entre tanto nos esforzamos por un futuro mejor, siempre volviendo a los evangelios para encontrar en ellos el patrón de cómo será el futuro. Jürgen Moltmann ha comentado que la frase "Día del Señor" en el Antiguo Testamento inspiraba miedo; pero en el Nuevo Testamento inspira confianza, porque esos autores habían llegado a conocer al Señor al que pertenecía ese Día. Ahora saben qué esperar.

Cuando Jesús vivió en la tierra hizo que los ciegos vieran y los tullidos caminaran; regresará para reinar en un reino en el que no habrá enfermedad ni incapacidad. En la tierra murió y resucitó; cuando vuelva, ya no habrá más muerte. En la tierra arrojó demonios; a su regreso, destruirá al maligno. En la tierra vino como un niño nacido en un pesebre; regresará como la figura llameante que se describe en el libro de Apocalipsis. El Reino que inició en la tierra no fue el fin, sino el principio del fin.

En realidad, el reino de Dios crecerá en la tierra a medida que la Iglesia vaya estableciendo una sociedad alternativa que demuestre lo que el mundo *no* es pero un día será: la receta de Barth de "una nueva señal que es radicalmente diferente a la forma propia [del mundo] y que la contradice de una manera que está llena de promesa". Una sociedad que acoge a personas de todas las razas y clases sociales, que se caracteriza por el amor y no por la polarización, que se preocupa sobre todo por sus miembros más débiles, que defiende la justicia y la rectitud en un mundo fascinado con el egoísmo y la decadencia, una sociedad en la que los miembros compiten por el privilegio de servirse unos a otros; esto es lo que Jesús quiso decir con el reino de Dios.

Los cuatro jinetes del Apocalipsis ofrecen un anticipo de cómo acabará el mundo: en guerra, hambruna, enfermedad y muerte. Pero Jesús brindó un anticipo personal de cómo será restaurado el mundo, revertiendo las acciones de los cuatro jinetes: trajo la paz, alimentó al hambriento, sanó al enfermo y devolvió el muerto a la vida. Hizo poderoso el mensaje del reino de Dios viviéndolo, haciéndolo realidad en medio de quienes lo rodeaban. Las predicciones de cuento de hadas de los profetas de un mundo libre de dolor, lágrimas y muerte se refirieron no a un mundo mitológico, sino a *este* mundo.

Nosotros en la iglesia, sucesores de Jesús, quedamos con la tarea de manifestar las señales del reino de Dios, y el mundo que nos ve juzgará por nosotros los méritos del reino. Vivimos en una época de transición — transición de la muerte a la vida, de la injusticia humana a la justicia divina, de lo viejo a lo nuevo — trágicamente incompleta pero caracterizada aquí y allá, ahora y luego, por indicios de lo que Dios un día logrará en forma perfecta. El reino de Dios está penetrando en el mundo, y podemos ser sus heraldos.

14

Lo que Él cambia

Los otros dioses eran fuertes; pero Tú fuiste débil;
Llegaron cabalgando, pero Tú te tambaleaste hasta el
trono;
Pero a nuestras heridas sólo las heridas de Dios pueden
hablar,
y ningún dios tiene heridas sino sólo Tú.

Edward Shillito

14

Lo que Él cambia

Scott Peck escribe que primero se acercó a los evangelios con escepticismo, sospechando que iba a encontrar relatos elaborados con intenciones de relaciones públicas, escritos por autores que habían atado cabos sueltos y adornado sus biografías de Jesús. Los evangelios mismos se encargaron muy pronto de hacerlo cambiar de idea.

Quedé totalmente asombrado ante la extraordinaria *realidad* del hombre que encontré en los evangelios. Descubrí a un hombre que vivió casi constantemente frustrado. Su frustración aparece prácticamente en cada página: "¿Cómo tengo que decírselo? ¿Cuántas veces os lo tengo que decir? ¿Qué tengo que hacer para que lo entiendan?" También descubrí a un hombre que a menudo se sentía triste y a veces deprimido, con frecuencia angustiado y asustado... Un hombre que estuvo terriblemente solo y que, sin embargo, a menudo necesitó desesperadamente estar solo. Descubrí a un hombre tan increíblemente verdadero que nadie lo hubiera podido inventar.

Se me ocurrió que si los escritores de los evangelios hubieran tenido intenciones de adornar su vida, como había supuesto, hubieran creado la clase de Jesús que tres cuartas partes de los cristianos todavía parecen tratar de crear... descrito con una sonrisa dulce y constante, acariciando las cabecitas de niños, caminando por la tierra con ecuanimidad imperturbable, inquebrantable . . . Pero el Jesús de los evangelios — que algunos sugieren que es el secreto mejor guardado del cristianismo — no tuvo mucha "paz mental", como solemos pensar en paz mental en términos del mundo, y en la medida en que podamos ser sus seguidores, quizá tampoco nosotros la tendremos.

¿Cómo podemos conocer al "Jesús verdadero" que Scott Peck llegó a vislumbrar? He hecho un esfuerzo serio por ver a Jesús "desde abajo", por captar de la mejor manera posible qué significó haber observado en persona los extraordinarios acontecimientos que se desarrollaron en Galilea y Judea. Como Scott Peck, también yo me siento asombrado ante lo que he encontrado.

Los iconos de la Iglesia Ortodoxa, los vitrales de las catedrales europeas, los dibujos de Escuela Dominical de una iglesia popular en los Estados Unidos de América, todos retratan a un Jesús apacible, "domesticado", cuando el Jesús que encontré en los evangelios lo fue todo menos domesticado. Su austera rectitud hizo que pareciera absolutamente falto de tacto en algunos ambientes. Pocos se sintieron cómodos junto a Él; los que lo lograron fueron la clase de personas con las que nadie más se sentía cómodo. Fue sumamente difícil de predecir, de precisar, o incluso de entender.

Termino mi estudio de Jesús con tantas preguntas como respuestas. Desde luego que no he logrado domesticarlo para mí, y mucho menos para los demás. Ahora se me ha desarrollado una sospecha interior en contra de cualquier intento de categorizar a Jesús, de encajonarlo. La diferencia, según expresión de Charles Williams, es la que hay entre "alguien que es ejemplo de vida y alguien que es la vida misma".

Para resumir lo que he aprendido acerca de Jesús, ofrezco una serie de impresiones. No proporcionan en modo alguno un cuadro completo, pero son las facetas de la vida de Jesús que me tocan y eso creo, nunca dejarán de ser un acicate para mí.

Un amigo sin pecado de los pecadores. Cuando Jesús vino a la tierra, los demonios lo reconocieron, los enfermos acudieron a Él, y los pecadores mojaron sus pies y cabeza con perfume. En tanto que ofendió a los judíos piadosos con sus conceptos rigurosos de cómo debía ser Dios. El rechazo de éstos me hace preguntarme:

¿acaso la gente religiosa podía estar haciendo ahora lo contrario? ¿Acaso pudiéramos estar perpetuando una imagen de Jesús que armoniza con nuestras expectativas piadosas pero que no concuerda con la persona que los evangelios presentan tan vívidamente?

Jesús fue amigo de los pecadores. Alabó a un vil cobrador de impuestos por encima de un fariseo temeroso de Dios. La primera persona ante la que se reveló abiertamente como Mesías fue una mujer samaritana con una vida de cinco matrimonios fracasados y que en ese momento estaba viviendo con otro hombre. Con susurro de moribundo perdonó a un ladrón sin ninguna posibilidad de crecimiento espiritual.

"Os digo que si vuestra justicia no fuera mayor que la de los escribas y fariseos, no entraréis en el reino de los cielos", enseñó Jesús. Los fariseos mismos buscaron en vano pruebas de que había violado la ley de Moisés. Había desafiado ciertas tradiciones, sí, pero cuando lo juzgaron formalmente el único "delito" que se mantuvo fue el que finalmente reconoció su pretensión de ser el Mesías.

Contemplo con sorpresa la mezcla inflexible de amabilidad con los pecadores y de hostilidad hacia el pecado, porque en gran parte de la historia de la Iglesia encuentro lo contrario. De labios para fuera decimos que "odiamos el pecado pero amamos al pecador", pero ¿practicamos de verdad este principio?

La Iglesia cristiana siempre ha encontrado formas de suavizar las fuertes palabras de Jesús acerca de la moralidad. Durante tres siglos los cristianos procuraron cumplir literalmente su mandato de "no resistáis al que es malo", pero con el tiempo la Iglesia desarrolló una doctrina de "guerra justa" e incluso de "guerra santa". En distintas épocas, grupos de cristianos han seguido las palabras de Jesús acerca de renunciar a la riqueza, pero la mayor parte de ellos han vivido al margen de una iglesia establecida y rica. En la actualidad, muchos de los cristianos que condenan radicalmente la homosexualidad no toman en cuenta sus claros mandatos contra el divorcio. Seguimos redefiniendo el pecado y cambiando el énfasis.

Al mismo tiempo, la Iglesia institucional gasta mucha energía tomando posiciones en contra del mundo pecador afuera. (Un término como "Mayoría moral" sólo resulta atractivo para quienes ya forman parte de la misma.) No hace mucho asistí a un obra de teatro basada en episodios de un grupo de apoyo que incluía a personas con SIDA. El director dijo que había decidido montar la obra después de haber escuchado a un ministro local afirmar que se alegraba cada vez que leía el obituario de algún joven soltero, persuadido de que cada muerte significaba una prueba más de la desaprobación de Dios. Me temo que a la Iglesia se le está viendo cada vez más como enemiga de los pecadores.

Demasiado a menudo los pecadores no se sienten amados por una Iglesia que, a su vez, sigue cambiando su definición de pecado, exactamente lo contrario de la norma de Jesús. Algo no ha funcionado bien.

En uno de sus primeros libros, *Shame* [Vergüenza], Salman Rushdie dijo que la verdadera batalla de la historia no se da entre ricos y pobres, socialistas y capitalistas, o negros y blancos, sino entre lo que llamó epicúreos y puritanos. El péndulo de la sociedad va y viene entre quienes dicen: "todo vale", y quienes dicen: "¡Oh, no, eso no!": la Restauración frente a Cromwell, la Unión Americana de Libertades Civiles frente a la derecha religiosa, los secularistas modernos frente a los fundamentalistas islámicos. Como para probar este punto, poco después Irán fijó una recompensa de un millón de dólares por la cabeza de Rushdie; había cruzado la línea.

La historia brinda muchos precedentes del legalismo y también de la decadencia. Pero ¿cómo se pueden mantener las elevadas normas de la pureza moral y al mismo tiempo mostrarse benévolos con quienes no las cumplen? ¿Cómo acoger al pecador sin fomentar el pecado? La historia cristiana ofrece pocos modelos de la pauta que Jesús estableció.

Al estudiar la vida de Jesús, leí también varios extensos estudios de los primeros tres siglos de la fe cristiana. La Iglesia primitiva comenzó bien, dando una importancia suprema a la pureza moral. Los candidatos al bautismo tenían que pasar por largos períodos de instrucción, y se aplicaba rigurosamente la disciplina eclesiástica. Las persecuciones esporádicas a que la sometieron los emperadores romanos ayudaron a que la Iglesia perdiera a los cristianos "tibios". Sin embargo, incluso algunos observadores paganos se sintieron atraídos hacia la forma en que los cristianos extendían la mano para cuidar de los oprimidos y dedicarse a los enfermos y a los pobres.

Se produjo un cambio importante con el emperador Constantino, quien legalizó por primera vez al cristianismo y lo convirtió en religión subsidiada por el Estado. En esa época, su reino pareció ser el triunfo mayor de la Iglesia porque el emperador utilizaba fondos del Estado para construir templos y patrocinar reuniones teológicas en vez de perseguir a los cristianos. Pero lamentablemente, el triunfo no se dio sin costo: se fueron confundiendo los dos reinos. El Estado comenzó a nombrar a obispos y a otros jerarcas de la Iglesia, y poco a poco se fue creando una jerarquía que reproducía minuciosamente la del Imperio mismo. Por su parte, los obispos cristianos comenzaron a imponer la moral en toda la sociedad, no sólo en la Iglesia.

Desde Constantino, la Iglesia ha venido enfrentándose con la tentación de convertirse en la "policía moral" de la sociedad. La Iglesia Católica en la Edad Media, la Ginebra de Calvino, la Inglaterra de Cromwell, la Nueva Inglaterra de Winthrop, la Iglesia Ortodoxa Rusa, todas ellas han tratado de legislar una forma de moral cristiana, y todas, cada una a su manera, han encontrado difícil comunicar benevolencia.

Me doy cuenta, al contemplar la vida de Jesús, de cuánto nos hemos apartado del equilibrio divino que nos propuso. Cuando se escuchan los sermones y se leen los escritos de la iglesia contemporánea en los Estados Unidos de América, a veces encuentro más de Constantino que de Jesús. El hombre de Nazaret fue un amigo sin pecado de los pecadores, una norma que debiera declararnos culpables de ambos cargos.

El Hombre-Dios. Sería más fácil, a veces pienso, si Dios nos hubiera dado un conjunto de ideas para que las elaboráramos y desmenuzáramos hasta decidir si las aceptábamos o no. No lo hizo así. Se nos dio a sí mismo en la forma de una persona.

"Jesús salva", proclaman las calcomanías en los automóviles; imagínense lo ridículo que parecería si cambiaran el nombre por Sócrates, Napoleón o Marx. El Buda dio permiso a sus discípulos para que lo olvidaran con tal de que honraran su enseñanza y siguieran su camino. Platón dijo algo parecido de Sócrates. Jesús, sin embargo, señalándose a sí mismo dijo: "Yo soy el camino."

Como he examinado la vida de Jesús fundamentalmente "desde abajo", no he subrayado conceptos como preexistencia, esencia divina y naturaleza dual, que ocupan tanto espacio en los libros de teología. Le tomó cinco siglos a la Iglesia para llegar a definir los detalles de la divinidad y humanidad de Jesús. Yo, a propósito, me he mantenido cerca al punto de vista que ofrecen Mateo, Marcos, Lucas y Juan, y no al filtro interpretativo que nos ofrece el resto del Nuevo Testamento y que formalizaron los concilios de Nicea y Calcedonia.

Incluso así, los evangelios mismos presentan el misterio de la identidad dual de Jesús. ¿Cómo pudo este judío galileo con familia y pueblo natal, llegar a ser adorado como "Dios de Dios"? Muy sencillo: leamos los evangelios, sobre todo Juan. Jesús aceptó la adoración humilde de Pedro. A un tullido, a una mujer adúltera y a muchos otros dijo como quien manda: "Tus pecados te son perdonados." Advirtió a Jerusalén: "Os envío profetas y sabios y escribas", como si no fuera un rabino el que estaba frente a ellos sino el Dios soberano de la historia. Cuando se le cuestionó, Jesús respondió francamente: "Yo y el Padre uno somos." "Antes que Abraham fuese, *yo soy*", dijo en otra ocasión, pronunciando la palabra hebrea sagrada para Dios, para que quedaran las cosas claras. Los judíos devotos lo entendieron muy bien; muchas veces tomaron piedras para castigarlo por la blasfemia.

Las audaces pretensiones de Jesús acerca de sí mismo plantean el que puede ser el problema central de toda la historia, el punto divisorio entre el cristianismo y otras religiones. Aunque los musulmanes y cada vez más los judíos, respetan a Jesús como a un gran maestro y profeta, ningún musulmán puede imaginar a Mahoma pretendiendo ser Alá como tampoco ningún judío puede imaginar a Moisés pretendiendo ser Yahvé. Asimismo, los hindúes creen en muchas encarnaciones pero no una Encarnación, en tanto que los budistas no tienen categorías que les permitan concebir que un Dios soberano se vuelva ser humano.

¿Hubieran podido los discípulos de Jesús haber rellenado su enseñanza con pretensiones tan fuertes como parte de su conspiración para fundar una nueva religión? No es probable. Los discípulos, como hemos visto, eran conspiradores ineptos, y de hecho los evangelios los retratan como opuestos a la idea misma de la divinidad de Jesús. Todos ellos, después de todo, pertenecían a la raza más fuertemente monoteísta de la tierra. Incluso en la última noche que Jesús pasó con ellos, después de haber oído todas las afirmaciones y visto todos los milagros, uno de ellos le pidió al Maestro: "Muéstranos el Padre." Pero no pudieron comprenderlo. Jesús nunca fue más claro en su respuesta: "El que me ha visto a mí, ha visto al Padre."

Es un hecho incontrovertible de la historia que los seguidores de Jesús, los mismos que se habían quedado un tanto perplejos al escuchar sus palabras en la última Cena, unas semanas después lo iban proclamando como "el Santo y el Justo", el "Señor", el "Autor de la vida". Para cuando se escribieron los evangelios ya lo veían como la Palabra que era Dios, por quien todo se había hecho. En una carta posterior, Juan se preocupó por señalar: "Lo que era desde el principio, lo que hemos oído, lo que hemos visto con nuestros ojos, lo que hemos contemplado, y palparon nuestras manos tocante al Verbo de vida . . . eso os anunciamos." El libro de Apocalipsis describe a Jesús como a una figura llameante cuyo rostro "era como el sol cuando resplandece en su fuerza", pero el autor relaciona siempre este Cristo Cósmico con el hombre galileo verdadero que los discípulos habían oído, visto y tocado.

¿Por qué iban los discípulos a inventar estas ideas? Los seguidores de Mahoma o Buda, dispuestos a entregar la vida por su maestro, no dieron esa clase de salto lógico. ¿Por qué los discípulos de Jesús, tan lentos para aceptarlo, nos exigen que creamos una verdad tan difícil de creer? ¿Por qué hacer más difícil, en vez de más fácil, aceptar a Jesús?

La opción de la teoría de la conspiración, es decir, considerar que Jesús mismo fue la fuente de las audaces pretensiones, sólo agranda el problema. Al leer los evangelios a veces trato de verlos como pudiera hacerlo un no iniciado, de la misma forma que leo el Corán o las Upanisadas. Cuando tomo esa perspectiva me siento muchas veces sorprendido, incluso ofendido, ante la arrogancia de alguien que dice: "Yo soy el camino, y la verdad, y la vida; nadie viene al Padre, sino por mí." Sólo puedo leer unas cuantas páginas antes de encontrarme con una de estas afirmaciones que parecen socavar de forma extravagante todas sus sabias enseñanzas y buenas acciones. Si Jesús no es Dios, entonces anduvo muy engañado.

C. S. Lewis subrayó este punto en forma vigorosa. "Nunca ha sido posible superar en forma satisfactoria la discrepancia entre la profundidad y la cordura y (permítanme agregar) la *sagacidad*, de sus enseñanzas morales por un lado y la desenfrenada megalomanía que debe estar tras su enseñanza teológica por el otro, a no ser que fuera en realidad Dios", escribió en *Miracles* [Milagros]. Lewis usó esta misma argumentación con más viveza en una famoso pasaje en *Cristianismo y nada más* : "Un hombre que fuera simplemente un hombre y dijera las cosas que Jesús dijo no hubiera sido una gran maestro de la moral. O hubiera sido un lunático — como quien afirma ser un huevo — o de lo contrario hubiera sido el demonio del infierno. Hay que escoger. O este hombre fue, y es, el Hijo de Dios; o de lo contrario fue un loco o algo peor."

Recuerdo haber leído esta cita de *Cristianismo y nada más* en la universidad y haber pensado que era una burda exageración. Conocía a muchas personas que respetaban a Jesús como a un gran maestro de la moral pero no lo consideraban ni el Hijo de Dios ni un lunático. Esa era, en realidad, mi forma de pensar en esa época. A medida que he ido estudiando los evangelios, sin embargo, he llegado a estar de acuerdo con Lewis. Jesús nunca contemporizó o se mostró evasivo en cuanto a su identidad. O era el Hijo de Dios enviado para salvar al mundo o un impostor que merecía la crucifixión. La gente de su tiempo comprendió con precisión la elección binaria.

Ahora comprendo que toda la vida de Jesús se sostiene o se hunde a partir de su pretensión de ser Dios. No puedo creer en el perdón que promete a no ser que tenga la autoridad de respaldar semejante ofrecimiento. No puedo confiar en sus palabras acerca del más allá ("Os prepararé lugar . . .") a no ser que crea lo que dijo acerca de haber venido del Padre y de regresar al Padre. Sobre todo, a no ser que fuera de alguna forma Dios, debo ver la cruz como un acto de divina crueldad más que de amor sacrificial.

Sidney Carter escribió esta perturbadora poesía:

> Pero está arriba en el cielo
> Y no hace nada
> Con un millón de ángeles que observan,

Y nunca mueven un ala . . .
Es Dios a quien debían crucificar
En lugar de a ti o de a mí,
Dije a este Carpintero
Colgado del madero.

Teológicamente, la única respuesta a la acusación de Carter es la misteriosa doctrina de que, según palabras de Pablo: "Dios estaba en Cristo reconciliando consigo al mundo." En una forma incomprensible, Dios experimentó personalmente la cruz. De lo contrario, el Calvario hubiera pasado a la historia como una forma de maltrato cósmico, más que como un día que llamamos Viernes Santo.[1]

Retrato de Dios. George Butrick, antiguo capellán en Harvard, recuerda que iban estudiantes a su oficina, se acomodaban en un silla y afirmaban: "No creo en Dios." Butrick les daba esta cautivante respuesta: "Siéntese y dígame en qué clase de Dios no cree. Probablemente yo tampoco creo en ese Dios." Y entonces pasaba a hablar de Jesús, el correctivo de todos nuestros supuestos acerca de Dios.

Los libros de teología suelen definir a Dios por lo que no es: *in*mortal, *in*visible, *in*finito. Pero ¿cómo es Dios en forma positiva? Para el cristiano, Jesús responde a estas preguntas tan importantes. El apóstol Pablo llamó con audacia a Jesús "la imagen del Dios invisible". Jesús fue la replica exacta de Dios: "Agradó al Padre que en él habitase toda plenitud."

Dios es, en una palabra, como Cristo. Jesús presenta a un Dios de carne y hueso que podemos aceptar o rechazar, amar o no hacerle caso. En este modelo visible, a escala reducida, podemos discernir más claramente las características de Dios.

Debo admitir que Jesús ha sometido a revisión, en su carne, muchas de mis ideas duras y desabridas acerca de Dios. *¿Por qué soy cristiano?* A veces me lo pregunto y para ser sincero por completo, las razones se reducen a dos: (1) la falta de buenas alternativas, y (2) Jesús. Brillante, indomable, tierno, creativo,

---

1 En palabras de Frederick Buechner: "Lo nuevo en el Nuevo Pacto, por tanto, no es la idea de que Dios ama al mundo lo bastante como para desangrarse por él sino la afirmación de que aquí está de hecho haciendo lo que había prometido. Como un padre que dice a su hijo enfermo: 'Haré lo que sea para que te cures', Dios finalmente se desenmascara y lo hace. Jesús es lo que Dios hace, y la cruz donde lo hizo es el símbolo central de la fe del Nuevo Pacto."

escurridizo, irreductible, paradójicamente humilde, Jesús va más allá de todo escrutinio. Él es quien deseo que sea mi Dios.

Martín Lutero estimulaba a sus estudiantes a que se apartaran del Dios oculto para acudir a Cristo, y ahora sé por qué. Si utilizara una lente de aumento para examinar un cuadro valioso, vería preciso y claro el objeto en la parte central de la lente, mientras que hacia los bordes la visión resultaría cada vez más distorsionada. Para mí, Jesús se ha vuelto el punto focal. Cuando hago especulaciones acerca de imponderables, como el problema del dolor o de la providencia y el libre albedrío, todo se vuelve confuso. Pero si miro a Jesús mismo, cómo trató a la gente que sufría, sus invitaciones a actuar con libertad y diligencia, vuelve la claridad. Puedo llegar a un estado de aburrimiento espiritual si pienso en interrogantes como: "¿Por qué hay que orar si Dios ya lo sabe todo?" Jesús reduce al silencio semejantes preguntas: Él oró, y nosotros también debemos hacerlo.

Durante mi trabajo en *The Student Bible* pasé varios años inmerso en el Antiguo Testamento. Con una dieta constante del "Antiguo Pacto", asimilé algo así como la actitud de un judío ortodoxo. El Antiguo Testamento subraya el abismo enorme que hay entre Dios y la humanidad. Dios es el Ser supremo, el Omnipotente, el Trascendente, y si se da algún contacto, aunque sea limitado, de un ser humano con Él, se corren riesgos. Las instrucciones para el culto en un libro como Levítico me recuerdan a un manual de cómo manejar material radioactivo. Traer sólo corderos inmaculados al tabernáculo. No tocar el Arca. Dejar siempre que el humo la cubra; si alguien mira el arca, morirá. No entrar nunca en el Lugar Santísimo, excepto el sumo sacerdote un único día del año. En ese día, Yom Kippur, hay que atarle una cuerda en el tobillo y una campana, de manera que si comete un error y muere adentro, se pueda sacar el cuerpo arrastrándolo.

Los discípulos de Jesús crecieron en un ambiente como ése, no pronunciando nunca el nombre de Dios, cumpliendo con el complicado código de purificación, siguiendo las exigencias de la ley mosaica. Daban por sentado, como la mayor parte de las religiones de la época, que el culto incluía sacrificios: algo tenía que morir. Su Dios había prohibido los sacrificios humanos, y por esto, en un día de fiesta, Jerusalén se llenaba de los balidos y quejidos de un cuarto de millón de animales que acabarían en el altar del templo. El ruido y el olor de los sacrificios eran recordatorios sensoriales agudos del gran abismo entre Dios y ellos.

Trabajé en el Antiguo Testamento por tanto tiempo que, cuando un día pasé al libro de Hechos, el contraste me sobresaltó. Ahora los seguidores de Dios, buenos judíos en su mayoría, se reunían en casas particulares, cantaban himnos, y se dirigían a Dios con el informal *Abba*. ¿Dónde estaba el temor y el solemne protocolo que se exigía de todo el que se atreviera a acercarse al *Misterium tremendum*? Nadie traía animales para ser sacrificados; la muerte no formaba parte del culto excepto en el momento solemne cuando partían el pan y bebían el vino juntos, pensando en el sacrificio que Jesús había hecho una vez por todas.

De esta forma, Jesús hizo cambios profundos en cómo vemos a Dios. Sobre todo aproximó a Dios. A los judíos, que conocían a un Dios distante e inefable, Jesús trajo el mensaje de que Dios se preocupa por la hierba del campo, alimenta a los gorriones, sabe la cantidad de cabellos que hay en la cabeza de las personas. A los judíos, que no se atrevían a pronunciar el nombre de Dios, Jesús trajo la sorprendente intimidad de la palabra aramea *Abba*. Era un término familiar de afecto entre parientes, onomatopéyico como "Papá", la primera palabra que muchos niños pronuncian. Antes de Jesús nadie hubiera pensado en usar una palabra semejante para Yahvé, el Dios Soberano del universo. Después de Él se convirtió en el término común para dirigirse a Dios, incluso en congregaciones que hablaban griego; imitando a Jesús, tomaron prestada la palabra de otro idioma para expresar su propia intimidad con el Padre.

Cuando Jesús estaba clavado en la cruz ocurrió algo que pareció sellar la nueva intimidad para la joven Iglesia. Marcos cuenta que, en el momento en que Jesús exhaló el último suspiro, "el velo del templo se rasgó en dos, de arriba abajo". Este velo imponente había servido para separar el Lugar Santísimo, donde moraba la presencia de Dios, del resto del templo. Como el autor de Hebreos iba a comentar más tarde, la rotura de este velo mostró más allá de toda duda qué se logró exactamente con la muerte de Jesús. Ya no se iban a necesitar nunca más sacrificios. Ningún sumo sacerdote tenía que entrar temblando en el Lugar Santísimo.

Casi todos nosotros hemos vivido bajo la nueva intimidad por tanto tiempo que la tomamos como algo normal. Entonamos cánticos a Dios y conversamos con Él en oraciones informales. La noción de sacrificio nos parece primitiva. Olvidamos con demasiada facilidad lo que le costó a Jesús ganar para todos nosotros — personas comunes y corrientes, no sólo sacerdotes — acceso inmediato a la presencia de Dios. Conocemos a Dios como *Abba*, el Padre amoroso, sólo gracias a Jesús.

El Amante. Si hubiera dependido de mí, habría pensado en un Dios muy diferente. Mi Dios hubiera sido estático, inmutable; no hubiera concebido un Dios que viene y se va. Mi Dios lo hubiera controlado todo con poder, destruyendo cualquier oposición con rapidez y eficacia. Como le dijo un muchacho musulmán al psiquiatra Robert Coles: "Alá hubiera dicho al mundo, a todos, 'Dios es grande, muy grande' . . . Hubiera obligado a que todos creyeran en Él, y si alguien se hubiera negado, lo habría matado. Esto es lo que sucedería si Alá viniera."

Debido a Jesús, sin embargo, debo modificar mis ideas instintivas acerca de Dios. (¿Quizá en esto consiste la esencia de su misión?) Jesús revela a un Dios que viene a buscarnos, a un Dios que da espacio a nuestra libertad, incluso cuando cuesta la vida de su Hijo, un Dios que es susceptible. Por encima de todo, Jesús revela a un Dios que es amor.

Si hubiera dependido de nosotros, ¿habría alguien ideado a un Dios que ama y desea ser amado? Los que han sido educados en una tradición cristiana quizá no acierten a ver el efecto del mensaje de Jesús, pero en realidad el amor nunca ha sido una forma normal de describir lo que sucede entre los seres humanos y su Dios. Ni una sola vez el Corán aplica a Dios la palabra amor. Aristóteles afirmó con franqueza: "Sería excéntrico que alguien pretendiera que amemos a Zeus"; o que Zeus amara a un ser humano. En deslumbrante contraste, la Biblia cristiana afirma: "Dios *es* amor", y menciona al amor como la razón principal de que Jesús viniera a la tierra: "En esto se mostró el amor de Dios para con nosotros, en que Dios envió a su Hijo unigénito al mundo, para que vivamos en él."

Como escribió Soren Kierkegaard: "El ave en la rama, el lirio en la pradera, el animal en el bosque, el pez en el océano, y un sinnúmero de personas gozosas cantan: ¡Dios es amor! Pero debajo de todas esas voces de soprano, como si fuera la parte continua del bajo, resuena el *de profundis* de los sacrificados: Dios es amor."

Los propios relatos de Jesús acerca del amor contienen una característica casi de desesperación. En Lucas 15 nos habla de una mujer que busca toda la noche hasta que encuentra la valiosa moneda y del pastor que lo recorre todo en la oscuridad hasta que encuentra la oveja que se había extraviado. Cada una de esas parábolas concluye con una escena de una fiesta celestial llena de gozo, que estalla de alegría al recibir la noticia de que otro pecador ha regresado a casa. Por último, llevándolo todo a un punto emocionalmente culminante, Jesús cuenta la parábola del hijo perdido, el pródigo que desprecia el amor de su padre y despilfarra su herencia en tierra lejana.

El sacerdote Henri Nouwen pasó muchas horas sentado, meditando, frente al espléndido cuadro de Rembrandt *Regreso del hijo pródigo* en el Museo Hermitage de San Petersburgo en Rusia. Mirando el cuadro, Nouwen llegó a una nueva comprensión de la parábola: el misterio de que Jesús se convirtió en cierto modo en un hijo pródigo por nosotros. "Abandonó la casa de su Padre celestial, vino a un país extraño, fue dando todo lo que tenía, y regresó por medio de una cruz a la casa de su Padre. Hizo todo esto, no como hijo rebelde, sino como hijo obediente, enviado para traer de regreso a casa a todos los hijos perdidos de Dios . . . Jesús es el hijo pródigo del Padre que entregó todo lo que el Padre le había confiado para que yo pudiera volverme como Él y regresar con Él a la casa de su Padre."

En síntesis, la Biblia, desde Génesis 3 hasta Apocalipsis 22, nos narra la historia de un Dios deseoso de que su familia regrese. Dios dio el golpe decisivo de reconciliación cuando envió a su Hijo al largo viaje hasta el planeta tierra. La última escena de la Biblia, como la parábola del hijo perdido, concluye con júbilo al tener a la familia otra vez reunida.

En otra parte los evangelios comentan hasta dónde llegó el amor de Dios para que se realizara el plan de rescate por amor.

En esto consiste el amor: no en que nosotros hayamos amado a Dios, sino en que él nos amó a nosotros, y envió a su Hijo en propiciación por nuestros pecados.

Nadie tiene amor mayor que éste, que uno ponga su vida
por sus amigos.

Porque de tal manera amó Dios al mundo, que ha dado a
su Hijo unigénito . . .

Recuerdo una larga noche que pasé sentado en incómodas
sillas en el aeropuerto O'Hare, en Chicago, esperando con impa-
ciencia un vuelo que se había demorado varias horas. Sucedió que
estaba sentado junto a una sabia mujer que iba a participar en la
misma conferencia. La larga demora y la hora tardía se combinaron
para generar un humor melancólico, y en cinco horas tuvimos
tiempo de contarnos todas los problemas de la infancia, nuestros
desengaños con la iglesia, nuestros interrogantes frente a la fe.
Estaba yo escribiendo en esa época el libro *Disappointment with
God* [Desengaño con Dios], y me sentía abrumado con los dolores
y penas de otras personas, con sus dudas y oraciones no respondi-
das.

Mi compañera me fue escuchando en silencio durante mucho
tiempo, y luego en forma inesperada, me hizo la pregunta que
nunca he olvidado. "Philip, ¿dejas alguna vez que Dios simplemente te ame?" me dijo. "Es muy importante, me parece."

Caí en la cuenta, sorprendido, de que había sacado a la luz un
vacío enorme en mi vida espiritual. A pesar de toda mi dedicación
a la fe cristiana, no había descubierto el mensaje más importante
de todos. La historia de Jesús es una historia de celebración, una
historia de amor. Conlleva dolor y desengaños, sí, tanto para Dios
como para nosotros. Pero Jesús encarna la promesa de un Dios que
hará lo imposible para reconquistarnos. No es el menor de los
logros de Jesús que nos hiciera hasta cierto punto atractivos para
Dios.

El novelista y crítico literario Reynolds Price lo expresa así:
"Dice con la voz más clara que jamás hayamos escuchado la frase
que el género humano ansía en todas las historias, *El Hacedor de
todas las cosas me ama y me quiere . . .* En ningún otro libro de
nuestra cultura podemos ver una descripción más clara de esa
necesidad, ese arco grande, enorme, radiante; criaturas frágiles que
ha hecho la mano de Dios, lanzadas al espacio, y luego recogidas
por alguien que en ciertos aspectos se parece a nosotros."

Retrato de la humanidad. Cuando se lleva una luz a una habitación, lo que era una ventana se convierte también en espejo que refleja lo que esa habitación contiene. En Jesús no sólo tenemos una ventana a Dios, también tenemos un espejo de nosotros mismos, un reflejo de lo que Dios tuvo en mente cuando creó a este "pobre, desnudo, dividido animal". Los seres humanos fueron, después de todo, creados a la imagen de Dios; Jesús revela cómo debiera haber sido esa imagen.

"La Encarnación muestra al hombre la grandeza de su desgracia por medio de la grandeza del remedio que necesitaba", dijo Pascal. Jesús reveló en una forma sumamente perturbadora nuestras flaquezas como seres humanos. Solemos excusar nuestras muchas faltas diciendo: "Eso es humano." Un hombre se emborracha, una mujer tiene una aventura sentimental, un niño tortura a un animal, una nación declara la guerra: eso es humano. Jesús le puso un alto a esa forma de hablar. Al actuar como debiéramos ser, mostró quienes debiéramos haber sido y cuán lejos estamos de la meta.

"¡He aquí el hombre!" exclamó Pilato. He aquí el mejor ejemplo que haya existido de la humanidad. Pero miremos qué consiguió con esto. Jesús desenmascaró para siempre la envidia, el ansia de poder, la violencia que infecta al planeta como un virus. En una forma misteriosa, esa fue la intención de la Encarnación. Jesús sabía qué iba a suceder al venir a este planeta; su muerte había sido decretada desde el principio. Vino para hacer un cambio de lo más absurdo que se pueda imaginar, como se describe en las cartas del Nuevo Testamento:

> . . . por amor a vosotros se hizo pobre, siendo rico, para que vosotros con su pobreza fueseis enriquecidos.
>
> El cual, siendo en forma de Dios, . . . se despojó a sí mismo, tomando forma de siervo, hecho semejante a los hombres.
>
> Al que no conoció pecado, por nosotros lo hizo pecado, para que nosotros fuésemos hechos justicia de Dios en él.
>
> Por todos murió, para que los que viven, ya no vivan para sí, sino para aquel que murió y resucitó por ellos.

Riqueza por pobreza, divinidad por esclavitud, perfección por pecado, vida por muerte. El cambio parece totalmente unilateral. Pero en otros pasajes de las epístolas se pueden encontrar insinuaciones intrigantes de que la Encarnación significó algo para Dios y no sólo para los hombres. En realidad, el sufrimiento que soportó en la tierra sirvió de "experiencia de aprendizaje" para Dios. Estas palabras parecen algo herejes, pero simplemente estoy siguiendo lo que afirma Hebreos: "Aunque era Hijo, por lo que padeció aprendió la obediencia." En otros pasajes se nos dice que el autor de nuestra salvación fue "perfeccionado" por medio del sufrimiento. Los comentarios con frecuencia evitan estas expresiones, porque son difíciles de reconciliar con las ideas tradicionales de un Dios inmutable. Para mí demuestran ciertos "cambios" que tuvieron que ocurrir dentro de la Deidad antes que pudiéramos ser reconciliados.

Durante ese parpadeo en el tiempo conocido como la Encarnación, Dios experimentó qué significa ser un ser humano. En treinta y tres años en la tierra el Hijo de Dios aprendió acerca de la pobreza, acerca de los conflictos familiares, del repudio social, de la injuria verbal y de la traición. Aprendió también acerca del dolor. Qué se siente cuando el que lo acusa a uno marca las rojas huellas de sus dedos en su cara. Qué se siente cuando un látigo con púas de metal estalla en la espalda. Qué se siente cuando un tosco clavo penetra músculos, tendones y huesos. En la tierra, el Hijo de Dios "aprendió" todo esto.

La naturaleza de Dios hacía imposible la opción de sencillamente afirmar acerca de este defectuoso planeta: "No importa." El Hijo de Dios tenía que encontrarse personalmente con el mal en una forma que la Deidad perfecta nunca antes había encontrado. Tenía que perdonar el pecado asumiendo nuestro pecado. Tenía que derrotar a la muerte muriendo. Tenía que aprender compasión por los seres humanos haciéndose uno de ellos. El autor de Hebreos nos dice que Jesús se volvió nuestro abogado "compasivo". Hay una sola forma de aprender compasión o simpatía, como lo indica la raíz griega de la palabra, *syn pathos*, "sentir o sufrir con". Debido a la Encarnación, da a entender Hebreos, Dios escucha nuestras oraciones de una manera distinta, al haber vivido aquí y haber orado como ser humano débil y susceptible.[1]

---

1 Como me dijo un médico que trabaja en un hospicio: "Cuando mis pacientes oran, están hablando con alguien que de hecho murió; lo cual no es el caso de cualquier otro consejero, asesor o experto en asuntos de muerte."

En una de las últimas frases que Jesús pronunció antes de morir, oró: "Padre, perdónalos" — a todos ellos, soldados romanos, líderes religiosos, sus discípulos que habían huido en la oscuridad, usted, yo, quienes lo hemos negado de tantas formas — "perdónalos, porque no saben lo que hacen". Sólo haciéndose un ser humano pudo el Hijo de Dios decir verdaderamente con total comprensión: "No saben lo que hacen." Había vivido entre nosotros. Ahora entendía.

El sanador herido. Goethe preguntó: "Ahí se yergue la cruz, densamente rodeada de rosas. ¿Quién colocó las rosas en la cruz?"

En mis viajes por otros países, me he dado cuenta de las sorprendentes diferencias de los símbolos que utilizan las grandes religiones. En la India, donde coexisten las cuatro grandes religiones, anduve mucho por la gran ciudad de Bombay, lo que me permitió encontrarme con centros de culto de las cuatro.

Los templos hindúes estaban por todas partes, incluso templos portátiles sobre carretas móviles, como las que usan los vendedores ambulantes, y todos ostentaban un intrincado conjunto de imágenes esculpidas y pintadas con vivos colores que representaban a algunos de los miles de dioses y diosas del panteón hindú. En sobrio contraste, una gran mezquita islámica en el centro de la ciudad no tenía ninguna imagen; una elevada torre o minarete apuntaba hacia el cielo; hacia el único Dios, Alá, que nunca podía verse reducido a una imagen esculpida. Contemplar templos hindúes e islámicos, casi unos al lado de los otros, me permitía entender mejor por qué una religión encuentra a la otra tan incomprensible.

También visité un centro budista esa tarde. En contraste con las ruidosas y concurridas calles afuera, brindaba una atmósfera de serenidad. Monjes en túnicas color azafrán permanecían arrodillados en oración en una sala oscura y silenciosa, llena de aroma de incienso. Una estatua dorada de Buda dominaba la sala, y con su tímida sonrisa expresaba la creencia budista de que la clave de la felicidad radica en desarrollar la fortaleza interior que le permite a uno superar cualquier sufrimiento en la vida.

Y luego llegué a una templo cristiano, protestante, de la clase que no permite imágenes. Se parecía mucho a la mezquita islámica, con una excepción: en la cima de la torre se erguía una gran cruz ornamentada.

En un país extraño, aislado de mi propia cultura, vi la cruz con ojos nuevos, y de repente me pareció como extraña. ¿Qué hizo que los cristianos tomaran ese instrumento de ejecución como símbolo de fe? ¿Por qué no hacer todo lo humanamente posible para eliminar el recuerdo de la escandalosa injusticia? Hubiéramos podido insistir en la resurrección, y mencionar la cruz sólo como una lamentable acotación de la historia? ¿Por qué convertirla en el núcleo principal de la fe? "¡Cómo ese cuadro pudiera hacer que algunas personas pierdan la fe!" exclamó uno de los personajes de Dostoievski después de ver un cuadro de Jesús crucificado de Holbein.

Se da, claro está, el simple hecho de que Jesús nos ordenó recordar su muerte cuando nos reuniéramos para rendirle culto. No necesitó decir: "Haced esto en memoria de mí", acerca del Domingo de Ramos o del de Resurrección, pero es evidente que no quiso que olvidáramos lo que ocurrió en el Calvario. Los cristianos no se han olvidado. En palabras de John Updike, la cruz "ofendió profundamente a los griegos con su alegre, hermoso e invulnerable panteón; y a los judíos con sus tradicionales expectativas de un Mesías regio. Pero respondió, por así decirlo, a los hechos, a algo profundo en el hombre. Dios crucificado estableció un puente entre nuestra percepción humana de un mundo cruelmente imperfecto e indiferente y nuestra necesidad humana de Dios, nuestro sentido humano de que Dios está presente".

Caí en la cuenta, ahí de pie en un cruce de calles de Bombay con peatones, ciclistas y animales de granja que me rodeaban, del porqué la cruz había llegado a significar tanto para los cristianos, por qué había llegado a significar tanto para mí. La cruz representa para nosotros verdades profundas que sin ella no tendrían ningún sentido. La cruz da esperanza cuando no hay esperanza.

El apóstol Pablo escuchó de Dios: "Mi [de Dios] poder se perfecciona en la debilidad", y luego concluyó acerca de sí mismo: "porque cuando soy débil, entonces soy fuerte." "Por lo cual", agrega, " . . . me gozo en las debilidades, en afrentas, en necesidades, en persecuciones, en angustias." Señala un misterio que va bastante más allá de la forma budista de aceptar el sufrimiento y las dificultades. Pablo no habló de resignación sino de transformación. Las mismas cosas que nos hacen sentir insuficientes, las mismas cosas que nos roban la esperanza, esas son lo que Dios utiliza para realizar su obra. Prueba de esto la tenemos en la cruz.

Mi deseo sería que alguien con el talento de Milton o Dante describiera la escena que tuvo que haberse producido en el infierno el día en que Jesús murió. No cabe duda de que se produjo una celebración infernal. La serpiente de Génesis había herido el calcañar de Dios; el dragón de Apocalipsis había por fin devorado al niño. El Hijo de Dios, enviado a la tierra en una misión de rescate, había terminado colgado de una cruz como un espantapájaros andrajoso. ¡Oh, qué diabólica victoria!

Oh, qué victoria tan breve. En el giro más imprevisto e irónico de toda la historia, lo que Satanás significó para el mal, Dios lo significó para el bien. La muerte de Jesús en la cruz colmó el abismo entre un Dios perfecto y una humanidad fatalmente defectuosa. En el día que llamamos Viernes Santo, Dios derrotó al pecado, aplastó a la muerte, triunfó sobre Satanás y recuperó a su familia. En ese acto de transformación, Dios tomó en sus manos la peor acción de la historia para transformarla en la victoria más grande. No sorprende que el símbolo nunca desapareciera; no sorprende que Jesús nos ordenara no olvidarlo jamás.

Debido a la cruz tengo esperanza. Por medio de las heridas del Siervo somos sanados, dijo Isaías, no por medio de sus milagros. Si Dios puede sacar semejante triunfo de las fauces de una aparente derrota, puede sacar fortaleza de un momento de debilidad total. ¿Qué pudiera Dios hacer con los aparentes fracasos y dificultades de mi propia vida?

Nada — ni siquiera matar al Hijo mismo de Dios — puede acabar con la relación entre Dios y los seres humanos. En la química de la redención, el crimen más despreciable se convierte en nuestra fortaleza sanadora.

El sanador fatalmente herido regresó el Domingo de Pascua, el día que nos da un rápido anticipo de cómo se verá la historia desde la posición ventajosa de la eternidad, cuando todas las cicatrices, todos los dolores, todos los desengaños se verán bajo una luz diferente. Nuestra fe comienza donde hubiera podido acabar. Entre la cruz y el sepulcro vacío se cierne la promesa de la historia: esperanza para el mundo, y esperanza para cada uno de nosotros que vivimos en él.

El teólogo alemán Jürgen Moltmann expresa en una sola frase la gran distancia que media entre el Viernes Santo y el Domingo de Resurrección. Es, en realidad, una síntesis de la historia humana, pasada, presente y futura: "Dios llora con nosotros para que podamos un día reírnos con Él."

El autor y predicador Tony Campolo predica un emocionante sermón tomado y adaptado de un anciano pastor negro de Filadelfia. "Es viernes, pero el domingo viene", es el título del sermón, y basta con ver el título para saber todo el sermón. Con una cadencia que va aumentando de tiempo y de volumen, Campolo contrasta cómo era el mundo el Viernes — cuando las fuerzas del mal triunfaban sobre las fuerzas del bien, cuando todos los amigos y discípulos huyeron por miedo, cuando el Hijo de Dios murió en una cruz — y cómo fue el Domingo de Pascua. Los discípulos que vivieron ambos días, viernes y sábado, nunca volverían a dudar de Dios. Habían aprendido que cuando Dios parece estar más ausente, puede hallarse más cerca que nunca; cuando Dios parece totalmente impotente puede ser más poderoso; cuando Dios parece muerto puede estar regresando a la vida. Habían aprendido que nunca hay que excluir a Dios.

Campolo, sin embargo, no incluía un día en su sermón. Los otros dos días habían logrado tener su propio nombre en el calendario de la iglesia: Viernes Santo y Domingo de Resurrección. Pero en un sentido verdadero vivimos el sábado, el día sin nombre. Lo que los discípulos experimentaron a una escala reducida — tres días apenados por un hombre que había muerto en la cruz — nosotros lo vivimos ahora en una escala cósmica. La historia humana avanza rechinando entre el tiempo de promesa y el cumplimiento. ¿Podemos confiar en que Dios un día sacará algo santo, hermoso y bueno de un mundo que incluye a Bosnia y Ruanda, y a los guetos de ciudades y cárceles atiborradas en la nación más rica de la tierra? En el planeta tierra es sábado; ¿llegará alguna vez el Domingo?

Ese Viernes oscuro del Gólgota sólo se puede llamar Santo debido a lo que sucedió el Domingo de Resurrección, un día que ofrece una atractiva pista para resolver el rompecabezas del universo. El Domingo de Pascua abrió un boquete en un universo que se encaminaba hacia la entropía y la descomposición, sellando la promesa de que un día Dios repetirá el milagro de la Pascua en una escala cósmica.

Es bueno recordar que en el drama cósmico, vivimos nuestros días en sábado, el día entre otros dos, sin nombre propio. Conozco a una mujer cuya abuela fue enterrada bajo unas encinas de 150 años en el cementerio de una iglesia episcopal en la zona rural de Luisiana. Siguiendo las instrucciones de la abuela, en la lápida sólo se grabó una palabra: "Esperando."